Xpert.press

Springer-Verlag Berlin Heidelberg GmbH

Die Reihe **Xpert.press** des Springer-Verlags vermittelt Professionals in den Bereichen Betriebs- und Informationssysteme, Software Engineering und Programmiersprachen aktuell und kompetent relevantes Fachwissen über Technologien und Produkte zur Entwicklung und Anwendung moderner Informationstechnologien.

Gerhard Versteegen

Projektmanagement
mit dem
Rational Unified Process

Unter Mitarbeit von Philippe Kruchten
und Barry Boehm

Mit 71 Abbildungen und 8 Tabellen

Gerhard Versteegen
Rational – the e-development company
Keltenring 15
D-82041 Oberhaching
E-mail: gverstee@rational.com

Die Deutsche Bibliothek – CIP-Einheitsaufnahme

ISBN 978-3-642-63092-7

ISSN 1439-5428
ISBN 978-3-642-63092-7   ISBN 978-3-642-56954-8 (eBook)
DOI 10.1007/978-3-642-56954-8

Dieses Werk ist urheberrechtlich geschützt. Die dadurch begründeten Rechte, insbesondere die der Übersetzung, des Nachdrucks, des Vortrags, der Entnahme von Abbildungen und Tabellen, der Funksendung, der Mikroverfilmung oder der Vervielfältigung auf anderen Wegen und der Speicherung in Datenverarbeitungsanlagen, bleiben, auch bei nur auszugsweiser Verwertung, vorbehalten. Eine Vervielfältigung dieses Werkes oder von Teilen dieses Werkes ist auch im Einzelfall nur in den Grenzen der gesetzlichen Bestimmungen des Urheberrechtsgesetzes der Bundesrepublik Deutschland vom 9. September 1965 in der jeweils geltenden Fassung zulässig. Sie ist grundsätzlich vergütungspflichtig. Zuwiderhandlungen unterliegen den Strafbestimmungen des Urheberrechtsgesetzes.

© Springer-Verlag Berlin Heidelberg 2000
Ursprünglich erschienen bei Springer-Verlag Berlin Heidelberg New York 2000
Softcover reprint of the hardcover 1st edition 2000

Die Wiedergabe von Gebrauchsnamen, Handelsnamen, Warenbezeichnungen usw. in diesem Werk berechtigt auch ohne besondere Kennzeichnung nicht zu der Annahme, daß solche Namen im Sinne der Warenzeichen- und Markenschutz-Gesetzgebung als frei zu betrachten wären und daher von jedermann benutzt werden dürften.

Umschlaggestaltung: Künkel + Lopka Werbeagentur, Heidelberg
Satz: Word-Daten vom Autor, Belichtung: perform, Heidelberg
Gedruckt auf säurefreiem Papier   SPIN 10880062   33/3111 – 5 4 3 2

Vorwort

Ziele dieses Buches

Der Rational Unified Process ist ein Prozeßmodell, daß unter anderem den Einsatz der Unified Modeling Language (UML) beschreibt. Der Rational Unified Process ist aber auch ein Prozeßmodell, das Projektleiter in die Lage versetzt, objektorientierte Projekte zu managen.

Dieses Buch konzentriert sich in erster Linie auf die Aspekte des Projektmanagements. Dabei werden in diesem Buch erstmals die Inhalte der neuen Version des Rational Unified Process angesprochen, in der erhebliche Ergänzungen zu dem Projektmanagement-Workflow integriert wurden. Einige in diesem Buch aufgeführten Punkte fanden Eingang in diesen Workflow, da dieses Buch und die neue Version des Rational Unified Process parallel entstanden sind.

Wer dieses Buch lesen sollte

Ganz klar – allein der Titel dieses Buches bringt zum Ausdruck, wer die potentiellen Leser dieses Buches sein sollten: Projektleiter, die Projekte nach dem Rational Unified Process abwickeln wollen. Doch das Buch richtet sich noch an eine Reihe weiterer Leser:

- *Auftraggeber*, die ein Software-Entwicklungsprojekt extern vergeben möchten. Sie müssen wissen, nach welcher Methode das Projekt abgewickelt wird und vor allem, wie der Projektleiter des Auftragnehmers innerhalb dieses Projektes vorgeht.
- *Systemanalytiker,* die zusammen mit den Stakeholdern[1] des Projektes die Anforderungen aufnehmen. Die Bedeutung von einer korrekten Aufnahme bestehender – aber auch sich ändern-

---

[1] Mehr zu dem Begriff *Stakeholder* in den folgenden Kapiteln, insbesondere in Kapitel 5.

der – Anforderungen ist für eine erfolgreiche Projektabwicklung unabdingbar.
- *Methodenspezialisten:* Besonders in Großunternehmen existieren sogenannte Methoden- und Toolabteilungen. Diese sind verantwortlich für die gesamte Vorgehensweise des Unternehmens bei der Entwicklung von Software. Hier soll dieses Buch helfen, eine richtige Auswahl sowohl der Methoden als auch der im Projekt einzusetzenden Werkzeuge zu treffen.

Inhalte des Buches

Dieses Buch konzentriert sich wie bereits oben erwähnt, auf den Projektmanagement-Workflow des Rational Unified Process. Im ersten Kapitel wird dabei auf die Ursachen der Softwarekrise eingegangen. Diese sind die wesentliche Motivation für das Entstehen des Rational Unified Process. Da mangelnde Qualitätssicherung als einer der wesentlichsten Gründe für die Software-Krise aufzuführen ist, wird in diesem Kapitel intensiv das Thema Software-Testen behandelt.

Kapitel 2 geht auf Prozeßmodelle ein, die in den letzten Jahren die Software-Entwicklung geprägt haben. Dabei sind in erster Linie die folgenden Modelle von Bedeutung:

- Das Wasserfallmodell
- Das Spiralmodell
- Das V-Modell
- Der Rational Unified Process

Kapitel 3 gibt eine Einführung in den Rational Unified Process. Dabei werden die wesentlichen Workflows dieses Projektmodells vorgestellt. Des weiteren wird auch auf die einzelnen Elemente des Rational Unified Process eingegangen, mit deren Hilfe die Workflows beschrieben werden.

Kapitel 4 beschäftigt sich intensiv mit dem Anforderungsmanagement, da hier in bisherigen Projekten die meisten Fehler begangen wurden. Anforderungsmanagement gehört zwar nicht direkt zu den Aufgaben des Projektmanagers – hier kommt der Systemanalyst zum Zuge, jedoch sollte der Projektmanager stets involviert sein, da er die Verantwortung über das Gesamtprojekt trägt.

Ab Kapitel 5 beginnt der Schwerpunkt dieses Buches. Dieses Kapitel geht detailliert auf die Aufgaben des Projektmanagements im

Rational Unified Process ein. Es werden die einzelnen Aktivitäten genauso vorgestellt wie die zu erstellenden Produkte.

Kapitel 6 möchte ich Ihnen besonders ans Herz legen. Hier gibt Philippe Kruchten, der Autor des Rational Unified Process, eine Übersicht über die neuen Herausforderungen, die an künftige Projektleiter von iterativen Software-Entwicklungsprojekten gestellt werden. Noch wichtiger sind die Beschreibungen der typischen Fallstricke, in denen sich ein „Novize" – also ein im Rational Unified Process unerfahrener Projektleiter – verfangen könnte.

Kapitel 7 wurde von Chris Brandt erstellt. Der Schwerpunkt dieses Kapitels liegt auf einem im Projektmanagement neuartigen Ansatz des Management by Commitment.

Kapitel 8 geht auf die Einführung des Rational Unified Process innerhalb eines Unternehmens ein. Dabei wird sowohl auf die individuellen Anpassungsmöglichkeiten eingegangen als auch auf die typischen Hindernisse bei der Einführung eines neuen Prozeßmodells wie dem Rational Unified Process.

Kapitel 9 beschäftigt sich mit der Rolle des Projektmanagers bei der Einführung einer Werkzeugunterstützung für den Rational Unified Process. Dieses Kapitel behandelt im ersten Teil ausführlich Fehler, die des öfteren bei einer Toolauswahl begangen werden. Ferner werden hier klare Anforderungen bzw. Voraussetzungen an einen professionellen Projektleiter definiert, die erfüllt werden müssen, um der Position eines zukünftigen Managers – und nichts anderes ist ein Projektleiter – erfolgreich bekleiden zu können.

Kapitel 10 schrieb Barry Boehm – er erläutert hier eine neue Technik des Projektmanagements: Das Erwartungsmanagement.

Konventionen in diesem Buch

In diesem Buch werden sämtliche Grafiken bzw. Screenshots in ihrer Originalfassung behalten, also mit den amerikanischen (englischen) Bezeichnungen. Der Hintergrund dieser Konvention ist darin zu sehen, daß der Leser dieses Buches, der es parallel zum Rational Unified Process liest, die gleichen Abbildungen im Buch vor sich hat, wie in dem eigentlichen Produkt.

Ergänzungen zum Rational Unified Process, die weder in der Version 5.1.2 noch in der Version 5.5 enthalten sind, sind in diesem Buch besonders herausgestellt. Sie stellen meine Erfahrungen dar, die ich im Laufe der letzten Jahre gewonnen habe.

Die Grundlage dieses Buches sind im wesentlichen zwei Werke, einerseits der Rational Unified Process selbst, und andererseits das Buch meines Kollegen Walker Royce.

Die genaue Versionsbezeichnung der neuen Version des Rational Unified Process stand zur Drucklegung noch nicht fest. Daher wird der Rational-interne Arbeitstitel 5.5 in diesem Buch verwendet, es ist durchaus wahrscheinlich, daß sich die Versionsnummer ändern wird in Rational Unified Process 2000!

Einige Hauptkapitel dieses Buches habe ich durch einen kritischen Kommentar zu dem jeweiligen Thema eingeleitet, der zum Teil auch über die eigentliche Branche der Software-Entwicklung hinausgeht und stark in gesellschaftliche Problemstellungen oder auch Kritiken abdriftet.

Dieser Kommentar soll den Leser dazu bewegen, abseits von den technischen Inhalten auch immer eins vor Augen zu haben: Den kritischen und gleichzeitig gesunden Menschenverstand. Um vom sonstigen Inhalt dieses Buches zu differenzieren, sind diese Kommentare kursiv dargestellt.

Weitere Informationen

Informationen hinsichtlich des Rational Unified Process – wie zum Beispiel Datenblätter oder eine Demoversion zum Download – können entweder von der Rational Software Webpage unter www.rational.com/rup_info/ bezogen werden oder direkt bei der Rational Software GmbH per E-mail unter ads_de@rational.com angefordert werden.

Dem interessierten Leser steht die Möglichkeit offen, über die E-mail-Adresse Gerhard.Versteegen@Rational.com eine Multimedia-CD kostenlos anzufordern, die den RUP näher beschreibt.

Wer bereits den Rational Unified Process benutzt, kann weiterführende Informationen vom *Rational Unified Process Resource Center* erhalten, wo besondere Goodies, Updates und Links zu Partnern bereitstehen. Der Hyperlink zu dem Resource Center ist in der Online-Version des Rational Unified Process enthalten.

Wissenschaftliche Einrichtungen können Rational Software direkt kontaktieren, um Informationen zu einem speziellen Programm für die Forschung und Wissenschaft zu erhalten.

Danksagungen

Dieses Buch entstand an vielen Wochenenden und Abenden, daher muß der hauptsächliche Dank meiner Ehefrau Conny gelten, ohne deren Verständnis – aber auch Mithilfe – dieses Buch sicherlich nicht entstanden wäre.

Die Mithilfe bei der Erstellung der Grafiken sowie die Bearbeitung der Korrekturfahnen war eine weitere Unterstützung, auf die ich sehr angewiesen war.

Inhaltlich wurde dieses Buch durch viele E-Mails, Gespräche und Diskussionen mit Mitarbeitern der Firma Rational Software geprägt, letztendlich gilt mein Dank auch meiner vorherigen Firma, der IABG GmbH, bei der ich umfangreiche Erfahrungen im Bereich der Prozeßmodelle und Prozeßmodellierung sammeln konnte. In erster Linie ist hier Rainer Midderhoff zu erwähnen. Auch wenn das V-Modell sicherlich nicht das Parademodell für objektorientierte Software-Entwicklung ist, so stecken im V-Modell viele sinnvolle Ansätze, die teilweise in die neue Version 5.5 des Rational Unified Process integriert wurden.

Inhaltsverzeichnis

1 Ursachen für die Softwarekrise 1
   1.1 Einführung.. 1
   1.2 Statistiken zur Softwarekrise... 2
   1.3 Warum Projekte scheitern 3
        1.3.1 Wann ist ein Projekt gescheitert?............................. 3
        1.3.2 Unklare Anforderungen.. 5
        1.3.3 Wechselnde Technologien 5
        1.3.4 Mangelnde Kommunikation im Projekt 6
        1.3.5 Zu späte Integration 9
        1.3.6 Zu hohe Dokumentenorientierung 10
        1.3.7 Fehlende Prozeßmodelle 11
        1.3.8 Mangelnde Ausbildung 11
        1.3.9 Fehlende Ressourcen 12
        1.3.10 Fehlende Qualitätssicherung................................ 15
        1.3.11 Nichtbeachtung der 80:20-Regel 17
   1.4 Auswirkungen der Softwarekrise 18
   1.5 Zusammenfassung 19

2 Prozeßmodelle 21
   2.1 Eine Einführung in Prozeßmodelle 21
   2.2 Warum brauchen wir Prozeßmodelle? 23
        2.2.1 Geschäftsprozeßmodellierung
                als Basis für Prozeßmodelle 24
        2.2.2 Prozeßmodelle als Brücke zwischen
                unterschiedlichen Disziplinen 25
        2.2.3 Einsatzfelder für Prozeßmodelle 26
        2.2.4 Weitere Vorteile der Verwendung
                von Prozeßmodellen 27
   2.3 Prozeßmodelle der letzten Jahre 28
        2.3.1 Das Wasserfallmodell.. 28
        2.3.2 Das Spiralmodell 30
        2.3.3 Das V-Modell 32

	2.3.4 Der Rational Unified Process	39
2.4	Anpaßbarkeit von Prozeßmodellen	40
2.5	Die Bedeutung von Prozeßmodellen für das Projektmanagement	42
2.6	Zusammenfassung	43

3 Grundlagen des Rational Unified Process ... 45

3.1	Vorbemerkung	45
3.2	Historie des Rational Unified Process	46
	3.2.1 Vereinigung der drei Amigos	46
	3.2.2 Zukauf von ergänzenden Firmen	49
	3.2.3 Besondere Berücksichtigung der Lehre	50
3.3	Best Practices im Rational Unified Process	51
3.4	Die Phasen und Workflows des Rational Unified Process	52
	3.4.1 Der Geschäftsprozeßmodellierungs-Workflow	54
	3.4.2 Der Anforderungsmanagement-Workflow	56
	3.4.3 Der Analyse- und Design-Workflow	57
	3.4.4 Der Implementierungs-Workflow	59
	3.4.5 Der Test-Workflow	63
	3.4.6 Der Verteilungs-Workflow	65
	3.4.7 Die Supporting Core Workflows	67
3.5	Der iterative Ansatz	70
3.6	Wesentliche Elemente des Rational Unified Process	72
	3.6.1 Worker	73
	3.6.2 Artefakte	77
	3.6.3 Aktivitäten	78
	3.6.4 Toolmentoren	79
	3.6.5 Richtlinien	81
	3.6.6 Templates	81
3.7	Qualitätsgewinn durch den Rational Unified Process	82
3.8	Zusammenfassung	83

4 Anforderungs- und Change-Management – Herausforderung für den Projektmanager ... 85

4.1	Was ist eine Anforderung?	85
	4.1.1 Unterschiedliche Formulierung von Anforderungen	86
	4.1.2 Ein Beispiel	87
4.2	Warum Anforderungsmanagement?	88
4.3	Anforderungstypen	89

		4.3.1 Funktionale Anforderungen 90

        4.3.1 Funktionale Anforderungen 90
        4.3.2 Nichtfunktionale Anforderungen 90
  4.4 Der Anforderungs-Workflow 91
        4.4.1 Analyse des Problemfeldes 92
        4.4.2 Bedürfnisse der Stakeholder ermitteln 96
        4.4.3 Managen sich ändernder Anforderungen 99
        4.4.4 Definition des Systems 104
        4.4.5 Umfang des Systems managen 106
        4.4.6 System verfeinern 108
  4.5 Zusammenfassung der Artefakte und Worker
      im Anforderungsmanagement 110
  4.6 Use-Case-Modelle zur Beschreibung
      von Anforderungen 111
  4.7 Zusammenfassung 113

5 Projektmanagement mit dem Rational Unified Process 115

  5.1 Der Projektmanagement-Workflow 115
        5.1.1 Identifizieren von Risiken 117
        5.1.2 Risikostrategien für Projektleiter 120
        5.1.3 Aufbau einer Risikomatrix 122
        5.1.4 Klassische Risikotypen 124
        5.1.5 Aufbau eines Business Case 125
        5.1.6 Der Software-Development-Plan (SDP) 126
        5.1.7 Planung der nächsten Iteration 138
        5.1.8 Managen der Iterationen 142
        5.1.9 Projekt monitoren und kontrollieren 144
        5.1.10 Close-outs 145
  5.2 Das gemeinsame Vokabular 148
  5.3 Die Bedeutung von Meilensteinen 148
        5.3.1 Der LCO-Meilenstein 150
        5.3.2 Der LCA-Meilenstein 151
        5.3.3 Der IOC-Meilenstein 151
        5.3.4 Das Produktrelease 152
  5.4 Konfigurationsmanagement 154
        5.4.1 Die vier Funktionsbereiche
            desKonfigurationsmanagements 155
        5.4.2 Versionskontrolle 157
  5.5 Neue Metriken durch den
      Rational Unified Process 159
  5.6 Eine Erweiterung des Rational Unified Process 161
        5.6.1 Eigene Best Practices 161
        5.6.2 Stakeholder 166
        5.6.3 Unterauftragnehmer-Management 168

	5.7	Weitere Gesichtspunkte des Projektmanagements 172
		5.7.1 Das Projekttagebuch 172
		5.7.2 Anforderungen an Projektleiter 173
	5.8	Zusammenfassung 177
6	**Vom Wasserfall zum iterativen Lifecycle –**	
	ein harter Weg für Projektmanager 181	
	6.1	Einführung 181
	6.2	Höherer Planungsaufwand 182
	6.3	Nacharbeiten bereits im Vorfeld erkennen 183
	6.4	Die Software zuerst 186
	6.5	Schwerwiegende Probleme frühzeitig lösen 187
	6.6	Überschneidungen von Lifecycle-Modellen 189
	6.7	Die Darstellung des Fortschrittes ist schwieriger 190
	6.8	Entscheidung über Anzahl, Dauer und Inhalt von Iterationen 192
	6.9	Ein guter Projektmanager *und* eine guter Architekt 195
	6.10	Zusammenfassung 197
7	**Weitere Aspekte des Projektmanagements**	
	mit dem Rational Unified Process 199	
	7.1	Projektmanagement als Disziplin 199
	7.2	Elemente erfolgreichen Projektmanagements 199
		7.2.1 Planung 200
		7.2.2 Kontinuierlicher Soll/Ist-Vergleich 203
		7.2.3 Feedbackschleifen 205
		7.2.4 Sukzessive Verfeinerung 206
		7.2.5 Management by Commitment 208
		7.2.6 Werkzeugunterstützung 210
	7.3	Anwendung 211
		7.3.1 Der Phasenplan 211
		7.3.2 Der Iterationsplan 215
		7.3.3 Die Istdaten 216
		7.3.4 Der Soll/Ist-Vergleich 217
	7.4	Zusammenfassung 220
8	**Einführung des Rational Unified Process** 223	
	8.1	Motivation 223
	8.2	Einführung des Rational Unified Process 224
		8.2.1 Der Einführungsplan 224
	8.3	Einführung des Rational Unified Process mit Hilfe eines Piloten 227
	8.4	Worauf besonders zu achten ist 229
		8.4.1 Wahl des Zeitpunktes 229

		8.4.2 Status laufender Projekte 230
		8.4.3 Zusammensetzung der Projektgruppe 230
		8.4.4 Evaluierungsaspekte 231
	8.5	Die politische Bedeutung eines neuen Prozesses 234
	8.6	Anpassung des Rational Unified Process 236
	8.7	Zusammenfassung 236

9 Die Rolle des Projektleiters bei der Auswahl einer passenden Werkzeugunterstützung für den Rational Unified Process 239
  9.1 Vorbemerkung 239
  9.2 Häufige Fehler bei einer Toolauswahl 240
    9.2.1 Der Kriterienkatalog 242
    9.2.2 Zeitraum der Toolauswahl 243
    9.2.3 Herstellerversprechen versus Realität 250
    9.2.4 Externe Toolauswahl 254
    9.2.5 Wechsel einer Werkzeugumgebung 256
  9.3 Die Rational Suite 261
    9.3.1 Ausgangssituation 261
    9.3.2 Rational Suite Analyst Studio 263
    9.3.3 Rational Suite Development Studio 263
    9.3.4 Rational Suite Test Studio 264
    9.3.5 Rational Enterprise Suite 265
    9.3.6 Rational Suite PerformanceStudio 265
    9.3.7 Die Architektur der Suite 266
  9.4 Die Simplizität der 1 268
    9.4.1 Hohe Integration 268
    9.4.2 Ein Hersteller – ein Ansprechpartner 269
  9.5 Zusammenfassung 270

10 Erwartungsmanagement 273
  10.1 Einführung 273
  10.2 Ursachen von Problemen in Erwartungen
       an Software 274
  10.3 Einige Techniken des Erwartungsmanagements 275
    10.3.1 Klärung, was der Kunde wirklich will
           und warum 275
    10.3.2 Ausarbeiten der Details und
           anschließende Erläuterung 276
    10.3.3 Anwenden von Techniken des
           Risikomanagements 276
    10.3.4 Ermöglichen einer eindeutigen
           Kommunikation mit dem Kunden 277

    10.3.5 Benutzen von ausgefeilten Metriken für ausgefeilte Erwartungen 277
    10.3.6 Akzeptieren höchstens einer Variablen 278
    10.3.7 Anwenden eines Win/Win-Ansatzes für Stakeholder 278
  10.4 Zusammenfassung 279

Anhang 281

Literatur 287

Index 289

1 Ursachen für die Softwarekrise

"Was ist eine Krise? Eine Krise bezeichnet eine Situation, die entweder einen einzelnen Menschen oder eine Gruppe von Menschen aus einem gewohnten – in der Regel erfolgreichen – Lebenslauf hinauswirft. Die Auswirkungen einer Krise können völlig unterschiedlicher Natur sein – angefangen von einer tiefen Depression bis hin zum Wahrnehmen einer neuen Chance, die wiederum alles verändert, diesmal jedoch in positiver Richtung. Pessimisten sehen in einer Krise immer den Weltuntergang – Optimisten hingegen machen aus einer Krise eine neue Geschäftsidee. Aus diesem Grund ist es auch erklärlich, warum es immer Winner und Looser gibt, das einzige entscheidende ist, wie man mit einer kritischen Situation (Krise) umgeht."

1.1 Einführung

Daß eine Softwarekrise existiert, muß hier nicht weiter diskutiert werden, da es sich um eine Tatsache handelt. Dieses Kapitel soll vielmehr Aufschluß darüber geben, *warum* eine Softwarekrise existiert. Es soll Ihnen helfen, nicht die gleichen Fehler zu begehen, wie es schon Tausende von Projektleitern zuvor getan haben. Bei der Entstehung dieses Buches hatte ich das Glück, mit vielen renommierten „Software-Gurus" unserer Zeit zu diskutieren – die gewonnenen Erkenntnisse werden die Softwarekrise sicherlich nicht lösen – doch sie sollen bei Ihnen ein Verständnis für potentielle Problemfelder innerhalb Ihres laufenden oder Ihres zukünftigen Projektes vermitteln. Lesen Sie dieses Kapitel mehrfach – am Anfang Ihres Projektes, nach den ersten frühen Iterationen und am Ende Ihres Projektes. Mit zunehmender Projektlaufzeit werden Sie erkennen, daß dieses Kapitel nahezu einen *Projektspiegel* darstellt.

Warum eine Softwarekrise existiert

Ein Software-Entwicklungsprojekt ist für einen Außenstehenden ein Projekt wie jedes andere – unabhängig davon ob, Sie ein Haus bauen, einen Staudamm bauen, eine Urlaubsreise planen, ein neues

Medikament entwickeln wollen oder nur einen Wochenendausflug planen. Hinter allem steht dasselbe Prinzip – Sie sind verantwortlich dafür, daß alles so klappt wie geplant. Funktioniert es nicht, wird keiner nach den Ursachen fragen, sondern nur das Ergebnis betrachten. Anders ausgedrückt – als Projektleiter haben Sie nur eine Aufgabe: Das Projekt erfolgreich zum Ende zu bringen, schaffen Sie das, sind Sie der Gewinner, wenn nicht, dann ...

Die Ursachen sind wichtig

Doch was Ihre Vorgesetzten oder Auftraggeber nicht interessiert – nämlich die Ursachen, das sollte Sie besonders interessieren, um nicht den zweiten Part obigen Szenarios einzunehmen. Daher möchte ich Ihnen in den folgenden Abschnitten aufzeigen, woran und warum viele Projekte scheitern. Diese Aufzählung basiert nicht nur auf eigenen – schmerzlich gewonnenen Erfahrungen, sondern beinhaltet eine Reihe von Projekten aus meinem ehemaligen und aktuellen Kollegenkreis.

1.2 Statistiken zur Softwarekrise

Die wohl beeindruckendste Statistik für die Softwarekrise wurde von der Standish Group 1995 veröffentlicht. Innerhalb der Studie war der Schwerpunkt auf kommerzielle Projekte in den USA gelegt worden. Es liegt auf der Hand, daß hierzulande ein ähnliches Ergebnis zu erwarten gewesen wäre. Böse Zungen behaupten gar, daß die Studie noch vernichtender ausgefallen wäre. Die folgenden Ergebnisse zeigen, daß ein dringender Handlungsbedarf existiert:

Vernichtende Statistiken der Standish Group

- 1995 investierten amerikanische Unternehmen insgesamt 81 Milliarden Dollar in Softwareprojekte, die nicht beendet wurden.
- Insgesamt wurden 31% aller Softwareprojekte abgebrochen, ohne ein verwertbares Ergebnis zu liefern.
- Bei 53% aller Projekte lag nach der Beendigung eine Budgetüberschreitung von über 50% vor.
- Nur 9% aller größeren Softwareprojekte wurden „in Time und in Budget" durchgezogen. Bei kleineren bis mittleren Projekten lag zumindest eine „Erfolgsquote" von 16% bis 28% vor.

Ähnliche Ergebnisse finden sich in [Jones96] wieder. Sie mögen von Unternehmen zu Unternehmen variieren, aber sie stellen eine Situation dar, die nicht haltbar ist und bei der dringend Abhilfe geschaffen werden muß.

1.3
Warum Projekte scheitern

Alle gescheiterten Projekte hier aufzuzählen wäre ein gewaltiges Vorhaben – ein Buch, eine CD, eine DVD: alle wären überfordert – vielleicht könnte noch eine Jukebox aushelfen, sofern man nur Projekttitel, -umfang und Zielsetzung aufführen würde. Hingegen die Gründe, warum so viele Projekte scheitern, lassen sich auf einer simplen Floppydisk festhalten – oder eben auch hier in diesem Buch.

Der erfahrene Projektleiter wird die im folgenden aufgeführten Ursachen der Softwarekrise nicht nur bestätigen können, sondern sicherlich auch noch um einige detailliertere Punkte ergänzen mögen, die ihm in seinem persönlichen Werdegang über den Weg gelaufen sind. Doch bevor auf die einzelnen Ursachen eingegangen wird, soll erstmals definiert werden, wann ein Projekt gescheitert ist.

Eine endlose Liste von Gründen für das Scheitern von Projekten

1.3.1
Wann ist ein Projekt gescheitert?

Warum stelle ich diese Frage den folgenden Kapiteln voraus? Dafür gibt es mehrere Gründe, einer der wichtigsten ist, daß viele Projektverantwortliche gar nicht sehen oder wahrhaben wollen, daß Ihr Projekt gescheitert ist. Andererseits soll durch diesen Abschnitt jungen und unerfahrenen Projektleitern eine Art Hilfestellung gegeben werden, wann das (erste) Projekt gescheitert ist.

Viele Projektverantwortliche wollen gar nicht wahrhaben, daß Ihr Projekt gescheitert ist

Die größte Gefahr, die scheiternden Projekten voraus eilt, besteht darin, daß diese brenzlige Situation nicht rechtzeitig erkannt wird – entweder aus Unerfahrenheit oder aus Absicht zur Jobsicherung. Für letztere Kategorie von Projektleitern ist dieses Buch nicht geschrieben – hingegen soll dieses Buch für die erste Kategorie eine Art Leitfaden darstellen.

Ein Projekt ist gescheitert, wenn folgende Symptome erkennbar sind:

- Ihr Projektteam sich zunehmend über Änderungswünsche Ihres Kunden beklagt, die nicht mehr „in time und budget" ausgeführt werden können. Jetzt könnte man natürlich diskutieren, ob hier ein Planungsfehler vorlag, oder ob der Kunde seine Anforderungen grundlegend geändert hat. Doch das Ergebnis ist dasselbe, das Projekt befindet sich in einem äußerst kritischen Stadium und es existiert dringender Handlungsbedarf.

Umfangreiche Änderungswünsche

- Wenn Ihr Kunde regelmäßig Änderungswünsche anbringt, deren Inhalt vorherigen Projektbesprechungen widerspricht, ist höchste Vorsicht geboten.
- Ein weiteres typisches Symptom, daß ein Scheitern eines Projektes bevorsteht, zeigt sich daran, daß Change Requests (Änderungsanträge) nicht mehr in der vereinbarten Form eintreffen (sofern eine diesbezügliche Form überhaupt abgesprochen war), sondern als *Forderung* gestellt werden, ohne daß vorher mit Ihnen Rücksprache getroffen wurde.

Bleiben Rechnungen unbezahlt?
- Wird Ihre Rechnung nach Ableistung eines zuvor vereinbarten Meilensteins nicht bezahlt? Auch Ihre Zahlungserinnerung nicht? Dann ist es höchste Zeit sich Gedanken zu machen, weil jetzt gibt es nur noch zwei Alternativen: Entweder Ihr Kunde ist zahlungsunfähig, oder er ist mit der von Ihnen bzw. von Ihrem Projektteam erbrachten Leistung nicht zufrieden. Welche dieser beiden Möglichkeiten auch zutrifft, ein Scheitern des Projektes könnte bevorstehen.

Kein Defect-Tracking-Werkzeug im Einsatz?
- Sie haben einen Fehler behoben, und kurze Zeit später werden Ihnen drei, vier oder mehr neue Fehler gemeldet? Nun zeigt es sich, wie sorgfältig Ihr Design war und wie sorgfältig ein Defect-Tracking-Werkzeug eingesetzt wird. Ist ein derartiges Werkzeug nicht im Einsatz, so können ernsthafte Probleme auftauchen, die das Projekt ins Wanken bringen.

Bisher wurden in erster Linie Symptome aufgezeigt, die von außen auf das Projekt einwirken. Doch ein Projekt kann auch durch interne Einflüsse zum Scheitern gebracht werden. Typische Warnsignale sind dabei:

Interne Warnsignale sind ebenfalls von großer Bedeutung
- Werden Ihnen die besten Projektmitarbeiter entzogen mit der Begründung: Jetzt steht ein wichtiges Projekt an, wir brauchen Herrn oder Frau xy unbedingt in diesem Projekt! Waren diese Mitarbeiter auch die Know-how Träger in Ihrem Projekt? Dann ist ein extrem kritischer Punkt erreicht.
- Stellen Sie typische „Ermüdungserscheinungen" bei Ihren Projektmitarbeitern fest, wie zum Beispiel häufige Krankmeldungen, *9–5-Mentalität*[1], ständig schlechte Laune usw.? Dann ist die Motivation des Teams, das Projekt erfolgreich zu beenden, sehr gering.

---

[1] Unter 9–5-Mentalität versteht man, daß ein Mitarbeiter sich strikt an seinen 8-Stunden-Tag hält, also um 9 kommt und spätestens um 5 wieder geht.

Nachdem in diesem Abschnitt die Symptome für ein Projektscheitern aufgezeigt wurden, soll in den nächsten Abschnitten dargelegt werden, was die wesentlichen Ursachen für die Softwarekrise sind.

1.3.2
Unklare Anforderungen

Wissen Sie zu Projektbeginn, was Ihr Kunde wirklich will? Oder präziser: Wissen Sie was Ihr potentieller Kunde durch eine Veräußerung seiner Ausschreibung will? Haben Sie sich schon mal überlegt, was Ihr Kunde oder auch zukünftiger Kunde eigentlich mit einer Anforderung ausdrückt? Eigentlich einen Wunsch, wie sich ein zukünftiges Softwaresystem verhalten soll. Doch wann äußert er diesen Wunsch – nun ganz einfach dann, wann er entsteht. Wann reagieren Sie – dann, wenn Sie von dem Wunsch wissen. Und wann können Sie diesem Kunden eine Lösung anbieten – erst nachdem Sie einen Auftrag erhalten haben, seine Anforderungen softwaretechnisch umgesetzt haben und letztendlich das lang ersehnte Ergebnis liefern. Wenn Sie zu den kritischen Zeitgenossen unserer IT-Welt gehören, werden Sie sicherlich ein Feedback erwarten – oder vielleicht *befürchten*. Das würde der Wahrheit wesentlich näher kommen – denn das, was Sie abgeliefert haben entspricht eventuell den Anforderungen, die Ihr Kunde am Beginn des Projektes an Sie hatte – doch mit den aktuellen Anforderungen hat Ihr abgeliefertes Produkt meist nicht mehr viel zu tun. Mehr zu dem Thema Anforderungs- und Change-Management, dem der Rational Unified Process einen eigenen Workflow widmet, können Sie dem Kapitel 4 entnehmen.

Anforderungen werden zu früh zu präzise formuliert

1.3.3
Wechselnde Technologien

Die Computerbranche zeichnet sich durch einen kontinuierlichen Technologiewechsel aus. Dies betrifft sowohl die Hardware als auch die Software. Bei der Hardware ist der ständige Technologiewechsel allerdings eher als Hardwareoptimierung und Preisreduzierung zu bezeichnen als ein echter Technologiewechsel. Hingegen bei der Software-Entwicklung kamen in den letzten Jahren revolutionäre Technologien auf den Markt. Weg von der strukturierten Entwicklung – hin zur objektorientierten komponentenbasierten Entwicklung.

Die Computerbranche zeichnet sich durch einen kontinuierlichen Technologiewechsel aus

Doch Technologiewechsel haben auch gewisse Risiken – so fallen zusätzliche Ausbildungskosten für die Mitarbeiter an, Investitionen in neue Werkzeugumgebungen werden notwendig, und – was sicherlich am gravierendsten ist – die wertvollen Erfahrungen, die in früheren Projekten mit alten Technologien gewonnen wurden – sind nun obsolet.

Neue Technologien als Lösung der Softwarekrise?

Warum werden also neue Technologien gerade in der Informationstechnik ständig eingeführt, die ohnehin schon Probleme genug hat (Softwarekrise)? Nun – vielleicht als Versuch zur *Lösung* dieser Probleme. Dieser Umstand ist ein klares Indiz für die offensichtliche Bereitschaft, alles zu versuchen, um diese Probleme zu lösen, allerdings genauso ein Indiz dafür, daß die Lösung gar nicht so einfach ist.

Dieser kontinuierliche Technologiewechsel hat nun für Sie als Projektleiter zur Folge, daß Sie sich zwar am Anfang eines Projektes für eine gewisse Technologie entscheiden müssen, jedoch ständig im Auge behalten müssen, daß sich die Technologie (je nach Projektlaufzeit) auch wieder ändern kann. Natürlich ist es sehr schwer, innerhalb eines laufenden Projektes einen Technologiewechsel vorzunehmen. Unter Umständen kann es bedeuten, nahezu wieder von vorne anzufangen, doch letztendlich entscheidet eine Return-on-Investment Rechnung darüber, ob Sie einen Technologiewechsel vornehmen.

Doch Technologiewechsel bewirken auch beim Kunden eine Änderung der zuvor gestellten Anforderungen. Denken Sie nur einige Jahre zurück, als grafische Oberflächen noch ein Fremdwort waren und ASCII-Oberflächen State of the Art waren. Ein Projekt, das damals eine ASCII-Oberfläche vorsah, war im späteren Projektverlauf zum Technologiewechsel gezwungen – unabhängig was die Return-on-Investment-Rechnung ergab. Hier existierte ein wesentlich gewichtigeres Argument – die Anforderung des Kunden!

1.3.4
Mangelnde Kommunikation im Projekt

Ein Projekt ohne Kommunikation der Projektbeteiligten scheitert!

Je größer ein Projekt ist, desto wichtiger ist es, daß die Projektmitarbeiter miteinander reden. Betrachtet man die drei wesentlichen Rollen innerhalb eines Projektes, Analysten, Entwickler und Tester, so hat in der Vergangenheit besonders die fehlende Kommunikation zwischen Entwickler und Tester zu großen Schwierigkeiten in Projekten geführt. Ebenso herrschen zum Teil unüberwindbare Abgrenzungen zwischen den einzelnen Domänen:

- Anforderungsmanagement
- Change-Management

- Testen
- Modellierung

Abbildung 1 zeigt die Abgrenzung zwischen diesen Domänen.

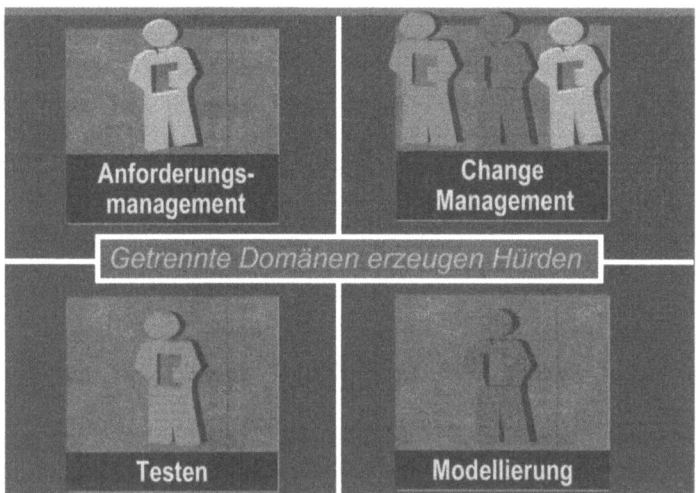

Abbildung 1: Abgrenzungen zwischen Domänen

Besonders Analysten und Tester haben oft überhaupt keine Beziehung zueinander gehabt. Durch den Rational Unified Process werden die bisherigen Grenzen zwischen diesen drei Rollen aufgehoben. Nicht umsonst heißt der Slogan von Rational Software: „Unifying Software Teams." So werden beispielsweise die vom Analysten erstellten Use-Cases als Test-Use-Cases vom Tester weiterverwendet.

Ebenfalls unter dem Aspekt der mangelnden Kommunikation fällt der Einsatz diverser Werkzeuge, die nicht miteinander „kommunizieren". Sicherlich ist der Tooleinsatz erforderlich und unabdingbar, doch was nützt das beste CASE-Tool, wenn keinerlei Schnittstelle zu einem Anforderungsmanagementwerkzeug existiert.

Aber es treten noch weitere Schwierigkeiten beim Einsatz diverser Werkzeuge von unterschiedlichen Herstellern auf. So wird der Projektleiter durch die Vielzahl von zu verwaltenden Versionen erheblich belastet. Beispiel: Angenommen, in einem Projekt kommen die folgenden Werkzeuge zum Einsatz:

- Konfigurationsmanagementwerkzeug
- CASE-Tool
- Anforderungsmanagement-Werkzeug

Ein Projekt benötigt eine Vielzahl von unterstützenden Werkzeugen, die jedoch miteinander kommunizieren müssen

- Testwerkzeug für Black-box-Tests
- Testwerkzeug für White-box-Tests
- Projektmanagement-Werkzeug
- Dokumentationswerkzeug

Geht man jetzt noch davon aus, daß jedes Werkzeug einmal im Jahr mit einem neuen Release auf den Markt kommt, so hat der Projektleiter insgesamt 7 Releasewechsel im Jahr vor sich. Abgesehen von diesem Aufwand müssen auch die Ausfallzeiten berücksichtigt werden, die durch die Releaseumstellung hervorgerufen wurden. Ein weitere negative Aspekt ist die Tatsache, daß bei einem Releasewechsel meist die Schnittstelle zu den anderen im Projekt befindlichen Werkzeugen überarbeitet werden muß.

Wie bereits gesagt – die Verwendung von Werkzeugen ist in einem modernen Software-Entwicklungsprozeß unabdingbar, doch es gelten auch die folgenden Zusammenhänge:

Die Schnittstellen zwischen den Werkzeugen sind problematisch

- Je mehr Werkzeuge, desto mehr Schnittstellen
- Je mehr Schnittstellen, desto mehr Koordinierungsbedarf
- Je mehr Koordinierungsbedarf, desto höher die Fehleranfälligkeit
- Je höher die Fehleranfälligkeit, desto wahrscheinlicher der Produktivitätsverlust
- Je höher der Produktionsverlust, desto größer die Wahrscheinlichkeit, daß das Projekt scheitert

Diese Auflistung unterstreicht die Bedeutung, daß verschiedene Werkzeuge, die innerhalb eines Projektes zum Einsatz kommen, genau aufeinander abgestimmt sein müssen. Viel zu häufig wird bei einer Toolauswahl eine Art „Featureschlacht" geführt (also Werkzeug A kann Funktionalität a,b,e,g,h und Werkzeug B nur a,b,e aber dafür auch noch x,y,z usw.). Viel wichtiger sollte sein, wie läßt sich Werkzeug A oder B in den bestehenden Prozeß integrieren? In Kapitel 9 wird bei der Untersuchung der Werkzeugunterstützung für den Rational Unified Process genauer auf dieses Thema eingegangen.

1.3.5
Zu späte Integration

Einer der größten Fehler in Software-Entwicklungsprojekten, ist die Big-Bang-Integration am Ende des Projektes. Abbildung 2 verdeutlicht die Auswirkungen einer solch späten Integration, Walker Royce bezeichnet dieses Vorgehen auch mit Late Design Breakage.

Eine Big-Bang-Integration ist tödlich!

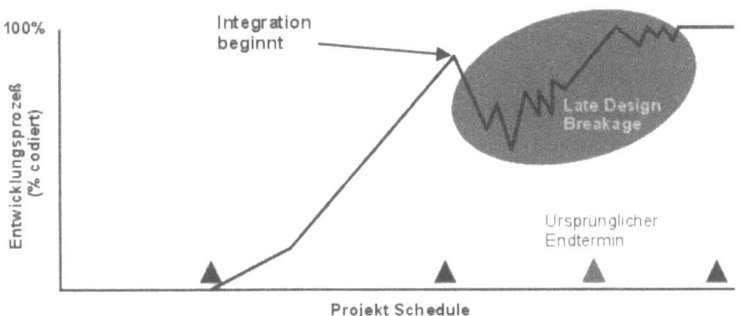

Abbildung 2: Das Late Design Breakage nach Walker Royce

Welche Auswirkungen eine zu späte Integration haben kann, wird aus Tabelle 1 ersichtlich, bis zu 40% und mehr werden für die Integration und die damit verbundenen Testmaßnahmen verbraucht. In Kapitel 5 wird näher erläutert, wie sich die Kennzahlen der Tabelle 1 bei einem modernen Prozeß verändern bzw. in welche Richtung sich diese Zahlen künftig entwickeln werden.

Management	5%
Anforderungen	5%
Design	10%
Codierung und Einheitentest	30%
Integration und Test	**40% und mehr**
Verteilung	5%
Werkzeugausstattung	5%
Summe	100%

Tabelle 1: Aufwendungen für die Projektphasen bei herkömmlichen Projekten

Das Alarmierende an diesen Kennzahlen ist, daß zu Projektbeginn für die Integration und den Test eben nicht diese 40% der Aufwendungen eingeplant werden, sondern deutlich weniger Projektzeit. Zudem ist es äußerst schwierig, eine Integrationsmaßnahme zu planen, da hier eine große Menge an unbekannten Faktoren existieren, die zum Teil erst während der eigentlichen Integration offensichtlich werden und dann zu der Projektverzögerung führen.

1.3.6
Zu hohe Dokumentenorientierung

Wer liest heutzutage noch Prozeßmodelle in Papierform?

Nahezu alle bisherigen Prozeßmodelle hatten eins gemeinsam: Sie lagen in erster Linie in Papierform vor. Demzufolge orientierte sich auch die gesamte Projektabwicklung anhand von Dokumenten. Mal ganz abgesehen von dem Umweltaspekt – wer liest Dokumente? Oder genauer gesagt – wer hat die Zeit, Dokumente zu lesen (parallel zu seiner tagtäglichen Arbeit)? Handbücher sind die schlimmste Ausprägung von Dokumenten, was mit ihnen in professionellen Software-Entwicklungsabteilungen passiert, ist in Abbildung 1 dargestellt: Sie verstauben in den Büros der Software-Entwickler!

Abbildung 3: Die Bedeutung von Dokumenten (zugegebenermaßen etwas sarkastisch ☺)

Haben Sie schon jemals ein Handbuch von Microsoft Winword benutzt oder arbeiten Sie mit der Online-Hilfe? Wenn Sie ehrlich sind, werden Sie feststellen, daß Sie selbst in Ihrem privaten Haushalt auf Dokumente wie eine Bedienungsanleitung für den neuen Videorecorder kaum noch zurückgreifen. Etwas platt formuliert: Entweder das Ding funktioniert auch so und wenn ich etwas wissen will, hilft mir die intuitive Benutzerführung über die Fernbedienung, oder das Gerät taugt nichts! Können Sie sich von einer derartigen Einstellung freisprechen? Ich jedenfalls nicht! Und genauso geht es mehr oder weniger jedem Mitarbeiter eines Projektteams. Heutzutage ist die Hilfebereitstellung via navigationsfähigem Online-Dokument State of the Art – doch welches Prozeßmodell berücksichtigt diesen Trend?

Bereits seit einigen Jahren ist der Satz „Ein Bild sagt mehr als tausend Worte" als Tatsache bewiesen. Doch wenn man sich die Berge von Dokumentationen ansieht, die tagtäglich innerhalb der

Projekte produziert werden, stellt sich einem die Frage, ob manche Projektleiter hier immer noch in der „Steinzeit" leben.

1.3.7 Fehlende Prozeßmodelle

Fehlende oder schlechte Prozeßmodelle sind zwar der häufigste Grund, warum Softwareprojekte scheitern, aber es ist sehr schwer nachzuweisen, daß ein fehlendes Prozeßmodell die eigentliche Ursache für das Scheitern war. Daß sich eine Technologie geändert hat, ist für jeden ersichtlich und wird somit auch als Grund anerkannt, ebenso deutlich erkennbar ist es, wenn sich eine Anforderung ändert. Da jedoch an einem Prozeßmodell sehr viele Dinge hängen, läßt sich hier der Nachweis nur schwer führen.

Kapitel 2 geht ausführlich auf die Vorteile der Verwendung von Prozeßmodellen ein, daher soll an dieser Stelle dieser Aspekt nicht weiter betrachtet werden. Als Anregung sollen die folgenden Fragen dienen, deren Beantwortung in Kapitel 2 erfolgt:

Ein direkter Return on Investment läßt sich für ein Prozeßmodell nur sehr schwer errechnen

- Wie kann in einem Projekt sichergestellt werden, daß die Kommunikation funktioniert?
- Wie kann in einem Projekt gewährleistet werden, daß jeder Mitarbeiter zu jedem Zeitpunkt weiß, wofür er verantwortlich ist?
- Wie kann in einem Projekt sichergestellt werden, daß jeder Mitarbeiter weiß, von wem er welchen Input bekommt und an wen er welchen Output zu liefern hat?
- Wie kann ein laufendes Projekt realistisch hinsichtlich seines Fortschrittes beobachtet werden?
- Wie können in einem Projekt unvorhersehbare Gefahren/Risiken rechtzeitig erkannt und eliminiert bzw. eingedämmt werden?

1.3.8 Mangelnde Ausbildung

„Unsere Mitarbeiter sind unser wichtigstes Potential", derartige vollmundige Marketingaussagen liest man besonders in der IT-Branche in nahezu jeder Firmenbroschüre. Doch verhalten sich die meisten IT-Unternehmen auch tatsächlich so? Damit ein Mitarbeiter wirklich ein solches Potential darstellen kann, muß er optimal ausgebildet sein und ständig weitergebildet und trainiert werden. Damit sind natürlich neben dem Produktionsausfall auch noch zusätzliche

Ausbildungskosten verbunden, vor denen sich viele Unternehmen scheuen. Kein Gärtner käme auf die Idee, seine Blumen nicht mehr zu gießen, um Wasserkosten zu sparen – doch in der IT-Branche herrschen offensichtlich andere Gesetze. Warum ist dem so? Nun – eine Begründung mag sicherlich die extrem kurze Verweildauer von Mitarbeitern in einem IT-Unternehmen sein, die durchschnittlich zwischen zwei und drei Jahren liegt. Ein weiterer Grund ist die Ressourcenknappheit der meisten Unternehmen – selbst wenn man bereit ist, die Ausbildungskosten zu bezahlen, können es sich viele Unternehmen nicht leisten, auf den Mitarbeiter eine Woche oder gar länger zu verzichten.

IT-Unternehmen investieren oft zu wenig in ihre Mitarbeiter

Die Folgen dieses Ausbildungsrückstandes sind fatal. Ein COBOL-Programmierer, der von heute auf morgen C++-Code erstellen soll, wird sicherlich anfangs nicht besonders viel zustande bringen. Selbst ein dreitägiger C++-Kurs hilft nicht viel – er lernt allenfalls die Syntax, nicht jedoch die Philosophie. Er wird also nicht nur ins kalte Wasser geworfen, man muß ihm sogar noch einen Pickel mitgeben, damit er die darüber befindliche Eisschicht erst aufschlagen kann!

Neue Technologien erfordern Ausbildungsprogramme

Doch damit ist eine Reihe weiterer Probleme verbunden – so ist die reine Erstellung von C++-Code noch gar nicht das größte Problem – der Einsatz der Unified Modeling Language und des Rational Unified Process unter Verwendung der Software-Entwicklungsumgebung Rational Rose ist der nächste Schritt. Diesen ohne ein gezieltes Ausbildungsprogramm durchführen zu wollen ist nicht nur unprofessionell, sondern führt unweigerlich zum Scheitern des Projektes.

1.3.9
Fehlende Ressourcen

In Zeiten von Engpässen auf dem Arbeitsmarkt bezüglich qualifizierter Arbeitskräfte in der IT-Branche müssen Personalabteilungen umdenken. Das alleinige Schalten einer Stellenanzeige reicht schon lange nicht mehr aus.

IT-Profis fehlen an allen Ecken und Enden

Die folgenden Zahlen machen es deutlich: In den nächsten beiden Jahren sucht Baan 1.400 Mitarbeiter, die Viag Interkom 1.000, SAP 2.000, Hewlett-Packard 700 und Oracle 500. Doch woher nehmen? Die Frankfurter Zentralstelle für Arbeitsvermittlung (ZAV) der Bundesanstalt für Arbeit berichtet von weniger als 3.000 arbeitslosen Informatikern, das Angebot an offenen Stellen ist also deutlich größer als die Nachfrage.

Noch vor wenigen Jahren erhielten renommierte Firmen auf das alleinige Schalten einer Personalanzeige in der Frankfurter Allgemeinen oder in der Süddeutschen bis zu hundert Bewerbungen, sie hatten also die Qual der Wahl. Heutzutage kann eine Personalabteilung schon ein Fest feiern, wenn sich mehr als 10 Bewerber melden. Dabei ist die Hälfte der Bewerber von vornherein auszusondieren, da sie von vornherein nicht in Frage kommen. Es muß also umgedacht werden. Ein möglicher Weg ist die Einschaltung einer Personalagentur, umgangssprachlich auch Headhunter genannt.

Personalvermittlungen haben den Vorteil, daß sie über eine Vielzahl von Adressen verfügen, die halbwegs aktuell sind. Dabei haben sich mittlerweile eine Reihe von Agenturen ausschließlich auf den IT-Markt beschränkt, hier werden derzeit eindeutig die meisten Aufträge vergeben. Das Einschalten einer Personalagentur ist zwar kein Garant dafür, daß ein passender neuer Mitarbeiter gefunden wird, aber es erhöht die Wahrscheinlichkeit einen zu finden erheblich.

Können Personalberater weiterhelfen?

Jedes Jahr beenden Hunderte von Informatikern erfolgreich ihr Studium. Zu glauben, daß diese dann in ihrer Gesamtheit dem Arbeitsmarkt zur Verfügung stehen, ist ein Irrtum. Eine Vielzahl haben bereits im Vorfeld einen Arbeitsvertrag in der Tasche. Die Unternehmen sind also gezwungen, bereits an den Universitäten auf Bewerbersuche zu gehen. Dazu gibt es unterschiedliche Möglichkeiten. Renommierte Unternehmen bieten regelmäßig Veranstaltungen im eigenen Hause an, wo Diplomanten sich über das Unternehmen und deren offene Stellen schon vor Studienabschluß informieren können. Nicht selten verlassen eine Vielzahl von Studenten solche Veranstaltungen mit einem Arbeitsvertrag.

Auch haben Messen schon längst den ausschließlichen Charakter der Produktpräsentation und des Produktverkaufs verloren. So ist die Systems in München oder die CeBIT in Hannover ein geeigneter Termin, um einerseits das eigene Unternehmen potentiellen Bewerbern zu präsentieren, andererseits aber auch konkrete Gespräche mit Studenten zu führen. Die Präsenz der Personalabteilung am Messestand ist mittlerweile genauso unabdingbar wie die eines Vertriebsmitarbeiters.

Im Idealfall wird die erste Kontaktaufnahme zu einem Zeitpunkt vorgenommen, bei dem die Diplomarbeit genutzt werden kann, um sich gegenseitig kennenzulernen. Dabei muß bei der Vergabe der Diplomarbeit darauf geachtet werden, daß für beide Seiten eine Art „Win/Win"-Situation eintritt, also der Diplomant muß genauso von dem Thema profitieren, wie es das Unternehmen tut.

Kontaktaufnahme mit potentiellen neuen Mitarbeitern bereits im Studium

Auch die Vergabe von Praktikumsplätzen sollte primär als Personalbeschaffungsmaßnahme gewertet werden und nicht als Ausbeutung billiger Arbeitskräfte. Ein Praktikant, der die meiste Zeit seiner Arbeitszeit am Kopierer verbringt, wird mit Sicherheit kein weiteres Interesse an dem Unternehmen haben. Hingegen ist ein Praktikant, der in verschiedene Bereiche des Unternehmens eingearbeitet, und gegen Ende seines Praktikums auf eine mögliche Festeinstellung angesprochen wird, ein potentieller neuer Mitarbeiter.

Hilfsmittel Internet wird mehr und mehr genutzt

Mittlerweile sind eine Vielzahl von Firmen dazu übergegangen, ihre offenen Stellen im Internet auszuschreiben, allerdings zum Teil auf stümperhafte Weise, indem sie lediglich auf der eigenen Homepage die entsprechende Webseite einfügen. Es wird sich kaum ein Bewerber die Mühe machen, stundenlang die einzelnen Firmen, die er so kennt, abzusuchen. Auch der Weg über Suchmaschinen, seine Suche einzugrenzen, ist auf die Dauer ermüdend.

Es existieren eine Reihe von professionellen Anbietern, bei denen ein Unternehmen seine Anzeige plazieren kann, die dann thematisch eingegliedert wird. Der Bewerber kann seinen anonymisierten Lebenslauf über eine Dialogmaske ins Internet stellen, wo er mindestens vier Wochen verbleibt. Unternehmen, die Mitarbeiter suchen, können dann auf diesen Lebenslauf zugreifen und bei Interesse den Kandidaten per E-Mail kontaktieren. Derzeit liegen Tausende solcher Lebensläufe im Internet. Für den Bewerber ist es interessant, daß die Anzahl der Zugriffe von Unternehmen mitprotokolliert wird, so daß er sehen kann, wie hoch sein Marktwert ist bzw. feststellen kann, wie viele Unternehmen eine Position zu vergeben haben, die für ihn von Interesse sein könnten.

Bewerbung per E-Mail

Unternehmen, die sich heutzutage noch gegen eine Bewerbung per E-Mail sträuben, sind nicht mehr auf der Höhe der Zeit. Zumindest für eine erste Kontaktaufnahme muß dieses Medium genutzt werden. Schließlich gibt es eine Reihe von potentiellen Kandidaten, die zwar die Anzeige lesen, denen es jedoch zuviel Arbeit ist, aktuelle Bewerbungsfotos machen zu lassen und sämtliche Zeugnisse durch den Kopierer zu jagen. Hingegen ist ein tabellarischer Lebenslauf und eine kurze Beschreibung der derzeitigen Tätigkeit schnell erstellt und per E-Mail auch bequem verschickt.

Gefährlicher Dominoeffekt

Von der derzeitigen Situation auf dem Arbeitsmarkt in der IT-Branche profitieren natürlich Personalvermittlungen und Unternehmen, die obige Internetdienste anbieten. Der Dominoeffekt liegt darin, daß ein Unternehmen, das zum Beispiel einen SAP-Spezialisten sucht, diesen wohl kaum beim Arbeitsamt findet, sondern aus einem anderen Unternehmen abwerben muß. Damit ist zwar die Lücke beim suchenden Unternehmen gestopft, aber im gleichen Atemzug entsteht bei einem anderen Unternehmen eine neue Lücke. Damit beginnt das ganze Spiel wieder von vorne. Ein Ende ist derzeit offenbar nicht in Sicht.

Zusammenfassend lassen sich die folgenden Resultate für die Softwarekrise festhalten:

- Durch den Mangel an qualifizierten Fachkräften kommen häufig unqualifizierte Mitarbeiter innerhalb von Projekten zum Einsatz, die dann überfordert sind.
- Durch das „Jobhopping" werden funktionierende Teams auseinandergerissen.
- Plötzlich im Unternehmen entstehende Lücken innerhalb eines Projektes werden mit Mitarbeitern aus anderen Projekten aufgefüllt, die dieser Doppelbelastung nicht gewachsen sind.
- Die wichtigste Person für das Projekt – der Projektleiter – wird nur schwer gefunden, und es werden immer häufiger Mitarbeiter zum Projektleiter ernannt, die die wesentlichen Voraussetzungen für diesen Job (siehe auch Kapitel 5) nicht erfüllen.

Auswirkungen der Ressourcenknappheit

1.3.10
Fehlende Qualitätssicherung

Erst in den letzten Jahren wurde Qualitätssicherung zu einem festen Bestandteil eines Software-Entwicklungsprojektes. So wahr die Aussage: „Qualitätssicherung am Ende eines Projektes ist Sabotage des Projektes" auch ist, berücksichtigt wird sie heutzutage noch nicht. Dies betrifft insbesondere auch das Testen von Software, das gar nicht früh genug vorgenommen werden kann.

Qualitätssicherung am Ende eines Projektes ist Sabotage des Projektes

Viele Softwareprojekte laufen immer noch nach demselben Schema ab: Es wird analysiert, anschließend entworfen und dann entwickelt. Spätestens nach der Hälfte der anberaumten Entwicklungszeit tritt so langsam, aber sicher deutlicher Termindruck auf. Dieser bewirkt in der Regel, daß das gründliche und gewissenhafte Austesten der Software auf der Strecke bleibt. Resultat ist eine fehlerbehaftete Software, ein unzufriedener Kunde und damit einhergehend ein überzogenes Projektbudget. Aber auch ständige oder unkoordinierte Qualitätskontrolle läßt kein Projekt erfolgreich zum Ende kommen. ISO 9000 hin oder her – es zeigt sich immer mehr, daß nicht die Unternehmen erfolgreich sind, die langwierige und ausgefeilte (aber zertifizierte) Prozesse zur Software-Erstellung benutzen, sondern diejenigen, die einen praktikablen und zugleich qualitätsbewußten Ansatz wählen.

Um diesen Ansatz zu finden, soll zunächst die Aktivität Testen näher beschrieben werden.

Definition: Testen

„Testen ist die Methode, mit der Qualität nachgewiesen wird. Testen sollte weder als einmalige Aktivität noch als individuelle Testfolge gewertet bzw. betrachtet werden. Testen ist ein umfassender Workflow, der eine Serie von Einzeltests innerhalb des gesamten Entwicklungszyklus umfaßt. Diese Tests konzentrieren sich auf die Identifizierung und Beseitigung von Fehlern und dem kontinuierlichen Erreichen der Produktqualität zum frühestmöglichen Zeitpunkt." [Kruch99]

Zwei verschiedene Testarten

Prinzipiell kann man beim Testen von Software von zwei verschiedenen Standpunkten ausgehen:

- White-box-Testen betrachtet das Programm als *white box*, sieht also alle (Implementierungs-)Details. Dementsprechend kann man bei der Auswahl der Testfälle die internen Details berücksichtigen.
- Black-box-Testen betrachtet das Programm als *black box*. Beim Testen schaut man dabei hauptsächlich, ob das Programm sich spezifikationsgemäß verhält. Da man aber auch die Spezifikation des Programms nur selten in elektronisch oder automatisch verwertbarer Form vorliegen hat, beschränkt sich Black-box-Testen häufig auf das Testen des Input-Output-Verhaltens einer Funktion/Prozedur.

Testen wird niemals zu einem einzigen Zeitpunkt durchgeführt. Getestet werden unterschiedliche Typen von Objekten (Testobjekte) in unterschiedlichen Phasen der Software-Entwicklung. Der Testprozeß erstreckt sich vom Testen kleinerer Elemente des Systems wie zum Beispiel von Komponenten (Einzeltest) bis hin zum Testen des gesamten Systems (Systemtest). Insgesamt werden die folgenden Testtypen unterschieden:

Unterschiedliche Testtypen

- *Einzeltest*: Die kleinste testbare Einheit des Systems individuell wird getestet. Das kann ein einzelnes Objekt betreffen oder auch ein Framework, das in eine Applikation eingebunden wird.
- Integrationstest: Hier werden die einzelnen Einheiten oder Komponenten oder Subsysteme hinsichtlich ihrer Integration getestet.
- Systemtest: Die Anwendung und das gesamte System, bestehend aus einer oder mehrerer Anwendungen, werden getestet.
- Akzeptanztest: Die Anwendung oder das System werden vom Endbenutzer hinsichtlich Auslieferungsfähigkeit getestet. Dabei handelt es sich in den meisten Fällen um den kritischsten Test,

da hier zum Teil Jahre zurückliegende Anforderungen auf einen völlig neuen State of the Art treffen.

Eine weitere wesentliche Testart sind *Regressionstests*. Diese repräsentieren eine Teststrategie, bei der bereits zuvor getestete Objekte erneut mit einer neuen Version des Testobjektes getestet werden. Der Sinn von Regressionstests liegt darin, daß sichergestellt werden muß:

Regressionstests

- daß die Fehler, die beim vorherigen Testdurchlauf entdeckt wurden, mittlerweile beseitigt sind,
- und Änderungen, die am Code des Testobjektes vorgenommen wurden, nicht neue Fehler hervorgerufen oder alte Fehler „aufgeweckt" haben.

Jeder der oben aufgeführten Testarten kann mit einem Regressionstest erneut durchgeführt werden. Typischerweise werden bei einer iterativen Vorgehensweise nach jeder Iteration eines Testdurchlaufes Regressionstests für jede Testart vorgenommen. Das *Testmodell* stellt dar, was eigentlich alles getestet werden soll. Es beinhaltet eine Auflistung aller Testfälle, Testprozeduren, Testskripten und erwarteten Testergebnisse sowie eine Beschreibung der untereinander bestehenden Beziehungen.

Das Testmodell stellt dar, was eigentlich alles getestet werden soll

1.3.11
Nichtbeachtung der 80:20-Regel

Bereits 1987 stellte Barry Boehm [Boehm87] eine Übersicht auf, die als Top-10-Metriken industrieller Software-Entwicklung bekannt wurde. Eine dieser Metriken umfaßt die 80:20-Regel, die folgende Aspekte beleuchtet:

Top-10-Metriken industrieller Software-Entwicklung

1. 80% des Engineerings werden für 20% der Anforderungen benötigt.
2. 80% der Gesamtkosten werden für 20% der Komponenten ausgegeben.
3. 80% der Fehler werden durch 20% der Komponenten verursacht.
4. 80% der Ressourcen werden für 20% der Komponenten verbraucht.
5. 80% des Projektfortschrittes werden von 20% der Mitarbeiter erzielt.
6. 80% des Engineerings wird von 20% der Tools durchgeführt.

Diese 80:20-Regel gilt natürlich nicht nur für die Software-Entwicklung, sondern auch für andere Disziplinen, wie zum Beispiel der Geschäftsprozeßmodellierung. Projekte, in denen diese 80:20-Regel nicht beachtet wird, geraten schnell in Gefahr, sich zu verzetteln und immer mehr Gewicht auf Kleinigkeiten zu legen.

1.4 Auswirkungen der Softwarekrise

Die gesamte Software-branche befindet sich seit der Softwarekrise in einem kontinuierlichen Lernprozeß

Das Scheitern von Projekten hatte eine Vielzahl von Folgen. Abgesehen von den direkten Auswirkungen auf das Unternehmen und den Auftraggeber, die mit finanziellen Einbußen leben mußten, kann man feststellen, daß sich die gesamte Software-Branche seit der Softwarekrise in einem kontinuierlichen Lernprozeß befindet. Interessant an diesem Lernprozeß ist die Tatsache, daß dadurch eine organisatorische Verlagerung innerhalb der Unternehmen stattfindet. So hat es vor einigen Jahren nur vereinzelt Methodenabteilungen gegeben, mittlerweile findet man sie nahezu in jedem Organigramm wieder.

Eine weitere „neue" Abteilung sind die Qualitätssicherungsabteilungen und seit kurzen findet man sogar Testabteilungen. Das ist ein Hinweis darauf, daß sich zwei wesentliche Erkenntnisse aus der Softwarekrise herauskristallisiert haben:

- Software-Entwicklung muß methodisch betrieben werden.
- Erfolg und Mißerfolg eines Projektes hängen stark von der Qualität der geleisteten Arbeit ab.

Der Einsatz professioneller Werkzeuge wird vom Auftraggeber gefordert

Aber es sind auch noch weitere Auswirkungen der Softwarekrise festzustellen, so wird zunehmend vom Auftraggeber der Einsatz professioneller Werkzeuge gefordert, die eine Nachvollziehbarkeit des Projekt-Lifecycles gestatten. Das hat den folgenden Hintergrund:

Zu viele Unternehmen mußten die leidvolle Erfahrung sammeln, daß ihre Auftragnehmer entweder das Projekt abbrachen, die Kosten in die Höhe trieben oder während des Projektes in Konkurs gingen. Damit mußten bereits erstellte Ergebnisse vom Auftraggeber weiter bearbeitet werden. Mit einer entsprechenden Software-Entwicklungsumgebung fällt dies natürlich wesentlich leichter.

Mindestmaß an Unabhängigkeit für den Auftraggeber

Der Auftraggeber kann somit ein Mindestmaß an Unabhängigkeit gegenüber dem Auftragnehmer sicherstellen. Viel zu oft sind Auftraggeber ab einer gewissen Projektlaufzeit erpreßbar, da bereits viel Geld investiert wurde und ein Projektabbruch für beide Seiten nicht mehr in Frage kommt.

Aber auch bei den Herstellern von Software-Entwicklungsumgebungen – also den Werkzeugen, die eigentlich die Softwarekrise lösen sollten – waren deutliche Auswirkungen zu spüren. Allerdings waren die Folgen genau entgegengesetzt wie erwartet. Entweder die Hersteller gingen konkurs, oder sie stellten die Entwicklung ein oder wurden aufgekauft. Nur noch ganz wenige Hersteller der ersten Stunde sind heute noch auf dem Markt vertreten – unter anderem auch Rational Software als unumschränkter Marktführer.

1.5 Zusammenfassung

Dieses Kapitel hat verdeutlicht, daß die Softwarekrise, ausgelöst durch unterschiedliche Ursachen, immer noch nicht behoben ist. Das größte Problem ist sicherlich die fehlende Qualitätssicherung und das darin integrierte Testen von Software. Doch es gibt eine Vielzahl weiterer Ursachen für die Softwarekrise:

Vielzahl von Ursachen für die Softwarekrise

- Unklare Anforderungen
- Wechselnde Technologien
- Zu späte Integration
- Zu hohe Dokumentenorientierung
- Fehlende Vorgehensweisen (Prozeßmodelle)
- Mangelnde Ausbildung der Projektmitarbeiter
- Fehlende Ressourcen für die Projektabwicklung
- Nichtbeachtung der 80:20-Regel

Dieses Buch erhebt nicht den Anspruch, die Softwarekrise zu lösen, doch es vermittelt für Projektleiter einige nützliche Hinweise, wie durch Verwendung des Rational Unified Process viele der oben aufgeführten Ursachen bereits im Keim erstickt werden können. Doch soll dieses Buch ebenso zum Ausdruck bringen, daß Disziplin – also die Einhaltung von Prozeßrichtlinien – eine der wichtigsten Voraussetzungen ist, eine Softwarekrise im eigenen Unternehmen zu beheben. Dabei hängt es in erster Linie von der Überzeugungskraft und dem Durchsetzungsvermögen des Projektleiters ab, inwieweit dieser Erfolg sich signifikant auf den Gesamterfolg des Unternehmens auswirkt.

2 Prozeßmodelle

"Prozeßmodelle werden von vielen Software-Entwicklern nur als eins bezeichnet: Als Einschränkung bzw. Beschneidung ihres Freiheitsgrades – durch Prozeßmodelle werden kreative und künstlerische Fähigkeiten unterdrückt, das ist so ziemlich der aggressivste Vorwurf, der Prozeßmodellen gegenüber vorgebracht wird. Warum? Prozeßmodelle drücken Regeln aus, an die sich die in den Prozeß involvierten Personen halten müssen – und das ist nicht immer einfach"

2.1 Eine Einführung in Prozeßmodelle

Im vorherigen Kapitel wurde aufgeführt, daß das Fehlen von Prozeßmodellen bzw. schlechte oder veraltete Prozeßmodelle mit einer der Gründe für die Software-Krise sind. Dieses Kapitel soll auf der einen Seite eine Einführung in Prozeßmodelle geben und andererseits aufzeigen, warum Prozeßmodelle so bedeutend für eine optimale Software-Entwicklung sind.

Prozeßmodelle werden hierzulande auch als Vorgehensmodelle bezeichnet. Sie regeln (oder sollen regeln) den gesamten Prozeß der Software-Entwicklung. Im wesentlichen haben Prozeßmodelle eins gemeinsam: Sie definieren Aktivitäten und legen Produkte (Artefakte) fest, die Ergebnis dieser Aktivitäten sind. Ferner bestimmen sie eine gewisse Reihenfolge, in der diese Aktivitäten abzuarbeiten sind. Im Laufe der Jahre wurden diverse Prozeßmodelle publiziert, besonders bekannt sind:

- Das Wasserfallmodell
- Das Spiralmodell
- Das V-Modell
- Der Rational Unified Process

Prozeßmodelle regeln den gesamten Prozeß der Software-Entwicklung

Meist wurden diese Modelle im Laufe der Zeit von neu auf den Markt kommenden Technologien eingeholt bzw. überholt, so daß sie sich als nicht mehr einsatztauglich bewiesen. Viele Modelle hatten auch den Nachteil, daß sie nur für eine bestimmte Gruppe von Anwendern oder eine bestimmte Art von Projekten konzipiert wurden. So entpuppte sich das Wasserfallmodell ziemlich schnell als untauglich bei größeren Projekten mit längerer Laufzeit. Auch das V-Modell in seiner ersten Version (V-Modell 92) hatte ziemlich schnell den Ruf weg, in erster Linie überflüssige Papierberge zu erzeugen und die Projektkosten durch unsinnige Aktivitäten in die Höhe zu treiben.

Modelle mußten angepaßt werden oder wurden nicht mehr eingesetzt

Daher wurden diese Modelle bei größeren Projekten entweder nicht mehr eingesetzt (Wasserfallmodell) oder den neuen Erfordernissen angepaßt (V-Modell 97). Bereits an dieser Stelle soll darauf hingewiesen werden, daß das Wasserfallmodell sich für gewisse Projekte nach wie vor durchaus eignet. Mehr dazu im folgenden Abschnitt.

Alle Modelle der Vergangenheit hatten jedoch einen entscheidenden Nachteil: Sie lagen nur in Papierform vor und mußten vom Anwender quasi als Nachschlagewerk eingesetzt werden. Hier stellt der Rational Unified Process eine Ausnahme dar, da er direkt in den Projektablauf integrierbar ist. Für ihn existiert eine sogenannte Online-Version, dargestellt in Abbildung 1.

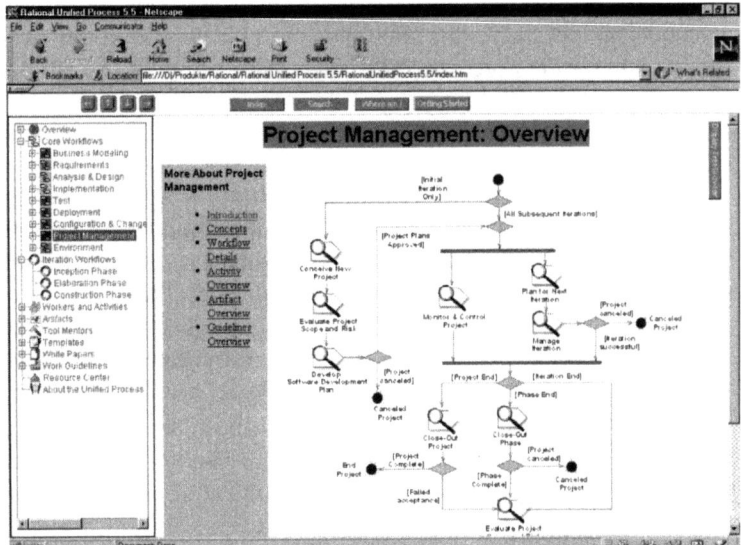

Abbildung 1: Screenshot der Online-Version des Rational Unified Process

In der Online-Version des Rational Unified Process hat der Anwender die Möglichkeit, mit jedem gängigen Web-Browser, wie zum Beispiel dem Microsoft Explorer oder dem Netscape Browser, parallel zu seiner Software-Entwicklung sich kontinuierlich die erforderlichen Hilfestellungen anzeigen zu lassen. Die Navigation wird durch zahlreiche Hyperlinks und interaktive Abbildungen stark vereinfacht. Hinzu kommt, daß durch die sogenannte „Extended Help" einer Vielzahl von Produkten, die in den Rational Unified Process eingebunden sind, direkt aus dem jeweiligen Werkzeug auf den Prozeß zugegriffen werden kann. Damit erspart sich der Anwender den üblichen Griff ins Bücherregal, wo das bisherige Prozeßmodell langsam, aber sicher verstaubt.

2.2
Warum brauchen wir Prozeßmodelle?

Wie hinreichend bekannt und in Kapitel 1 ausführlich beschrieben, hat die Softwarekrise verschiedene Gründe. Die wesentliche Ursache liegt sicherlich in der zum Teil planlosen und in „Ad-hoc"-Manier durchgeführten Vorgehensweise beim Software-Engineering. Selbst der größte Pfusch bei einem Hausbau ist gegenüber dem State of the Art der Software-Entwicklung immer noch als „professionelle Arbeit" zu bezeichnen, da hier zumindest noch nach einem Konzept vorgegangen wird.

Festlegung einer Vorgehensweise

Hintergrund dieses sicherlich zynischen Vergleichs ist die Motivation zu verdeutlichen, welche Auswirkungen es haben kann, Software ohne ein Prozeßmodell zu entwickeln. Doch was ist ein Prozeßmodell? Die folgende Definition soll hierüber Klarheit verschaffen:

Ein Prozeßmodell ist eine Beschreibung einer koordinierten Vorgehensweise bei der Abwicklung eines Vorhabens. Es definiert sowohl den Input, der zur Abwicklung der Aktivität notwendig ist, als auch den Output, der als Ergebnis der Aktivität produziert wird. Dabei wird eine feste Zuordnung von Workern[1] vorgenommen, die die jeweilige Aktivität ausüben.

Definition: Prozeßmodell

Diese Definition ist natürlich sehr theoretisch. Doch wenn Sie sich einige Minuten Zeit nehmen und die dahinter verborgenen Aussagen erkennen, wird die Bedeutung offensichtlich:

---
[1] Der Begriff Worker wird im weiteren Verlauf des Buches näher erläutert, im Prinzip könnte man darunter eine Rolle im Projekt verstehen, die durch eine Person wahrgenommen wird.

Best Practices

Eine koordinierte Vorgehensweise verlangt nicht nur einen Plan, sondern auch gewisse Erfahrungen, auf denen dieser Plan basiert.

Derartige Erfahrungen werden weder im Studium noch im eigenen Berufsleben gemacht – solche Erfahrungen werden auch nicht von einzelnen Software-Entwicklungsabteilungen oder einem einzelnen Unternehmen gewonnen. Derartige Erfahrungen müssen auf Hunderten von Projekten der unterschiedlichsten Größe beruhen. Eine so große Anzahl von Projekten wickelt natürlich nicht ein einzelnes Unternehmen ab — hier gilt es, den Erfahrungsschatz einer breiten Masse von Unternehmen auszunutzen. Rational Software hat hier eine Bezeichnung eingeführt, die auch unter dem Begriff „Best Practices" bekannt ist. Im weiteren Verlauf des Buches wird näher auf diese Best Practices eingegangen, die die Grundlage für den Rational Unified Process bilden.

2.2.1 Geschäftsprozeßmodellierung als Basis für Prozeßmodelle

Seit Hammer[2] vor einigen Jahren das Thema Geschäftsprozeßmodellierung innerhalb der IT-Branche etablieren konnte, hat sich eine Art Prozeßdenken innerhalb der Industrie durchgesetzt. Doch diese damalige Modeerscheinung hatte hierzulande schwere Zeiten zu durchleben. Erst durch Prof. Dr. Scheer wurde eine gewisse Akzeptanz erreicht – mit ARIS (Architektur integrierter Informationssysteme) entstand ein Produkt, das für die Abbildung, Analyse und teilweise Simulation von Geschäftsprozessen geeignet war. Ivar Jacobson publizierte [Jacob92] im Jahre 1992 zum ersten Mal seine Use-Cases, damit war der Bann gebrochen, die Objektorientierung erhielt Einzug in die Geschäftsprozeßmodellierung. Der große Vorteil, der dadurch gewonnen werden konnte, lag darin, daß die aus der Geschäftsprozeßmodellierung erzielten Ergebnisse direkt bei der Software-Entwicklung weitergenutzt werden konnten.

UML als Grundlage

Nachdem die Unified Modeling Language die Aktivitätsdiagramme zur Spezifizierung von Use-Cases bereitstellte, war die wesentliche Voraussetzung geschaffen, Geschäftsprozesse nun nicht nur visuell zu modellieren, sondern auch visuell zu spezifizieren.[3]

---

[2] Hammer gilt als der Begründer der Geschäftsprozeßmodellierung.
[3] Die UML gestattet auch eine textuelle Spezifikation von Use-Cases.

2.2.2
Prozeßmodelle als Brücke zwischen unterschiedlichen Disziplinen

Bereits im vorherigen Kapitel ist darauf eingegangen worden, daß mangelnde Kommunikation – sei es zwischen den Mitarbeitern im Projekt oder zwischen den im Projekt eingesetzten Werkzeugen – eine wesentliche Ursache für die Softwarekrise ist. Prozeßmodelle greifen hier besonders wirksam, da sie den Software-Entwicklungsprozeß als Ganzes sehen und nicht zwischen den einzelnen Disziplinen der Software-Entwicklung unterscheiden. Dies wird zum Beispiel im V-Modell 97 deutlich, wo die vier Submodelle:

- Software-Entwicklung,
- Projektmanagement,
- Konfigurationsmanagement und
- Qualitätssicherung

Vier Submodelle

übergreifend behandelt werden. Allerdings wird im V-Modell 97, wie weiter hinten im Kapitel aufgeführt, die Kommunikation über Tabellen gesteuert, was die „Lesbarkeit" des V-Modells erschwert. Im Rational Unified Process hingegen existieren Workflows, die mittels den zuvor erwähnten Aktivitätsdiagrammen der Unified Modeling Language beschrieben werden. Diese sind erheblich einfacher nachzuvollziehen. Ferner wird im Rational Unified Process das Management innerhalb des Software-Engineering-Prozesses ausführlicher betrachtet, somit stellt der Rational Unified Process Querverbindungen zwischen den folgenden Inhalten des Software-Engineerings dar:

Der Rational Unified Process ist umfassender

- Geschäftsprozeßmodellierung
- Anforderungsmanagement
- Analyse und Design
- Implementierung
- Test
- Verteilung
- Projektmanagement
- Change- und Konfigurationsmanagement-Workflow
- Einführung einer Werkzeugumgebung

2.2 Warum brauchen wir Prozeßmodelle?

2.2.3
Einsatzfelder für Prozeßmodelle

Prozeßmodelle werden nicht für jedes Software-Entwicklungsvorhaben benötigt. Soll zum Beispiel ein Makro für Winword erstellt werden, so ist hier sicherlich keine Notwendigkeit vorhanden, dabei nach einem Prozeßmodell vorzugehen.

Auch die Entwicklung einer C++-Applikation eines 2-3-Personenteams, die einen überschaubaren Zeitraum von drei bis vier Wochen umfaßt, verlangt noch nicht nach einem Prozeßmodell. Hingegen bei der Erstellung umfangreicherer Applikationen sollte man schon ein Prozeßmodell hinzuziehen. Allgemein gibt es die folgenden Kenngrößen, wann ein Prozeßmodell einzusetzen ist, wobei dies hier aus dem Blickwinkel des Projektteams und der Projektart vorgenommen wird:

Kenngrößen für den Einsatz von Prozeßmodellen

- Projektteam:
  - Großes Projektteam
  - Auf unterschiedliche Standorte verteiltes Projektteam
  - Internationales Projektteam
  - Heterogenes Projektteam (sowohl sehr erfahrene als auch neue Mitarbeiter)
  - Projektteam, das sich aus Mitarbeitern unterschiedlicher Unternehmen zusammensetzt.
  - Projektteam, in das Mitarbeiter des Auftraggebers involviert sind.
- Projektart:
  - Entwicklung einer Standardsoftware (Produkt)
  - Mittleres (oder größeres) Projekt (größer drei Monate)
  - Kritisches Projekt[4]
  - Hoher Modellierungsaufwand im Vorfeld (trifft zum Beispiel bei Datenbankanwendungen zu)
  - Projekte, die einer längeren Gewährleistung unterliegen

Entscheidend dabei ist, daß, wenn einmal ein Prozeßmodell eingeführt wurde, ab dann *alle* künftigen Projekte nach diesem Modell abgewickelt werden sollten. Häufig hört man das Vorurteil, daß die

---

[4] Unter einem kritischen Projekt wird ein Projekt verstanden, dessen Funktionstüchtigkeit von Bedeutung ist. Im V-Modell wird zum Beispiel unterschieden, ob ein Fehlverhalten Sachschaden oder Personenschaden verursachen oder sogar Menschenleben gefährden kann.

Verwendung von Prozeßmodellen teuer sei bzw. teurer, als wenn man ohne Prozeßmodell arbeitet. Sicherlich ist der Mehraufwand, der durch die Verwendung eines Prozeßmodells entsteht, vorhanden. Setzt man ihn jedoch dem Wartungsaufwand bei einem Projekt entgegen, daß ohne Prozeßmodell abgewickelt wurde, so sieht das Kosten/Nutzen-Verhältnis schon ganz anders aus.

Generell sollte auch berücksichtigt werden, daß Prozeßmodelle nicht von heute auf morgen eingeführt werden können (mehr zu diesem Thema ist Kapitel 8 zu entnehmen). Das bedeutet, daß die Einführung eines Prozeßmodells mit Zeitaufwand und damit Kosten verbunden ist. Letztere entstehen zusätzlich durch die Bereitstellung der notwendigen Werkzeugumgebungen, ebenso darf die Zeit, die für die Einführung eines Prozeßmodells benötigt wird, nicht unberücksichtigt bleiben.

Die Einführung von Prozeßmodellen nimmt Zeit in Anspruch

2.2.4
Weitere Vorteile der Verwendung von Prozeßmodellen

Die Verwendung von Prozeßmodellen birgt eine Reihe von Vorteilen in sich, im folgenden werden besonders die Vorteile herausgestellt, die durch den Einsatz des Rational Unified Process als Prozeßmodell erreicht werden können:

- Neue Mitarbeiter können direkt in ein Projekt integriert werden, nachdem sie die notwendigen Schulungsmaßnahmen durchlaufen haben. Durch die Extended Help sowie die Toolmentoren (siehe Kapitel 3) wird die Einarbeitung erheblich vereinfacht und kann direkt am laufenden Projekt vorgenommen werden.

  Einarbeitung neuer Mitarbeiter

- Die im Rational Unified Process erstellten Artefakte sind unmißverständlich und eindeutig. Sie vereinfachen den Abnahmeprozeß ebenso wie die Aufnahme von Anforderungen. Ferner wird durch das im Rational Unified Process integrierte Änderungsmanagement die Handhabung von Änderungswünschen für beide Seiten (Auftraggeber und Auftragnehmer) standardisiert.

  Bessere Kommunikation mit dem Auftraggeber

- Durch eine konsequente Teststrategie und kontinuierliche Integrationsvorgänge wird eine böse Überraschung am Projektende vermieden.

  Erhöhung der Qualität

- Schnelle Fehlerbehebung und Vermeidung von Folgefehlern: Mehr dazu ist Kapitel 5 und 6 zu entnehmen.

Bessere Integration von den Entwicklungsprozeß unterstützenden Werkzeugen

- Durch sogenannte Toolmentoren wird innerhalb des Rational Unified Process direkte Hilfestellung zur Werkzeughandhabung innerhalb des Projektes angeboten.
- Verbesserung der Kommunikation im Projekt: Wie bereits in Kapitel 1 aufgeführt, ist mangelnde Kommunikation eine der wesentlichen Ursachen für die Softwarekrise. Der Rational Unified Process regelt den „Informationsfluß" auf eine eindeutige Art und Weise.
- Bessere Planungsmöglichkeiten für den Projektleiter.
- Mehr zu diesem Thema ist Kapitel 5, dem Schwerpunkt dieses Buches, zu entnehmen.
- Einheitliche Vorgehensweise (projektübergreifend): Wichtige Projekterfahrungen – ob negative oder positive – werden in neuen Projekten direkt genutzt. Durch die Flexibilität des Rational Unified Process, der eine kontinuierliche Anpassung gestattet, können besonders die negativen Erfahrungen in Folgeprojekten vermieden werden.[5]

2.3 Prozeßmodelle der letzten Jahre

Unterschiedliche Erfolge

Im folgenden sollen die Prozeßmodelle kurz angerissen werden, die in den letzten Jahren die Software-Entwicklung geprägt haben. Allen Modellen gemeinsam ist, daß die Motivation, die bei der Konzeption dieser Modelle im Vordergrund stand, immer die Verbesserung des Software-Engineering-Prozesses war. Lediglich der Erfolg, den diese Prozeßmodelle letztendlich zu verzeichnen hatten, war unterschiedlich gelagert.

2.3.1 Das Wasserfallmodell

Wenn eine Übersicht über Prozeßmodelle aufgebaut wird, darf dieses Modell natürlich nicht fehlen. Es ist das erste Modell, das eine koordinierte Software-Entwicklung beschreibt. Abbildung 2 zeigt das Prinzip des Wasserfallmodells:

---

[5] Voraussetzung dafür ist eine moderne Management-Einstellung, die lauten muß: Fehler sind dazu da, daß man daraus lernt!

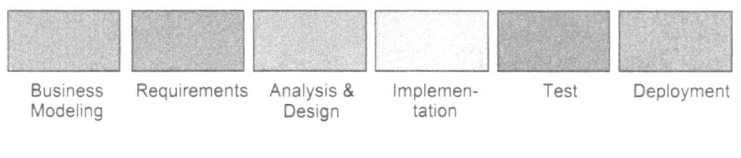

Abbildung 2: Das Wasserfallmodell

Aus Abbildung 2 wird deutlich, daß das Wasserfallmodell ein Vorgehensmodell ist, das sich ausschließlich an dem Faktor Zeit orientiert. Demzufolge ist auch der Prozeß aufgebaut. Er teilt sich in die folgenden Aktivitäten auf:

1. Geschäftsprozeße modellieren (Business Modeling)
2. Anforderungen aufnehmen (Requirements)
3. Analyse und Design (Analysis & Design)
4. Entwicklung (Implementation)
5. Test (Test)
6. Verteilung (Deployment)

Aktivitäten des Wasserfallmodells

Dieses Modell hat sich in vielen Projekten beweisen können, hat jedoch in noch viel mehr Projekten versagt. Entscheidend für den Erfolg des Wasserfallmodells ist, daß eine Art Projektskizze existiert, die keinerlei Änderungen von Anforderungen mehr zuläßt. Sobald Auftraggeber und Auftragnehmer sich über diese Vorgehensweise einig sind und dies auch vertraglich festgehalten haben, ist das Wasserfallmodell das beste Vorgehensmodell, was es für die Software-Entwicklung gibt. Warum, werden Sie sich jetzt fragen – nun die Antwort ist einfach: Wenn von Anfang an alle Anforderungen feststehen, ist das Wasserfallmodell ein ingenieurmäßiges Vorgehen, das eine optimale Projektabwicklung garantiert.

Doch leider sieht die Realität anders aus als die Theorie. Es gibt immer weniger Projekte, wo sich das Wasserfallmodell noch anwenden läßt[6]. Immer häufiger ändern sich innerhalb eines laufenden Projektes die Anforderungen, immer häufiger finden während eines laufenden Projektes Technologiewechsel statt (siehe auch die sonstigen Ursachen der in Kapitel 1 beschriebenen Software-Krise).

Immer weniger Projekte können nach dem Wasserfallmodell abgewickelt werden

---

[6] Philippe Kruchten beschreibt es folgendermaßen: Die einfachen Projekte wurden bereits abgewickelt.

2.3.2
Das Spiralmodell

Das Wasserfallmodell und seine im Laufe der letzten Jahre entstandenen Varianten zeichnen sich durch unterschiedliche Stärken und Schwächen aus. Auf dem Wasserfallmodell basierende Software-Entwicklungsprozesse sind durch Meilensteine und Dokumente innerhalb und am Ende der einzelnen Phasen aus organisatorischer Sicht gut zu beherrschen. Die Schwächen liegen in der mangelnden Flexibilität, die eine Anpassung an bestimmte Problemstellungen erschwert. Eine zuverlässige Projektplanung und die Kontrolle des Projektfortschritts ist jedoch schwierig. In diese Lücke zielt das Spiralmodell von Boehm [Boehm,87].

Das Spiralmodell erlaubt die Kombination bereits existierender Ansätze

Das Spiralmodell erlaubt die Kombination bereits existierender Ansätze unter ständiger Kontrolle des Managements. Es integriert mehrere der Stärken von anderen Modellen und löst mehrere der Schwierigkeiten bzw. Schwächen dieser Modelle. Im Spiralmodell wird der Software-Entwicklungsprozeß als iterativer Prozeß verstanden – es ist zum Teil Grundlage des Rational Unified Process. Jede Windung einer Spirale enthält die folgenden Aktivitäten:

- Festlegung von Zielen, Alternativen und Rahmenbedingungen
- Evaluierung der Alternativen, Erkennen und Reduktion von Risiken
- Realisierung und Überprüfung des Zwischenprodukts
- Planung der Projektfortsetzung
- Initialisieren bzw. Beenden der Spirale

Am Ende jeder Windung steht ein Review, bei dem der aktuelle Projektfortschritt bewertet wird. Anschließend werden die Pläne für die nächste Windung verabschiedet sowie die dabei verfügbaren Ressourcen festgelegt oder aber die Entwicklung abgebrochen.

2.3.2.1
Festlegung von Zielen, Alternativen und Rahmenbedingungen

Inhaltliche Vorgaben werden zu Beginn des Zyklus festgelegt

Am Beginn jedes Zyklus werden inhaltliche Vorgaben an das zu entwickelnde Teilprodukt festgelegt, (z.B. Funktionalität, Qualitätskriterien, Nutzung von Bibliotheken zur Wiederverwendung) und alternative Vorgehensweisen herausgearbeitet, wie zum Beispiel:

- unterschiedliche Analyse- oder Entwurfstechniken,
- Einsatz von Werkzeugen,
- "make or buy"-Entscheidung.

Als Rahmenbedingungen werden Einschränkungen bezüglich der Zeit, Personal, Kosten, Hard- und Softwareumgebungen festgelegt.

2.3.2.2
Evaluierung der Alternativen, Erkennen und Reduktion der Risiken

In der zweiten Phase der Windung werden die Alternativen hinsichtlich der festgelegten Ziele und Einschränkungen untersucht und bewertet. Es tauchen in der Regel Fragen, Unschärfen und Unwägbarkeiten auf, die jede Entscheidung für oder wider eine Alternative (bzw. die Verwerfung aller Alternativen) zu einer unsicheren Entscheidung machen. Unsichere Entscheidungen sind aber Risikoquellen des Projekts. Der Grad der Unsicherheit bzw. das Risiko sollte daher (immer unter Berücksichtigung der zugehörigen Kosten) soweit wie möglich reduziert werden. Dazu können unterschiedliche Techniken wie z.B. Prototyping, Simulation, Datenmodellierung oder Benchmark-Tests eingesetzt werden.

Unterschiedliche Techniken einsetzbar

2.3.2.3
Realisierung und Überprüfung des Zwischenprodukts

Im dritten Schritt der aktuellen Windung wird die gewählte Alternative unter Einhaltung der Ziel- und Ressourcenvorgaben realisiert und getestet. Die Entscheidung für eine einzusetzende Methode bzw. eine sinnvolle Kombination mehrerer Vorgehensweisen erfolgt risikoorientiert und jeweils nur für die aktuelle Windung.

2.3.2.4
Planung der Projektsetzung

Zum Abschluß der aktuellen Windung wird auf der Grundlage des aktuellen Projektstands die nächste Spiralwindung inhaltlich und organisatorisch geplant. Die Planung muß nicht auf die unmittelbar folgende Phase beschränkt bleiben. Sie kann mehrere Windungen betreffen. Möglich ist auch die Aufteilung des Projekts in weitgehend unabhängige Teilprojekte, die von verschiedenen Entwicklungsteams parallel durchgeführt und erst zu einem späteren Zeitpunkt integriert werden.

Unterschiedliche Planungstiefen möglich

Vorzeitiger Projektabbruch möglich

Nach diesen Vorarbeiten greift der Kontrollmechanismus des Spiralmodells: In einem Review werden die Projektfortschritte des letzten Zyklus analysiert, die Ergebnisse bewertet und die Projektperspektiven diskutiert, bis unter allen beteiligten Parteien Konsens über die Situation im Projekt besteht. Sind z.B. die technischen oder wirtschaftlichen Risiken einer Projektfortsetzung zu hoch, so endet die Spirale und das Projekt an diesem Punkt. Erfolgt kein vorzeitiger Projektabbruch, so liegt am Ende der letzten Windung die neue oder modifizierte Software installiert vor, und im letzten Review erfolgt ein abschließender Test der Anfangshypothese auf Basis des realen Ablaufs.

2.3.2.5
Initialisieren bzw. Beenden der Spirale

Die Spirale wird durch die Aufnahme von Anwenderanforderungen initialisiert. Die Formulierung des Ziels und die Entwicklung konkreter Lösungsvorschläge bilden den Beginn des ersten Spiralzyklus. Die Spirale endet bei der Installation der neuen oder modifizierte Software.

2.3.3
Das V-Modell

Das V-Modell existiert in 2 Versionen

Das V-Modell existiert in seiner ersten Version seit 1992 und wird seitdem im öffentlichen Bereich als Standard für die Software-Entwicklung eingesetzt. Die fortgeschriebene Version V-Modell 97 findet neben dem öffentlichen Bereich auch zunehmend Verbreitung im Banken- und Versicherungsumfeld. Im Auftrag des Bundesverteidigungsministeriums (BMVg) hat die Industrieanlagen Betriebsgesellschaft (IABG) in Ottobrunn dieses Vorgehensmodell entwickelt. Seit 1997 wurde es für Bundesbehörden und deren nachgeordneten Bereichen als verpflichtender Standard festgelegt. Das BMI (Innenministerium) hat sich dem im selben Jahr angeschlossen.

Das V-Modell 97 ist eine Anpassung des Standards V-Modell 92. Im wesentlichen wurden dabei die Erfahrungen, die mit dem Vorgänger gemacht wurden, in das fortgeschriebene V-Modell integriert. Das V-Modell an sich wirkt auf den ersten Blick vom Volumen her erschlagend. Die Originaldokumentation besteht aus drei Bänden:

- Entwicklungsstandard
- Methodenstandard
- Werkzeuganforderungen

Diese sogenannte Handbuchsammlung umfaßt einige hundert Seiten und ist auf drei Ordner verteilt, . Doch der eigentliche Regelungsteil beträgt nur 30 Seiten, der Rest besteht aus Abwicklungstexten, Empfehlungen, Kommentaren uvm. Das Vorurteil, daß das V-Modell im Gegensatz zu anderen Vorgehensweisen bei der Software-Entwicklung bis zu 50% Mehraufwand erfordert, ist falsch. Der Aufwand ist abhängig vom Ergebnis des Projektzuschnittes (Tailoring). Werden hier Fehler gemacht, so steigt natürlich der Aufwand. Hinzu kommt, daß der Aufwand zwar höher ist, als bei der „Chaos"-Programmierung, sich jedoch die Zeiten für die anschließende Wartung oder für den Änderungsdienst erheblich reduzieren.

Einige hundert Seiten Handbuchsammlung

2.3.3.1
Submodelle im V-Modell

Das V-Modell gliedert sich in vier unterschiedliche Bereiche, die eng miteinander verknüpft sind:

- System/Software-Erstellung (SE)
- Projektmanagement (PM)
- Qualitätssicherung (QS)
- Konfigurationmanagement (KM)

Vier unterschiedliche Bereiche

Diese Bereiche werden auch Submodelle genannt und sind wesentlicher Bestandteil des V-Modells.

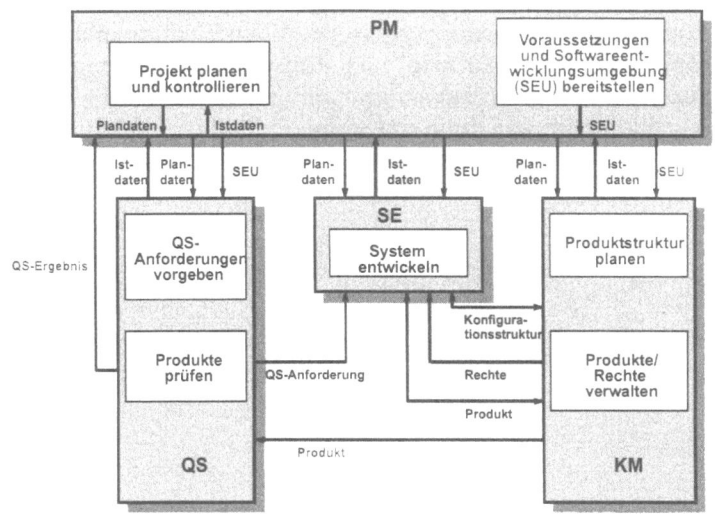

Abbildung 3: Das Zusammenspiel der vier Submodelle im V-Modell

Abbildung 3 zeigt das Zusammenspiel dieser Modelle. So liefern gewisse Aktivitäten des einen Submodells als Ergebnis den Input für ein anderes Submodell. Um die Navigation durch die vier Submodelle zu erleichtern, wurden im V-Modell Tabellen integriert, anhand derer erkennbar wird, welche Aktivität welchen Input von welchem Submodell erhält. Im folgenden soll kurz auf die einzelnen Submodelle eingegangen werden. Bei näherem Interesse sei auf [Verst99] verwiesen.

2.3.3.2
Das Submodell SE

Während die drei Submodelle Qualitätssicherung (QS), Projektmanagement (PM) und Konfigurationsmanagement (KM) die begleitenden Aktivitäten in einem Entwicklungsprojekt beschreiben, ist es das Submodell Systemerstellung (SE), in welchem die Entwicklung selbst durchgeführt wird. Die Gliederung des Submodells SE ist geprägt durch Aktivitäten auf folgende drei verschiedenen Ebenen:

drei verschiedene Ebenen

- Systemebene
- Segmentebene
- Ebene der Software- und Hardwareeinheiten (SW-Einheiten/ HW-Einheiten)

Entscheidend sind diese Ebenen aus Sicht des Systementwicklungsprozesses sowohl in den zeitlich frühen Aktivitäten, um überhaupt zur Software und Hardware zu gelangen, als auch in den späten Aktivitäten, um von der Software- und Hardwareebene aus zum Gesamtsystem zu kommen. Abbildung 4 gibt eine Übersicht über die in diesem Submodell enthaltenen Aktivitäten.

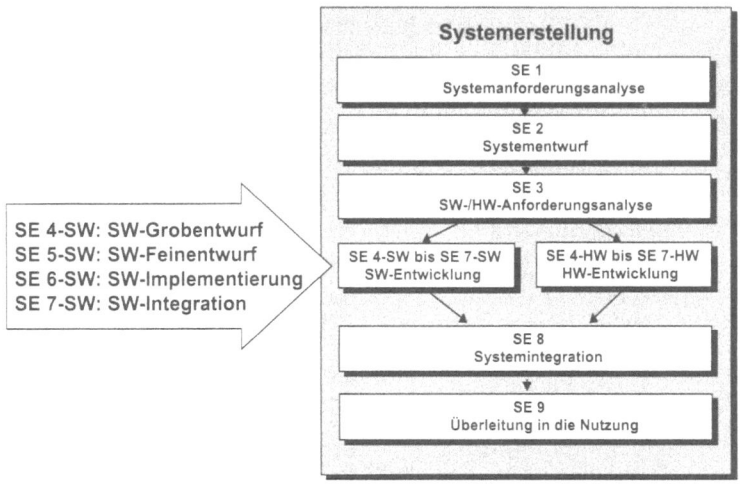

Abbildung 4: Das Submodell SE

2.3.3.3
Das Submodell KM

Das Ziel des Konfigurationsmanagements (KM) besteht darin, sicherzustellen, daß ein Produkt bezüglich seiner funktionellen wie auch äußeren Merkmale – wie z. B. Dokumente – eindeutig identifizierbar ist. Diese Identifikation dient der systematischen Kontrolle von Änderungen und zur Sicherstellung der Integrität.

Das Konfigurationsmanagement im V-Modell 97 überwacht entsprechend ISO12207 die Konfigurationen während der gesamten Entwicklung, so daß die Zusammenhänge und Unterschiede zwischen früheren Konfigurationen und den aktuellen Konfigurationen immer erkennbar sind. Das Konfigurationsmanagement stellt sicher, daß jederzeit auf vorausgegangene Versionen zurückgegriffen werden kann. Dadurch sind Änderungen nachvollziehbar und überprüfbar.

KM entspricht ISO12207

Über die KM-Planung werden die für das Projekt geltenden Richtlinien und Verfahren verbindlich festgelegt und die Voraussetzungen für ein zuverlässiges Konfigurationsmanagement geschaffen. Die Produkt- und Konfigurationsverwaltung sorgt dafür, daß Produkte und Konfigurationen eindeutig identifiziert, zugriffsgesichert und rekonstruierbar gespeichert sind. Das Änderungsmanagment begleitet den gesamten Änderungsprozeß vom Änderungsantrag über alle Entscheidungen bis zum Änderungsabschluß und der Rückmeldung. Die KM-Dienste werden in bestimmten Intervallen bzw. nach Bedarf durchgeführt. Hierzu zählen die Ergebnissicherung, KM-Dokumentation und die KM-Dienstleistungen zur zentralen und projektübergreifenden Datenadministration und Produktwiederverwendung sowie die Schnittstellenkoordination und das Releasemanagement. Abbildung 5 gibt einen Überblick über das Submodell KM.

Abbildung 5:
Das Submodell
KM

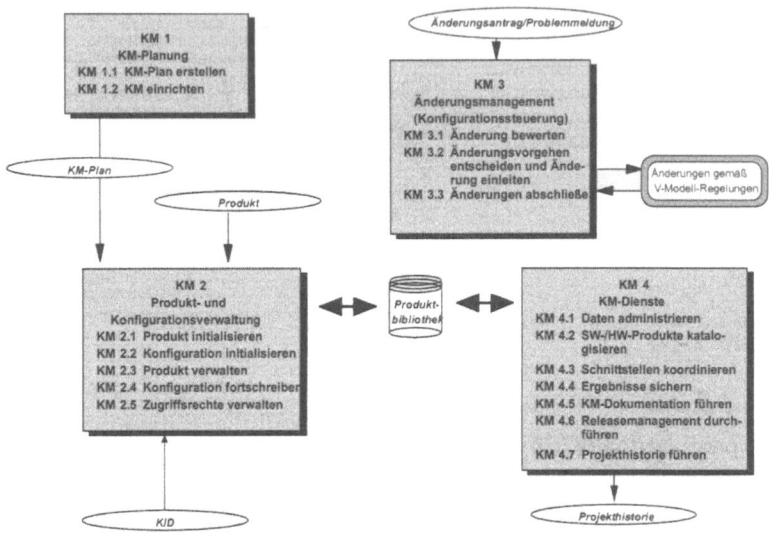

2.3.3.4
Das Submodell QS

Die im Submodell „Qualitätssicherung" (QS) beschriebenen Maßnahmen dienen dem Nachweis der Erfüllung dieser vorgegebenen Anforderungen, aber auch dazu, Mängel von vornherein zu verhindern.

Konstruktive und präventive Maßnahmen

Zum einen wird Softwarequalität durch den Einsatz konstruktiver und präventiver Maßnahmen erreicht. Zum anderen werden konstruktive Maßnahmen durch analytische Maßnahmen ergänzt.

Das Submodell QS umfaßt die Planung von präventiven, konstruktiven und analytischen Maßnahmen sowie die Vorbereitung, Sicherstellung, Durchführung und das Berichtswesen für die analytischen Maßnahmen. Es bezieht sich dabei auf:

- Organisation
- Prozesse
- Produkte

Die konstruktiven und präventiven Maßnahmen werden im Submodell QS festgelegt, die Anwendung der konstruktiven Maßnahmen erfolgt im Submodell SE. Einen Gesamtüberblick über alle Aktivitäten und Produkte, die in diesem Submodell von Bedeutung sind, gibt Abbildung 6.

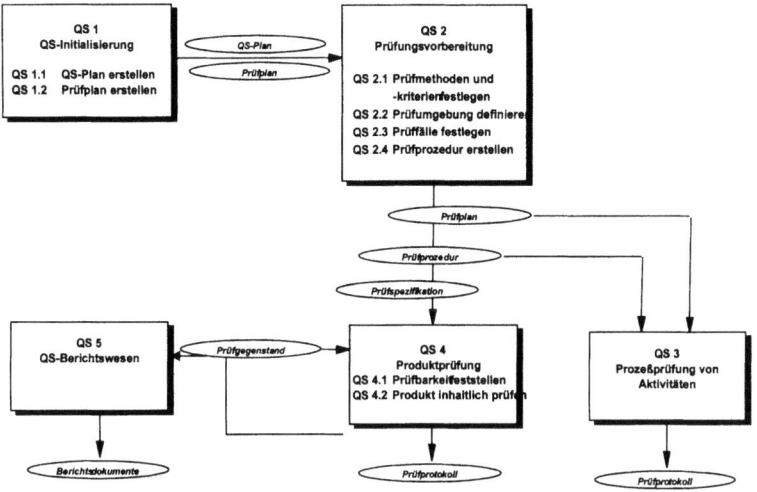

Abbildung 6: Das Submodell QS

2.3.3.5
Das Submodell PM

Die Regelungen, die das V-Modell bezüglich der Abwicklung des Projektmanagements trifft, beziehen sich nicht auf die organisatorische Einbettung des Projektmanagements innerhalb eines Unternehmens, vielmehr werden die durchzuführenden Aktivitäten, die wichtigen Phasen und die zu erstellenden Produkte dargestellt.

Generell lassen sich, wie Abbildung 7 zeigt, die einzelnen Aktivitäten des Submodells Projektmanagement drei wesentlichen Bereichen zuordnen, dem Projekt als Ganzes, einem Planungsabschnitt oder einem Arbeitsabschnitt.

Drei wesentlichen Bereiche des Projektmanagements

2.3 Prozeßmodelle der letzten Jahre   37

Abbildung 7:
Das Submodell
PM

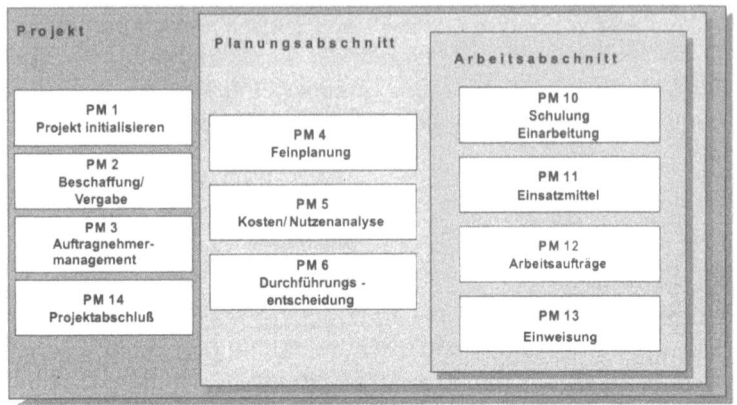

Dabei bedeutet ein Arbeitsabschnitt den kleinsten Bezugspunkt innerhalb des Submodells Projektmanagement. Ein Beispiel wäre die Definition eines Arbeitsauftrages. Ein Planungsabschnitt hingegen umfaßt eine Reihe von Arbeitsabschnitten. Es läßt sich festhalten, daß das Projektmanagement in erster Linie in Form von Zyklen durchgeführt wird. Das bedeutet, daß nach einer Projektinitialisierung das Projektmanagement sich an die Gegebenheiten im Projekt – insbesondere falls es sich um ein Projekt handelt, das inkrementell und iterativ abgewickelt wird – anpassen muß.

Abbildung 8:
Periodische
Durchführung
von Aktivitäten
im Projektmanagement des
V-Modells

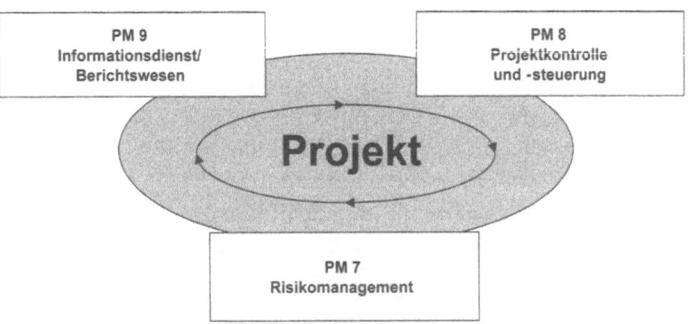

Die meisten Hauptaktivitäten in diesem Submodell zeichnen sich dadurch aus, daß sie kontinuierlich durchgeführt werden und somit keine Teilaktivitäten haben. Gewisse andere Aktivitäten werden periodisch durchgeführt, wie in Abbildung 8 dargestellt.

Diese Vorgehensweise erfordert natürlich vom Projektmanager nicht nur Erfahrung, sondern auch ein Höchstmaß an Flexibilität. Abbildung 9 zeigt das Prinzip der Zyklen im Projektmanagement.

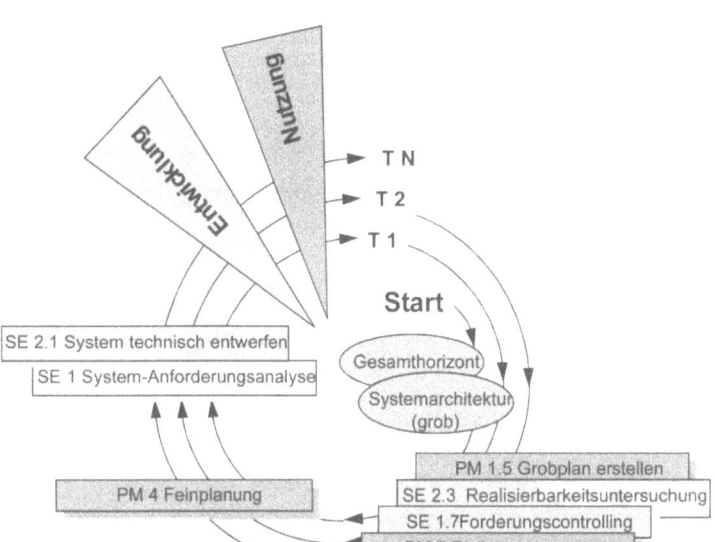

Abbildung 9: Zyklen im Projektmanagement

2.3.4
Der Rational Unified Process

Der Rational Unified Process wird in Kapitel 3 ausführlich dargestellt. Es handelt sich dabei um ein reinrassiges objektorientiertes Prozeßmodell. Dadurch ist sein Umfang auch nicht so „erschlagend" wie der des zuvor beschriebenen V-Modells. Der Rational Unified Process definiert sich über sogenannte Workflows, die jedoch nicht sequentiell, sondern parallel über die folgenden vier Phasen ablaufen:

- Konzeptualisierungsphase
- Entwurfsphase
- Konstruktionsphase
- Übergangsphase

Vier Phasen im Rational Unified Process

Für die folgenden Themenkomplexe existieren Workflows im Rational Unified Process:

- Geschäftsprozeßmodellierung
- Anforderungsmanagement
- Analyse und Design

2.3 Prozeßmodelle der letzten Jahre 39

- Implementierung
- Test
- Verteilung
- Projektmanagement
- Change- und Konfigurationsmanagement-Workflow
- Einführung einer Werkzeugumgebung

2.4 Anpaßbarkeit von Prozeßmodellen

Wesentliche Voraussetzung für Prozeßmodelle

Eine wesentliche Voraussetzung für Prozeßmodelle besteht darin, daß sie sowohl auf verschiedenartige Projekte als auch auf unterschiedliche Unternehmensformen anpaßbar sein müssen. Nur so kann sichergestellt werden, daß ein Prozeßmodell auch in der Fläche – und nicht nur in einer kleinen Anwendergruppe – zum Einsatz kommt.

Tailoring im V-Modell

Im V-Modell wird dieser Prozeß der Anpaßbarkeit mit *Tailoring* bezeichnet, das für jedes neue Projekt durchgeführt wird. Dazu werden entsprechenden Schlüsseleigenschaften des Projektes untersucht, um anschließend die durchzuführenden Aktivitäten zu bestimmen und die Produkte festzulegen, die erstellt werden müssen. Um das V-Modell für ein konkretes Projekt anwendbar zu machen, muß deshalb zunächst entschieden werden:

- Welche Aktivitäten sind für die Durchführung des Projektes erforderlich?
- Welche Produkte müssen im Rahmen der Projektabwicklung erzeugt werden?

Im V-Modell existiert somit ein festes Regelwerk, in dem definiert wird, wann und unter welchen Bedingungen welche Aktivität durchgeführt werden muß. Diese Vorgehensweise ist dargestellt in Abbildung 10.

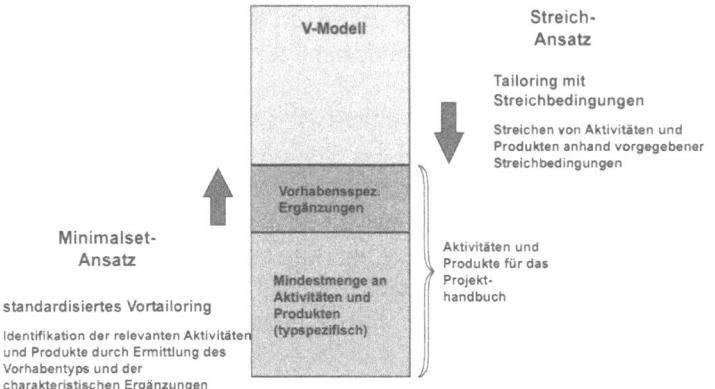

Abbildung 10:
Tailoring im
V-Modell

Das Hauptanliegen des Tailoring besteht darin, für jedes Projekt zu gewährleisten, daß der eingesetzte Aufwand den Projektzielen dienlich ist. Zu vermeidende Probleme sind:

- übermäßige Papierflut,
- sinnlose Dokumente aber auch
- das Fehlen wichtiger Dokumente!

Dies wird durch die Reduzierung der allgemeingültigen (generischen) Regelungen des V-Modells auf die aus sachlichen Gründen erforderlichen Regelungen erreicht. Die entstehende Teilmenge des V-Modells ("projektspezifisches V-Modell") ist neben der Beschreibung des Projektes, seiner Organisation und seiner Ziele Hauptbestandteil des Projekthandbuchs (PHB). Das Tailoring besteht aus folgenden Teilschritten:

Teilschritte des Tailorings

- Festlegung der Form des projektspezifischen V-Modells. Hier wird entweder bestimmt, daß das PHB die Aktivitäten und Produkte des V-Modells lediglich referenziert oder daß die vollständigen Darstellungen des V-Modells auch in das PHB übernommen werden sollen.
- Selektion von Aktivitäten und Produkten. (Dies geschieht durch Tailoring mit Streichbedingungen oder durch standardisiertes Vortailoring).
- Selektion von Aktivitäten- und Produktklassen, die für das Projekt prinzipiell sinnvoll sind.
- Streichen von Aktivitäten- und zugehörigen Produktklassen, die anderweitig erledigt werden bzw. bereits erledigt wurden.
- Anpassung der Texte der Aktivitäten.

Das Ergebnis des Tailorings ist immer ein deutlich reduziertes Vorgehensmodell in Form von Tabellen und den zugehörigen textuellen Beschreibungen.

Der Rational Unified Process ist flexibler anpaßbar

Die Anpaßbarkeit des V-Modells ist also streng geregelt. Das liegt in erster Linie daran, daß das V-Modell ein Vorgehensmodell ist, das von Auftraggeberseite entwickelt wurde. Hingegen kommt der Rational Unified Process aus der Praxis – also von seiten der Auftragnehmer, oder besser gesagt: Anwenderseite. Seine Anpaßbarkeit wurde extrem flexibel gehalten. Das hat den Vorteil, daß der Anwender ihn nahezu auf alle unternehmensspezifischen Gegebenheiten anpassen kann. Auf der anderen Seite wird durch das Fehlen von Vorschriften vom Anwender eine wesentlich intensivere Auseinandersetzung mit dem Prozeß erwartet, da er alles mögliche hinzufügen oder auch weglassen kann.

2.5 Die Bedeutung von Prozeßmodellen für das Projektmanagement

Verschiedene Ausprägungen des Projektmanagements

Mit der Einführung von Prozeßmodellen erhält auch das Projektmanagement eine neue Bedeutung. Doch was ist eigentlich das Interessante am Projektmanagement? Nun sicherlich die verschiedenen Ausprägungen, die die Rolle eines Projektmanagers innehat. So ist zum Beispiel bei einem Kleinstprojekt der Projektmanager Analytiker, Designer, Entwickler, Tester und eben Projektleiter alles in einem – schließlich handelt es sich um ein Ein-Mann-Projekt.

Hingegen wird bei einem 100-Mann-Projekt der Projektleiter fern ab von irgendwelchen Tätigkeiten im Bereich Analyse, Design oder gar Entwicklung sein. Hier wird er allenfalls beratend zum Einsatz kommen, wenn er mit seinem Wissen einem unerfahrenen neuen Mitarbeiter zur Seite steht. Üblicherweise verläuft die „Karriere" des Projektmanagers auf dem Weg vom Ein-Mann-Projekt über 20-Mann-Projekt bis hin zum Großprojekt. Professionelle Unternehmen lassen künftige Projektleiter erst einmal die Rolle der Projektassistenz in einem Großprojekt wahrnehmen, bevor sie diese in Eigenverantwortung an ein größeres Projekt herangehen lassen.

Prozeßmodelle vereinfachen die Projektleitung

Mit der Einführung von Prozeßmodellen wird besonders die Projektleitung von großen Projekten vereinfacht. Dem unerfahrenen Projektmanager stehen Richtlinien zur Verfügung, die im Idealfall aus Praxiserfahrungen der Prozeßautoren stammen (wie beim Rational Unified Process). Dadurch kann der Projektleiter sich wesentlich sicherer bewegen, seine Planung (sowohl hinsichtlich Budget als auch Ressourcen) kann er auf Basis bereits vorliegender Ergebnisse vornehmen. Das bedeutet natürlich, daß dies nicht gleich bei der ersten Verwendung eines Prozeßmodells so sein wird, sondern erst nach einigen Projekten der Fall ist.

Die Vorteile von Prozeßmodellen sind ferner darin zu sehen, daß ein Prozeßmodell die Basis für die Kommunikation mit dem Auftraggeber ist. Das bedeutet jedoch auch, daß das verwendete Prozeßmodell bis zu einem gewissen Grad anpaßbar sein muß, wie im vorherigen Abschnitt dargestellt, da kein Auftraggeber ein vorgefertigtes Prozeßmodell akzeptieren wird. Das Prozeßmodell muß dem Auftraggeber die Möglichkeit geben, individuelle Anpassungen beim Entwicklungsprozeß des Auftragnehmers vornehmen zu können.

Prozeßmodelle regeln die Kommunikation des Projektleiters mit dem Auftraggeber

Natürlich ist hier ein gefährlicher Grad zu erkennen, da der Auftragnehmer sich nicht in die wesentlichen Bestandteile seiner Vorgehensweise bei der Software-Erstellung hineinreden lassen möchte. In einem solchen Fall ist dann der Projektmanager gefragt, mit seiner Erfahrung – aber auch mit seinen Managementfähigkeiten – mit dem Auftraggeber sich auf ein gesundes Maß der Anpassung zu einigen. Das heißt, daß der Auftraggeber sich wiederfindet und gleichzeitig das Entwicklungsteam seinen Prozeß nicht umstellen muß.

Fingerspitzengefühl gefragt

2.6 Zusammenfassung

Dieses Kapitel hat die Bedeutung von Prozeßmodellen für die Software-Entwicklung herausgestellt. Die in den letzten Jahren bedeutenden Prozeßmodelle waren:

- Das Wasserfallmodell
- Das Spiralmodell
- Das V-Modell
- Der Rational Unified Process

Eine der wesentlichen Anforderungen an Prozeßmodelle ist die Anpaßbarkeit an die individuellen Gegebenheiten in einem Unternehmen.

Allen Modellen gemeinsam ist, daß Sie mit dem gleichen Hintergrund entwickelt worden, nämlich den Software-Entwicklungsprozeß zu koordinieren. Weniger gemeinsam ist der Erfolg, den diese Modelle zu verzeichnen haben. Während das Wasserfallmodell in der Gesamtsicht versagt, jedoch im Rational Unified Process für einzelne Iterationen sich durchaus bewährt, ist das noch letztes Jahr so hoch gelobte V-Modell mehr und mehr in der Kritik. Immer noch zu hohe Papierflut, immer noch zu viel Bürokratismus, immer noch fehlender Pragmatismus. Man merkt, daß das V-Modell von einer Behörde beauftragt und ebenso von einem behördenähnlichen Unternehmen entwickelt wurde. Daß das einen erheblichen Einfluß auf die Akzeptanz des V-Modells hat, ist offensichtlich.

Der Rational Unified Process wurde in diesem Kapitel nur am Rande berührt, da er in den folgenden Kapiteln näher beschrieben wird.

3 Grundlagen des Rational Unified Process

„Der Rational Unified Process ist ein Prozeßmodell, das vom Marktführer Rational Software mittlerweile weltweit implementiert wurde. Woher kommt diese schnelle und zugleich eindrucksvolle Akzeptanz? Liegt es daran, daß mit Grady Booch, Ivar Jacobson und Jim Rumbaugh die bedeutendsten Methodentheoretiker der Objektorientierung diesen zukünftigen Standard geprägt haben? Setzt sich hier eine Art Guru-Gehorsam durch oder liegt tatsächlich erstmals ein wirklich hilfreiches Prozeßmodell vor? Haben nicht Firmen wie IBM schon ähnliche Ansätze gestartet und sind mehr oder weniger gescheitert? Warum wird der Ansatz von Rational Software erfolgreich sein – weil der Prozeß überzeugend ist oder weil die Personen, die hinter diesem Prozeß stehen, erfolgreich sind?"

3.1 Vorbemerkung

Dieses Kapitel beschreibt den theoretischen Ansatz des Rational Unified Process. Es dient nicht als umfassende Einführung in den Prozeß, dazu sei auf die im Literaturverzeichnis aufgeführten Werke verwiesen, die sich in erster Linie auf wissenschaftliche – aber auch praxisnahe – Arbeiten von Mitarbeitern des Unternehmens Rational Software beziehen.

Dieses Kapitel soll hauptsächlich eine Übersicht darüber geben, welche elementaren Bestandteile des Software-Engineerings im Rational Unified Process auf welche Art und Weise behandelt werden. Bei den Passagen bzw. Inhalten, auf die im weiteren Verlauf des Buches detaillierter eingegangen wird (wie zum Beispiel auf das Anforderungsmanagement oder das Projektmanagement), sind die entsprechenden Kapitelverweise im Text eingefügt. Trotzdem eignet sich die Lektüre dieses Kapitels für ein grundlegendes Verständnis

Theoretischer Ansatz des Rational Unified Process

des Rational Unified Process und der Motivation, die hinter der Konzeption dieses Prozeßmodells steht.

3.2
Historie des Rational Unified Process

Der Prozeß hat sich über mehrere Jahre aus diversen objektorientierten Ansätzen entwickelt

Der Rational Unified Process ist im Gegensatz zu anderen, in Kapitel 2 beschriebenen Prozeßmodellen, nicht in einem Rutsch von heute auf morgen entstanden. Der Prozeß hat sich über mehrere Jahre aus diversen objektorientierten Ansätzen entwickelt. Betrachtet man die Entstehungsgeschichte, fällt auf, daß mit Ivar Jacobson, Grady Booch und Jim Rumbaugh die bekanntesten Köpfe der objektorientierten Analyse und Design (OOAD) einen wesentlichen Einfluß auf den Rational Unified Process hatten. Dies erklärt auch die schnelle und flächendeckende Anerkennung und damit auch Verbreitung des Rational Unified Process.

Ferner ist die erfolgreiche Entwicklungsgeschichte des Rational Unified Process in der Firmenpolitik von Rational Software begründet. Das Unternehmen existiert zwar nahezu seit zwanzig Jahren auf dem Markt[1], so richtig an Bedeutung bzw. an Aufmerksamkeit hat es jedoch erst seit vier bis fünf Jahren gewonnen.

Drei Strategien

Die Wurzel des Unternehmens liegt im Bereich der Programmiersprache ADA[2] – erst seit Anfang der 90er Jahre konzentrierte sich Rational Software auf den gesamten Prozeß des Software-Engineerings. Dabei kamen drei unterschiedliche Strategien zum Einsatz, die in den folgenden Abschnitten näher erläutert werden sollen.

3.2.1
Vereinigung der drei Amigos

Extravagante Form zur Darstellung von Klassen

Grady Booch arbeitete schon länger bei Rational Software. Seine dort entwickelte Modellierungsmethode hieß ebenfalls *Booch*. Diese Methode fiel besonders dadurch auf, daß eine etwas extravagante Form zur Darstellung von Klassen benutzt wurde: Wolken. Damit hatten dann auch einige Werkzeughersteller zu kämpfen, da die grafischen Darstellungsmöglichkeiten zu dieser Zeit noch nicht so flexibel und ausgeprägt waren, wie sie es heute sind.

---

[1] Das Unternehmen Rational Software wurde bereits 1981 gegründet.
[2] ADA war die Programmiersprache, die hauptsächlich im militärischen Umfeld zum Einsatz kam. Zum Teil trifft das auch heute noch zu, so daß ADA nach wie vor ein wesentliches Geschäftsfeld von Rational Software bildet.

Doch nicht die Methode von Grady Booch, sondern die Object Modeling Technique (OMT) begann sich auf dem Markt zu etablieren. Erfinder dieser Methode war der bis dorthin weniger bekannte Jim Rumbaugh.

Bereits Anfang der 90er Jahre existierten die ersten Software-Entwicklungsumgebungen (CASE-Tools), die diese Methode unterstützen. Zu erwähnen wäre hier in erster Linie das mittlerweile mehrfach von anderen Wettbewerbern aufgekaufte Produkt „Westmount OMT" vom damals gleichnamigen Hersteller aus den Niederlanden. Kurz darauf zogen weitere Werkzeughersteller nach, diese Methode in ihre Software-Entwicklungsumgebungen zu integrieren.

Die Object Modeling Technique etablierte sich zunehmend, lediglich die Umsetzung der funktionalen Sicht mit Hilfe der Strukturierten Analyse (SA) war ein allgemeiner Kritikpunkt. Jim Rumbaugh begann sich dadurch als Methodenspezialist für Objektorientierung einen Namen zu machen. Damit wurde er für Rational Software interessant und wurde kurzerhand „abgeworben".

Object Modeling Technique (OMT)

Ungefähr zur selben Zeit machte Ivar Jacobson auf sich aufmerksam. Seine von ihm entwickelte Methode OOSE war zwar nicht weit verbreitet, doch die darin enthaltenen Use Cases[3], mittlerweile unverzichtbarer Bestandteil der Unified Modeling Language (UML) und des Rational Unified Process, waren das ideale Hilfsmittel zur Beschreibung von Geschäftsprozessen und von Softwareanforderungen. OMT wurde von vielen Herstellern um den Use-Case-Ansatz ergänzt. Somit war es dann nur eine Frage der Zeit, bis auch Ivar Jacobson sich zu Jim Rumbaugh und Grady Booch gesellte.

Use-Cases als Hilfsmittel zur Beschreibung von Geschäftsprozessen und von Software-Anforderungen

Die drei Methodenspezialisten wurden ab da auch die drei Amigos genannt. Erstes Ergebnis dieser engen Zusammenarbeit war dann die Unified Modeling Language (UML). Abbildung 1 zeigt die historische Entwicklung der UML, wie sie über die letzten Jahre stattgefunden hat und welche externen Ereignisse Einfluß auf die Entwicklung der UML hatten.

Drei Amigos

---

[3] Mehr zum Thema Use-Cases ist Kapitel 4 zu entnehmen.

Abbildung 1:
Die Entwicklungsgeschichte der Unified Modeling Language (UML)

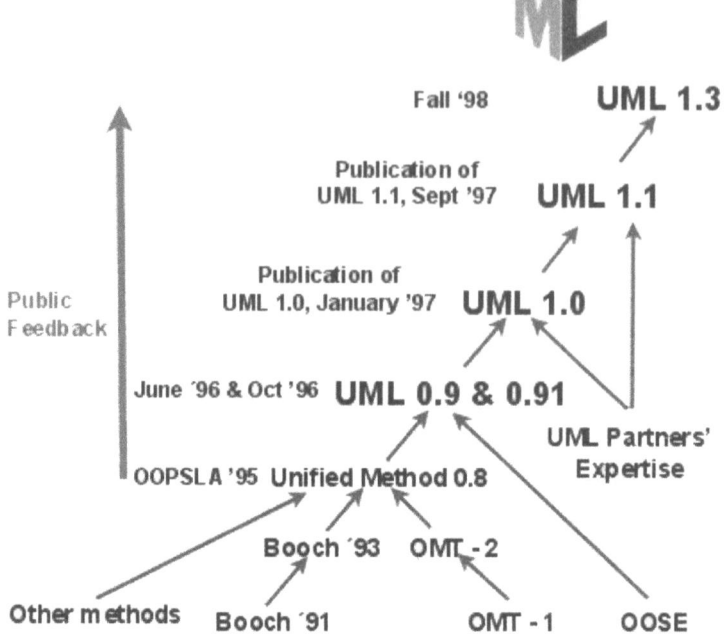

Es zeigte sich jedoch, daß die Zusammenarbeit der drei führenden Methodenspezialisten auch negative Auswirkungen hatte. So war eigentlich ursprünglich geplant, ein objektorientiertes Prozeßmodell zu entwickeln, so war der „Projektname" damals nicht *Unified Modeling Language* gewesen sondern *Unified Method*!

Wo liegt der Unterschied? Die beiden folgenden Definitionen helfen da weiter:

Definition: Methode

Eine Methode ist eine Entwicklungssprache und ein Entwicklungsprozeß.

Definition: Modellierungssprache

Eine Modellierungssprache ist eine Notation und eine Semantik.

Die Ursachenforschung für diese plötzliche Beschränkung des Ansatzes von einer Methode zu einer Modellierungssprache läßt sich wie folgt erklären. Mit den drei existierenden Methoden Booch, OMT und OOSE lagen Ansätze vor, die zum Teil gravierende Unterschiede beinhalteten. Die logische Schlußfolgerung war dann eine Einschränkung auf den Bereich, wo die drei Methodenpäpste eine Einigung finden konnten.

Trotzdem verloren die drei Amigos das ursprüngliche Ziel niemals aus den Augen. Über die Jahre hinweg weichte dann auch das individuelle Beharren auf den ursprünglich eigenen Ansätzen mehr und mehr auf. Das Ergebnis war letztendlich der Rational Unified Process.

3.2.2
Zukauf von ergänzenden Firmen

Daß kleinere Firmen von größeren Firmen geschluckt werden, ist in letzter Zeit immer häufiger festzustellen. Meist versucht dabei ein Hersteller einen konkurrierenden Hersteller aufzukaufen, um dessen Kundenpotential übernehmen zu können. Andere Unternehmen kaufen zum Teil Firmen auf, um ausschließlich bestehende Wartungsverträge monetär nutzen zu können. Das eigentliche Produkt, was hinter diesem Wartungsvertrag steht, gerät dabei dann meist in Vergessenheit und wird erst gar nicht mehr weiter-entwickelt. Leidtragende sind dabei die Kunden, die dieses Produkt im Einsatz haben und nun vergeblich auf Neuerungen oder Fehlerbehebungen warten.

Leidtragende sind dabei die Kunden

Rational Software hingegen hat eine andere Richtung eingeschlagen. Von Anfang an stand der gesamte Software-Entwicklungsprozeß im Vordergrund. Dies hatte zur Folge, daß auf dem Markt Unternehmen betrachtet wurden, deren Produkte die vorhandene Produktpalette von Rational Software sinnvoll ergänzten. Im einzelnen wurden dabei die folgenden Unternehmen hinzugekauft:

- Objectory AB
- Requisite, Inc.
- SQA, Inc.
- Pure-Atria

von Rational Software aufgekaufte Unternehmen

Seit diesen Aufkäufen verfügt Rational Software über eine Produktpalette, die alle Bereiche des Software-Engineerings abdeckt. Ferner wurden alle wesentlichen Köpfe des Software-Engineerings – siehe vorherigen Abschnitt – im Unternehmen integriert. Somit kann Rational Software mit dem Rational Unified Process nicht nur den theoretischen Hintergrund anbieten, sondern hat ferner noch Produkte für:

- Anforderungsmanagement
- Visuelle Modellierung
- Codegenerierung

Produktportfolio von Rational Software	• Dokumentationsgenerierung • Automatisiertes Testen • Konfigurationsmanagement • Änderungsmanagement • Fehlerverfolgung

3.2.3
Besondere Berücksichtigung der Lehre

UML kennt bald jeder Hochschulabgänger	Der Rational Unified Process gehört ebenso wie die Unified Modeling Language an allen Hochschulen zum Standardprogramm, das heißt, daß Hochschulabgänger bereits mit dem Prozeß und damit auch zum Teil mit den Werkzeugen von Rational Software vertraut sind.
	Dieser Umstand trägt natürlich zu einer starken Verbreitung des Prozesses bei. Ferner erleichtert er die Einführung des Rational Unified Process erheblich, worauf in Kapitel 8 näher eingegangen wird. Das hat zur Folge, daß Unternehmen, die für ein neues Projekt zusätzlichen Personalbedarf haben, auf dem Arbeitsmarkt leichter Ressourcen mit Kenntnissen des Rational Unified Process finden als bei jedem anderen Prozeßmodell. Dadurch entfallen kostspielige Einarbeitungszeiten, bzw. die Einarbeitungszeiten reduzieren sich auf die unternehmensspezifischen Anpassungen des Rational Unified Process. Damit werden neue Mitarbeiter im Unternehmen bereits zu einem sehr frühen Zeitpunkt produktiv.
Begleitende Dokumentation in Form von Büchern	Ferner sind eine Vielzahl von Mitarbeitern von Rational Software auch als Buchautoren tätig, so daß hier eine begleitende Dokumentation sowohl zum Rational Unified Process als auch zu den einzelnen Werkzeugen, die den Rational Unified Process unterstützen, erhältlich ist. Eine Reihe dieser Bücher ist mittlerweile Bestandteil von Vorlesungen an deutschen Universitäten und Fachhochschulen. Insbesondere sind dabei die Werke von:
Bekannte Autoren	• Grady Booch, • Philippe Kruchten, • Jim Rumbaugh und • Ivar Jacobson

zu erwähnen. Selbst die Wettbewerber von Rational Software bedienen sich dieser Literatur, um ihre Werkzeuge möglichst nahe an den Rational Unified Process anzupassen. So eignet sich der Rational

Unified Process auch für Unternehmen, die nur wenige oder keine Werkzeuge von Rational Software einsetzen.

3.3 Best Practices im Rational Unified Process

Was zeichnet den Rational Unified Process im Vergleich zu anderen Prozeßmodellen aus? Nun – hier sind mehrere Gründe aufzuführen. An erster Stelle sicherlich die Tatsache, daß nun endlich ein Prozeß vorliegt, der beschreibt, wie die Unified Modeling Language optimal einzusetzen ist. Diesen Zweck erfüllt zwar zum Beispiel auch das V-Modell 97 bis zu einem gewissen Punkt, doch das V-Modell wurde für die Verwendung strukturierter Methoden entwickelt und nur in Richtung Objektorientierung erweitert – hingegen der Rational Unified Process wurde ausschließlich für den objektorientierten Einsatz konzipiert.

Ein weiterer wesentlicher Vorteil des Rational Unified Process gegenüber allen anderen Prozeßmodellen ist darin zu sehen, daß hier jahrzehntelange Erfahrungen (Best Practices), wie man am besten Software entwickelt mit eingeflossen sind. Diese sogenannten Best Practices des Rational Unified Process sind:

Jahrzehntelange Erfahrungen

1. Iterative Software-Entwicklung
2. Anforderungsmanagement
3. Verwendung komponentenbasierte Architekturen.
4. Visuelle Softwaremodellierung
5. Verifizierte Softwarequalität.
6. Kontrolliertes Changemanagemet

Das Prinzip des Rational Unified Process sieht vor, diese Best Practices durch eine geeignete Werkzeugunterstützung und entsprechende Dienstleistungen zum optimalen Ansatz zur erfolgreichen Software-Entwicklung zu vervollständigen.

Geeignete Werkzeugunterstützung und entsprechende Dienstleistungen

Abbildung 2:
Die Best
Practices des
Rational Unified
Process

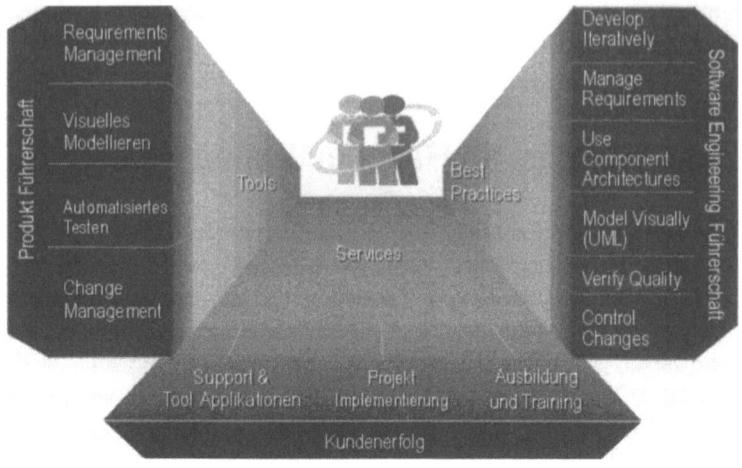

Abbildung 2 zeigt den theoretischen Hintergrund dieses Prinzips. Auf der rechten Seite finden sich die Best Practices wieder, gegenüber werden die vier wesentlichen Bestandteile des Software-Engineerings aufgeführt, die durch entsprechende Werkzeuge abgedeckt werden können:

- Anforderungsmanagement
- Visuelle Modellierung
- Automatisiertes Testen
- Änderungsmanagement

Schulung und Einführung sind wichtig

Um jetzt die Best Practices und die zugehörigen unterstützenden Werkzeuge optimal zum Einsatz bringen zu können, ist der Anwender auf diverse Dienstleistungen angewiesen. Zum einen muß er sowohl bezüglich der Best Practices als auch hinsichtlich der einzusetzenden Werkzeuge geschult werden. Zum anderen muß er auch damit vertraut gemacht werden, wie die Best Practices und die Methoden innerhalb seiner individuellen Umgebung optimal eingeführt werden.

3.4
Die Phasen und Workflows des Rational Unified Process

Der Rational Unified Process teilt sich in vier Phasen auf, die im folgenden näher beschrieben werden sollen:

- Die Konzeptualisierungsphase
- Die Entwurfsphase
- Die Konstruktionsphase
- Die Übergangsphase

Vier Phasen des Rational Unified Process

Diese vier Phasen orientieren sich entlang der Zeit. Phasenübergreifend existieren sogenannte *Workflows*, die sich nicht an der Zeit, sondern an den Inhalten der jeweiligen Phasen orientieren. Es werden zwei Arten von Workflows unterschieden, zum einen die Core Workflows und zum anderen die Core Supporting Workflows. Der in diesem Buch detailliert betrachtete Projektmanagement-Workflow zählt zu den Core Supporting Workflows.

Phasenübergreifend existieren Workflows

Die folgenden Workflows zählen zu den Core Workflows:

- Geschäftsprozeßmodellierung
- Anforderungsmanagement
- Analyse und Design
- Implementierung
- Test
- Verteilung

Zu den unterstützenden Core Workflows zählen neben dem Projektmanagement-Workflow auch noch der Change- und Konfigurationsmanagement-Workflow sowie der Umgebungs-Workflow.

Unterstützende Core Workflows

Abbildung 3 zeigt den Zusammenhang zwischen den Phasen und den jeweiligen Workflows. Dabei werden die Aufwendungen, die zum jeweiligen Zeitpunkt einer Phase anfallen, hervorgehoben.

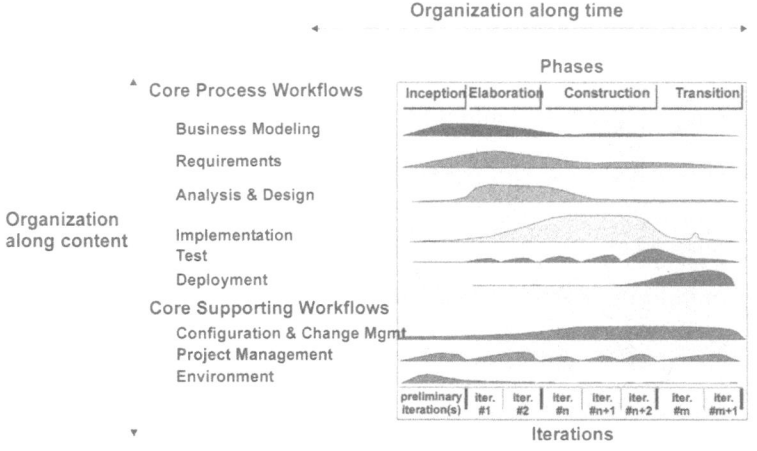

Abbildung 3: Phasen und Workflows im Rational Unified Process

3.4 Die Phasen und Workflows des Rational Unified Process   53

In den folgenden Abschnitten werden die einzelnen Workflows kurz skizziert, um dem Leser ein allgemeines Verständnis des Rational Unified Process zu ermöglichen. Bei näheren Interesse für einen bestimmten Workflow sei auf das Buch [Kruch99] verwiesen, das die einzelnen Workflows näher beschreibt.

3.4.1
Der Geschäftsprozeßmodellierungs-Workflow

Der Geschäftsprozeßmodellierungs-Workflow ist wesentlicher Bestandteil der Konzeptualisierungsphase. Hier werden die Anforderungen, die der Kunde an das zu erstellende Software-System hat, erfaßt und in Form von Diagrammen dargestellt.

Die wesentlichen Aktivitäten, die im Geschäftsprozeßmodellierungs-Workflow enthalten sind, betrefen im einzelnen:

- Identifizierung der Geschäftsprozesse
- Überarbeitung der Geschäftsprozesse
- Identifizierung von Rollen und Verantwortlichkeiten
- Überarbeitung von Rollen und Verantwortlichkeiten
- Modellierung der Domäne

Abbildung 4 zeigt den Workflow als Aktivitätsdiagramm.

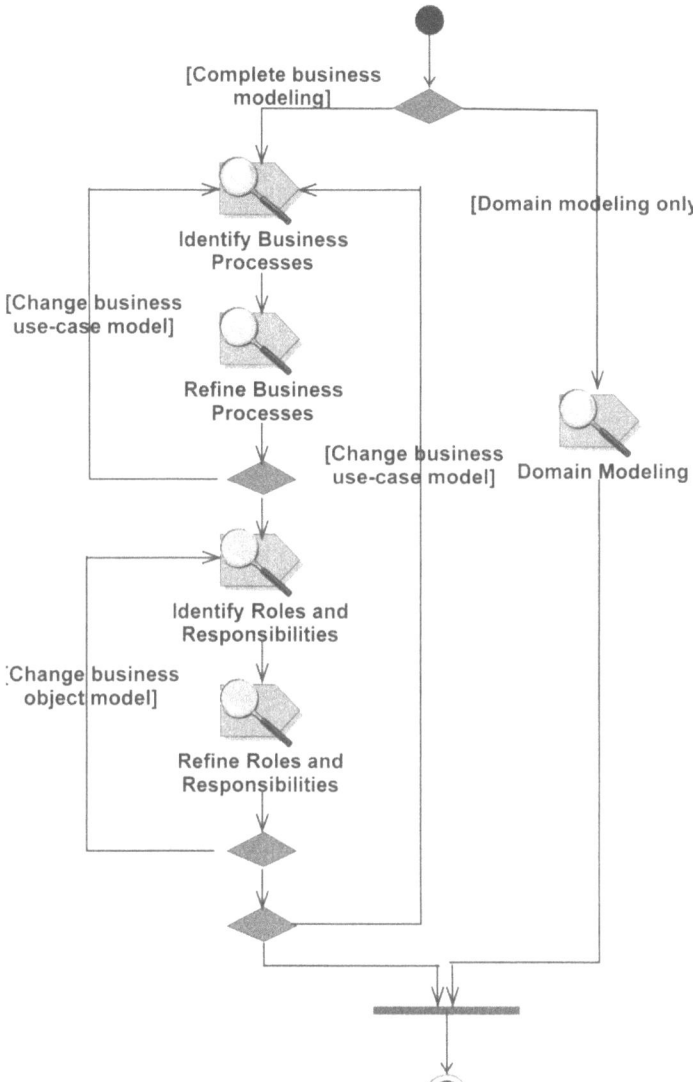

Abbildung 4:
Der Geschäftsprozeßmodellierungs-Workflow

Wie ist dieses Diagramm, das der Unified Modeling Language (UML) entnommen ist, zu lesen? Abbildung 5 zeigt die notwendige Legende.

3.4 Die Phasen und Workflows des Rational Unified Process

Abbildung 5: Legende für Aktivitätsdiagramme

Die Lupe auf der Aktivität bringt zum Ausdruck, daß sich dahinter ein weiteres Diagramm verbirgt, das die Aktivität näher beschreibt. Ein Zustand bedeutet, daß hier der Prozeß enden kann. In der Regel existieren innerhalb von Aktivitätsdiagrammen unterschiedliche Zustände, es kann aber auch ein und derselbe Zustand aus Übersichtlichkeitsgründen mehrfach aufgeführt werden.

Logische Konnektoren UND und ODER

Die Alternative drückt immer einen logischen ODER-Konnektor aus. Der Prozeß verläuft also immer nur an einem der abzweigenden Pfade entlang. Dem entgegengesetzt ist die Parallelität zu sehen, die ein klassisches UND ausdrückt und zusätzlich auf die parallele Abwicklung der Aktivitäten hinweist. Der zweite Parallelitätsbalken bringt eine Synchronisation der darüberliegenden Aktivitäten zum Ausdruck, das heißt, daß hier die unterschiedlichen Pfade wieder zusammengeführt werden.

3.4.2
Der Anforderungsmanagement-Workflow

Das Anforderungsmanagement ist, wie in Kapitel 1 näher beschrieben, eine der kritischsten Bereiche der Software-Entwicklung. Dies liegt daran, daß Anforderungen sich einerseits im Laufe eines Softwareprojektes ständig ändern, andererseits aber die Planung eines Softwareprojektes auf Basis von Anforderungen vorgenommen wird. Daher ist diesem Workflow ein separates Kapitel (siehe Kapitel 4) gewidmet, weitere Informationen sind dort nachzulesen. Zu wesentlichen Inhalt des Anforderungsmanagement-Workflows gehören:

Wesentliche Inhalte des Anforderungsmanagement-Workflows

- Analyse des Problemfelds
- Verständnis der Bedürfnisse der Stakeholder (unter Stakeholder seien vorerst alle Projektbeteiligten verstanden, die direkten Einfluß auf das Projekt haben, der Begriff wird in Kapitel 4 und 5 näher erläutert)
- Definition des Systems
- Managen des Systemumfangs

- Managen sich ändernder Anforderungen
- Verfeinerung der Systemdefinitionen

Die Darstellung als Aktivitätsdiagramm des Anforderungsanalyse-Workflows sowie eine genaue Beschreibung der Vorgehensweise und der Ergebnisse dieses Workflows ist Kapitel 4 zu entnehmen.

3.4.3
Der Analyse- und Design-Workflow

Analyse und Design – diese beiden Begriffe prägen das Software-Engineering bereits seit Jahrzehnten. Im Rational Unified Process wurde demzufolge ein eigener Workflow für diese wesentlichen Aktivitäten entwickelt. Die folgende Definition aus dem Rational Unified Process [Kruch99] verdeutlicht den Zweck dieses Workflows:

Analyse und Design prägen das Software-Engineering bereits seit Jahrzehnten

Der Zweck des Analyse- und Design-Workflow besteht darin, die Anforderungen in Spezifikationen zu übersetzen, die beschreiben, wie das System zu entwickeln ist. Um diese Transformation vorzunehmen, müssen die Anforderungen verstanden und in ein System-Design überführt werden. Dabei muß die optimale Implementierungsstrategie zum Einsatz kommen. Bereits zu einem sehr frühen Zeitpunkt innerhalb des Projekts sollte eine robuste Architektur existieren, so daß man ein System entwerfen kann, das einfach zu verstehen, zu entwickeln und auszubauen ist. Anschließend muß das Design an die Implementierungsumgebung angepaßt werden, um der geforderten Performance, Robustheit, Skalierbarkeit, Testbarkeit und anderen Qualitätseigenschaften zu entsprechen.

Definition: Zweck des Analyse- und Design-Workflows

Der Analyse- und Design-Workflow hat seinen Schwerpunkt in der Entwurfsphase. Er enthält die folgenden Aktivitäten:

- In der ersten Iteration wird eine mögliche Architektur definiert
- Überarbeitung der Architektur
- Analyse der Komponenten
- Optionales Design der Datenbank
- Je nachdem, ob es sich um eine Realtime-Anwendung handelt, werden Realtime-Komponenten oder „normale" Komponenten spezifiziert

Aktivitäten des Analyse- und Design-Workflows

Der Analyse- und Design-Workflow ist in Abbildung 6 dargestellt. Wesentlicher Bestandteil dieses Workflows ist natürlich die visuelle Modellierung mit Hilfe der Unified Modeling Technique, die werkzeuggestützt vorgenommen wird. In Kapitel 9 wird mit Rational Rose das Standardwerkzeug vorgestellt, das sich bereits in einer Vielzahl von Projekten weltweit erfolgreich bewährt hat.

Analyse und Design bilden die Brücke zwischen Anforderungen und Implementierung

Analyse und Design bilden seit jeher die Brücke zwischen Anforderungen und Implementierung. Der zugehörige Workflow des Rational Unified Process benutzt Use-Cases zur Identifizierung der Objekte, die zu einer Klasse, zu Paketen oder zu Subsystemen zusammengefaßt werden, und stellt damit die wesentlichen Voraussetzungen für den im folgenden Abschnitt beschriebenen Implementierungs-Workflow.

Grundlage ist dabei ein Designmodell, das durch Architektursichten abstrahiert werden kann. Die logische Sicht beinhaltet die Dekomposition des Systems in eine Menge von logischen Elementen, im einzelnen sind dabei aufzuführen:

- Klassen
- Subsysteme
- Pakete
- Kollaborationen

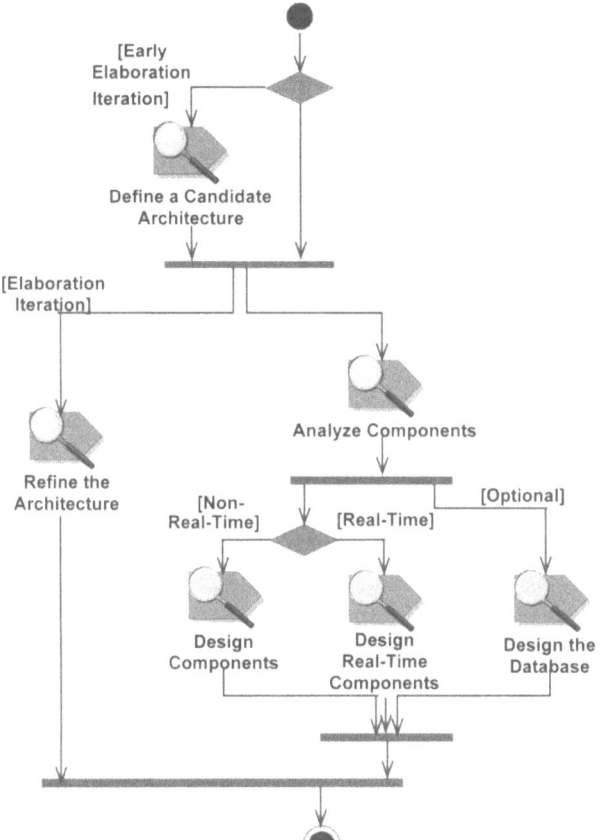

Abbildung 6:
Der Analyse-
und Design-
Workflow des
Rational Unified
Process

3.4.4
Der Implementierungs-Workflow

3.4.4.1
Vorbemerkung

Implementierung bzw. Software-Entwicklung war schon immer von vielen äußeren und zugleich nicht beeinflußbaren Faktoren abhängig. In Kapitel 5 wird näher auf das Thema Risikomanagement eingegangen, das ein wesentlicher Bestandteil des modernen Projektmanagements ist. Warum? Weil jedes Projekt gerade in der Software-Entwicklungsbranche eine Vielzahl von Risiken in sich birgt. Je größer das Projekt wird, um so höher werden die Risiken. Die Er-

Risiken als äußere, nicht beeinflußbare Faktoren

fahrung hat gezeigt, daß hier keine lineare, sondern ein exponentiale Korrelation vorliegt.

Prototypen als Mittel zur Reduzierung von Risiken

Die in Kapitel 1 vorgestellten Ursachen für die Softwarekrise sind meistens in einer Vernachlässigung von Risiken bzw. im Nichterkennen oder zu spätem Erkennen von Risiken gelagert. Daher hat Rational Software innerhalb des Implementierungs-Workflows des Rational Unified Process ein wesentliches Mittel zur Reduzierung von Risiken eingebaut: Prototypen. Der Rational Unified Process differenziert dabei zwischen unterschiedlichen Prototypen mit jeweils unterschiedlicher Zielsetzung: Nach dem, was sie ausprobieren sollen, und nach dem, was als Ergebnis herauskommt. Im Zusammenhang mit dem ersten Punkt – was sie ausprobieren sollen – gibt es zwei verschiedene Arten von Prototypen:

Zwei verschiedene Arten von Prototypen

- Einen *Verhaltensprototyp*, der sich auf ein spezifisches Verhalten des Systems konzentriert
- Einen *Strukturprototyp*, der Architekturaspekte oder technische Aspekte untersucht

Des weiteren unterscheidet der Rational Unified Process zwischen zwei Prototypen je nach dem Zweck der späteren Verwendung:

Testprototypen und evolutionäre Prototypen

- Prototypen, die nach ihrer Fertigstellung und ihren Testläufen nicht mehr weiter benötigt werden (diese Art von Prototyp wird im Rational Unified Process als *Testprototyp* bezeichnet), und
- Prototypen, die nach ihrer Fertigstellung und ihren Testläufen zum letztendlichen Produkt weiterentwickelt werden (diese Art von Prototyp wird im Rational Unified Process *evolutionärer Prototyp* genannt).

Derartige Prototypen sind keineswegs einfach zu entwickeln – je nachdem welcher der oben aufgeführten Typen erzeugt werden soll, ist dabei die gleiche Sorgfalt zu verwenden, wie bei einem „normalen" Softwaresystem.[4] Das bedeutet für Ihr Entwicklungsteam in er-

---

[4] Der Rational Unified Process sieht immer vor, daß von Anfang an feststeht, welche Art von Prototyp entwickelt werden soll. Es kommt jedoch häufig vor, daß sich Prototypen „selbständig" in eine gewisse Richtung entwickeln. So ist es durchaus denkbar, daß ein „Wegwerfprototyp" plötzlich zum Produkt wird, andererseits kann ebenso ein evolutionärer Prototyp sich als absolute Niete erweisen, die nicht mehr in den weiteren Projektverlauf mit einbezogen wird. Als Projektleiter haben dabei immer Sie die Entscheidungsbefugnis, was mit einem Prototyps im weiteren Projektverlauf passieren soll!

ster Linie, daß mit der gleichen Sorgfalt bei der Dokumentation des Prototyp vorgegangen werden muß, als wenn es sich bereits um das beauftragte Projekt handelt. Sicherlich erfordert das einen gewissen Mehraufwand, stellt man jedoch den Nutzen dem Aufwand gegenüber, findet sich sehr schnell die Rechtfertigung für den erbrachten Aufwand in die Entwicklung des Prototyps.

3.4.4.2
Inhalte des Implementierungs-Workflows

Unabhängig davon, nach welcher Strategie des Einsatzes eines Prototyps bzw. der Zielsetzung der Erstellung eines Prototyps ein Unternehmen vorgeht, existieren bei der eigentlichen Implementierung innerhalb des Software-Engineerings standardisierbare Abläufe.

Der Schwerpunkt des Implementierungs-Workflows liegt in der Konstruktionsphase des Rational Unified Process. Die folgenden Aktivitäten sind Bestandteil dieses Workflows:

- Die Strukturierung des Implementierungsmodells. Basis für diese Aktivität ist dabei das im vorherigen Workflow erstellte Designmodell.
- Die Planung der Integrationen. Der Rational Unified Process zeichnet sich dadurch aus, daß nicht erst am Ende der Software-Entwicklung eine einzige große Integration stattfindet, die bekanntermaßen sehr fehleranfällig ist, sondern nach jeder Iteration eine Integration erfolgt. So wird das Risiko erheblich reduziert und gleichermaßen die Planbarkeit des Projektes für den Projektmanager erheblich erhöht.
- Die Implementierung der Komponenten. Hierbei ist zu unterscheiden, ob die zu entwickelnden Komponenten noch in weiteren Projekten zu benutzen sind. Wenn dem so ist, entsteht ein erheblich höherer Aufwand (zum Beispiel für das Testen). Damit ist der Projektleiter gezwungen, eine neue Beplanung vorzunehmen, die auf zusätzlichen Budgets fundieren muß. Allgemeingültige, in mehreren Projekten zum Einsatz kommende Komponenten, können nicht über ein einzelnes Projektbudget finanziert werden!
- Die Integration der Subsysteme. Hier werden die diversen Komponenten zu einem Subsystem zusammengeführt und ausgetestet.
- Die Integration des Systems, also die Zusammenführung und der Test aller Subsysteme.

Bestandteile des Implementierungs-Workflows

Wiederverwendbare Komponenten erfordern eine neue Budgetplanung

Abbildung 7 zeigt den Implementierungs-Workflow im Detail.

Abbildung 7:
Der Implementierungs-Workflow

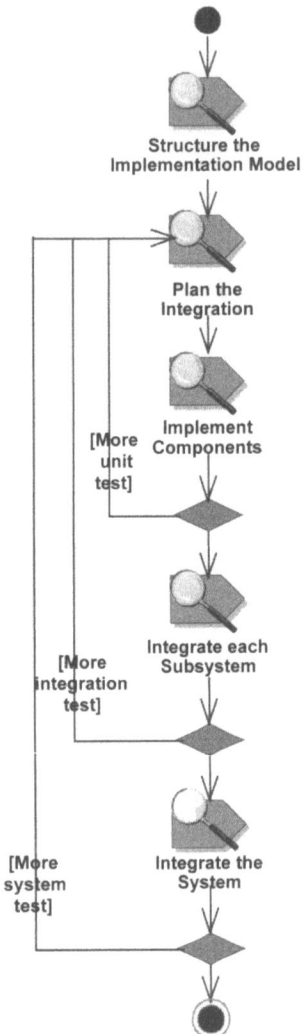

3.4.5
Der Test-Workflow

Das Testen von Software hat einen direkten Einfluß auf die Qualität von Software. Da Softwarequalität mehr und mehr für Kunden bzw. Auftraggeber als alleiniges Entscheidungskriterium angesehen wird, legt hier der Rational Unified Process einen besonderen Schwerpunkt.

Der Test-Workflow ist über alle vier Phasen des Rational Unified Process verteilt, wobei die Aufwendungen für diesen Workflow von Phase zu Phase kontinuierlich wachsen. Der entscheidende Unterschied zu den meisten anderen Prozeßmodellen besteht jedoch darin, daß nicht erst am Ende des Projektes getestet wird, sondern im gesamten Projektverlauf. Im einzelnen besteht der Test-Workflow aus den folgenden Aktivitäten:

Der Test-Workflow ist über alle vier Phasen des Rational Unified Process verteilt

- Planung des Tests
- Design des Tests
- Implementierung des Tests
- Durchführung der Integrationstests
- Durchführung der Systemtests
- Evaluierung der Testergebnisse

Aktivitäten des Test-Workflows

Abbildung 8 zeigt den Test-Workflow. Es ist offensichtlich, daß dieser Workflow nur durch entsprechende Werkzeuge, die ein automatisiertes Testen ermöglichen, durchführbar ist. Diese machen sich hauptsächlich bei den Wiederholungen der Tests bezahlt. Nähere Informationen zum Thema Testen – insbesondere welche Auswirkungen das „Fehlen" dieses Workflows im Software-Engineering verursacht – sind in Kapitel 1 enthalten.

Abbildung 8:
Der Test
Workflow

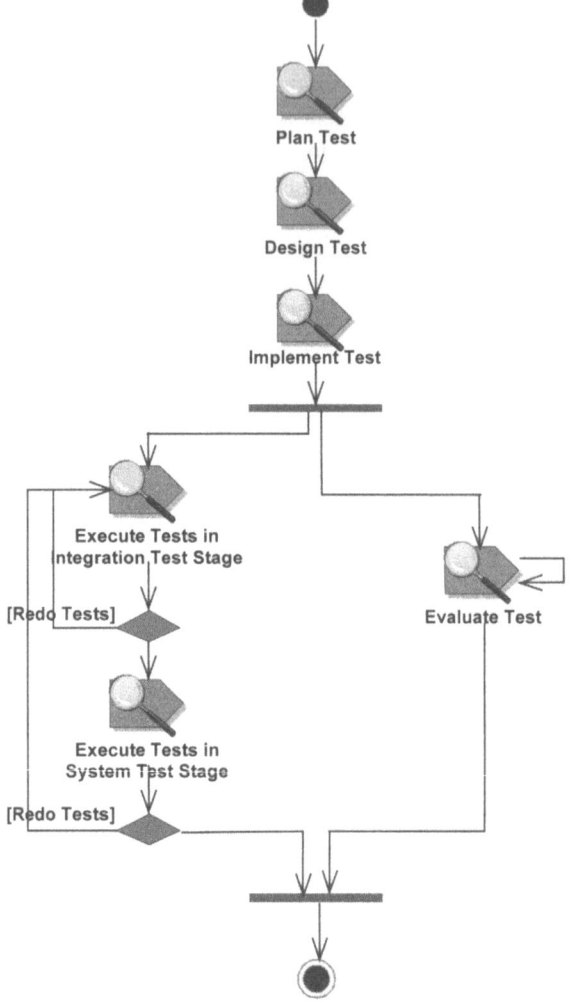

Die Werkzeugunterstützung zur Testautomatisierung im Rational Unified Process wird wie folgt empfohlen [Kruch99]: Das Rational TestStudio implementiert oberflächenbasierte Testskripte (Blackbox-Test) und führt diese aus, um die Zuverlässigkeit, Funktionalität und Performance zu testen. Das Rational Test Studio enthält die folgenden Werkzeuge:

- RequisitePro koordiniert und verfolgt die Anforderungen, die für das automatisierte Testen innerhalb eines Software-Entwicklungs-projektes erforderlich sind.
- Rational Purify erkennt Laufzeitfehler für Zuverlässigkeitstests.

- Rational Quantify/Visual Quantify erkennen und bewerten die operationalen Charakteristika der Software. Zusätzlich werden sowohl die Entwickler als auch die Tester in die Lage versetzt, Engpässe (hinsichtlich der Performance) zu erkennen und zu beseitigen.
- Rational PureCoverage/Visual PureCoverage identifizieren und dokumentieren den erstellten Code während der Testdurchführung.
- ClearQuest koordiniert die Fehlerverfolgung innerhalb eines Projektes und erzeugt Fehlerreports zur Evaluierung der Produkt- und Prozeßqualität.
- Das Rational PerformanceStudio implementiert und simuliert virtuelle Benutzer in Form von Testskripten, um Performance-Tests durchzuführen.

Eine Vielzahl von Testprodukten unterstützen den Test-Workflow

Damit ist eine ausreichende Produktunterstützung für den Test-Workflow gegeben, auf die einzelnen Produkte wird in Kapitel 9 näher eingegangen.

3.4.6
Der Verteilungs-Workflow

3.4.6.1
Einführung in die Thematik – die Bedeutung einer geplanten Verteilung

Der Rational Unified Process endet nicht bei der eigentlichen Implementierung der Software – sprich bei der Entwicklung. Viele Unternehmen machen den Fehler, nur bis zu dem Zeitpunkt zu planen, bis der letzte Software-Entwickler seine letzte Codezeile fertiggestellt hat. Im Idealfall geht die Planung noch soweit, daß die erforderlichen Tests in der Planung mit einbezogen werden.

Der Rational Unified Process fängt bei der Aufnahme der Anforderungen an und endet da, wo der Kunde das Endprodukt in den Händen hält

Daß danach noch eine Reihe weiterer Aktivitäten anstehen – die nicht nur Zeit, sondern auch Geld kosten, wird häufig vergessen. Der Rational Unified Process hingegen fängt – wie bereits mehrfach erwähnt – bei der Aufnahme der Anforderungen an und endet erst da, wo der Endanwender, Kunde oder Auftraggeber das Endprodukt in den Händen hält. Und zwar inklusive der erforderlichen Dokumentation, Bedienungsanleitung und Hilfestellung.

Damit gehören eine Reihe von Aktivitäten zu diesem Workflow, die jeder Projektleiter von vornherein nicht nur in seinen Projektplan integrieren sollte, sondern muß (was häufig vergessen wird!). Im einzelnen zählen dazu:

Aktivitäten, die häufig vom Projektleiter in der Projektplanung vergessen werden

- Die Erstellung und die Zusammenführung eines externen Releases der Software
- Die Verpackung der Software
- Die Installation der Software
- Das Training der Anwender oder der Vertriebsmitarbeiter, je nachdem um welche Software es sich handelt
- Das Anbieten von Hilfe und Unterstützung für die Anwender in Form eines Customer Care Centers oder zumindest einer professionelle Hotline
- Die Planung und Durchführung von Betatests
- Die Migration von bestehender Software oder Daten
- Die formelle Akzeptanz der erstellten Software

Eine Verteilung – bzw. Auslieferung der Software – ist sehr spezifisch und hängt vom jeweiligen Geschäftsumfeld ab. Der Rational Unified Process muß besonders hier angepaßt und konfiguriert werden, um mit den speziellen Gegebenheiten des ausliefernden Unternehmens übereinzustimmen.

3.4.6.2
Aktivitäten des Verteilungs-Workflows

Der Verteilungs-Workflow ist der letzte der Core Workflows, er kommt in der Übergangsphase des Rational Unified Process zum Einsatz. Die folgenden Aktivitäten sind Bestandteil des Verteilungs-Workflows:

Aktivitäten des Verteilungs-Workflows

- Planung der Verteilung
- Erstellung der Dokumentation zur Verteilung
- Durchführung des Betatests

- Durchführung des Akzeptanztests

Abbildung 9 zeigt den Verteilungs-Workflow innerhalb des Rational Unified Process.

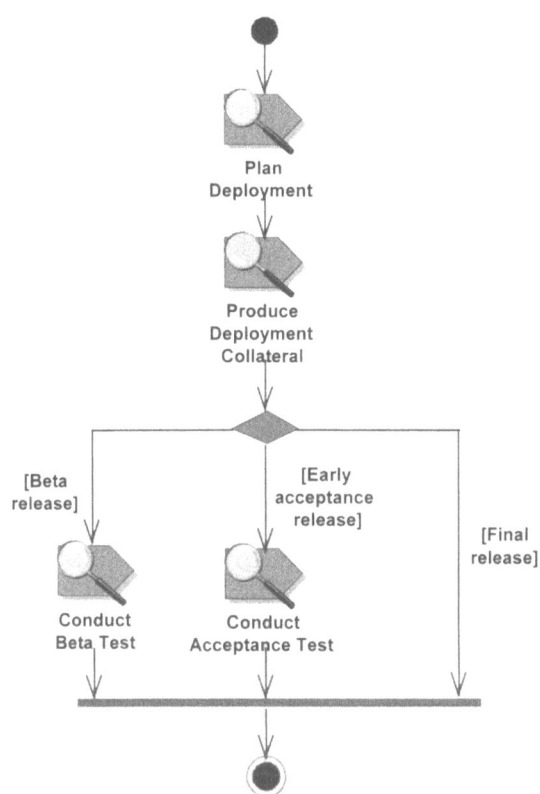

Abbildung 9:
Der Verteilungs Workflow

3.4.7
Die Supporting Core Workflows

Neben den bisher aufgeführten Core Workflows existieren drei unterstützende Workflows, die dem Management zuzuordnen sind und parallel zu den anderen Workflows durchgeführt werden. Der Konfigurations- und Change-Management-Workflow ist der erste der drei Supporting Core Workflows.

Drei unterstützende Workflows

3.4.7.1
Der Konfigurations- und Change-Management-Workflow

Der Konfigurations- und Change-Management-Workflows wächst kontinuierlich über die vier Phasen des Rational Unified Process und ist in Abbildung 10 dargestellt.

Abbildung 10: Der Konfigurations- und Change-Management-Workflow

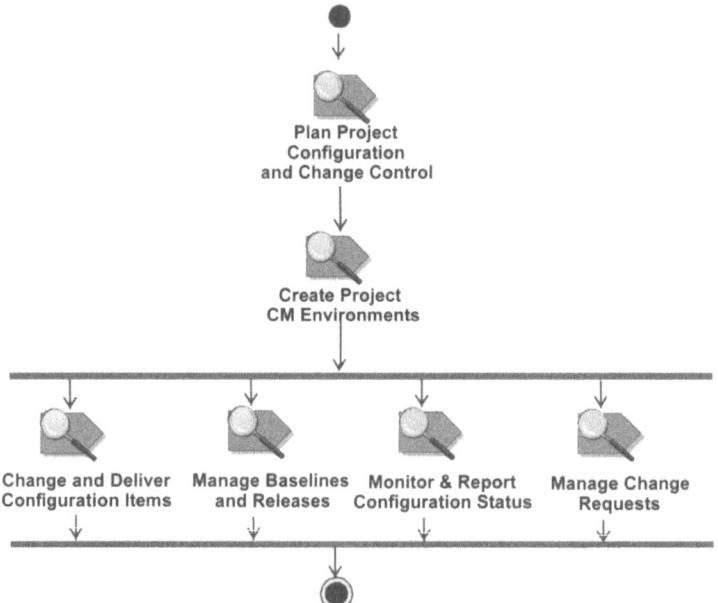

Die folgenden vier Aktivitäten sind wesentlicher Bestandteil des Konfigurations- und Change-Management-Workflows:

Die wesentlichen vier Aktivitäten

- Die Identifizierung der zu verwaltenden Einheiten des zu erstellenden Systems
- Die Festlegung von maximalen Änderungen, die an diesen Einheiten vorgenommen werden dürfen
- Das Überwachen von Änderungen, die an diesen Einheiten vorgenommen wurden sowie deren Auswirkungen auf andere Einheiten
- Das Managen und Definieren der Konfigurationen dieser Einheiten

Aus dieser Aufzählung wird ersichtlich, daß ein professionelles Konfigurationsmanagement ausschließlich werkzeuggestützt durchgeführt werden kann. In Kapitel 5 wird ausführlich auf das Thema Konfigurationsmanagement eingegangen. Auch das Thema Änderungsmanagement wird dort behandelt.

professionelles Konfigurationsmanagement muß werkzeuggestützt durchgeführt werden

3.4.7.2
Der Umgebungs-Workflow

Der zweite Supporting Workflow – der Projektmanagement-Workflow – wird ebenfalls in Kapitel 5 ausführlich beschrieben. Daher soll an dieser Stelle nicht weiter auf diesen elementaren Workflow eingegangen werden.

Der letzte Workflow, der hier betrachtet werden soll, ist der Umgebungs-Workflow[5]. Dieser hat seinen Schwerpunkt in der Konzeptualisierungsphase und ist in Abbildung 11 dargestellt. Wesentliche Aktivitäten des Umgebungs-Workflows:

- Die Bereitstellung der notwendigen Entwicklungswerkzeuge für die jeweiligen Projektmitglieder
- Die individuelle Anpassung des Rational Unified Process für das aktuelle Projekt. (Diese Anpassung des Rational Unified Process ist nicht zu verwechseln mit der in Kapitel 8 beschriebenen generellen Anpassung des Prozesses für ein Unternehmen

Aktivitäten des Umgebungs-Workflows

Dadurch, daß der Umgebungs-Workflow den Rational Unified Process auf das Projekt anpaßt, hat er natürlich Einfluß auf alle übrigen Workflows des Rational Unified Process.

---

[5] Umgebungs-Workflow ist die Übersetzung des Originalbegriffs „Environement-Workflow". Er bringt in erster Linie zum Ausdruck, wie und mit welchen Werkzeugen das geplante Projekt umgesetzt werden soll. Damit steht er in engem Zusammenhang mit der in Kapitel 8 beschriebenen Einführung des Rational Unified Process in einem Unternehmen.

**Abbildung 11:
Der Umgebungs-Workflow**

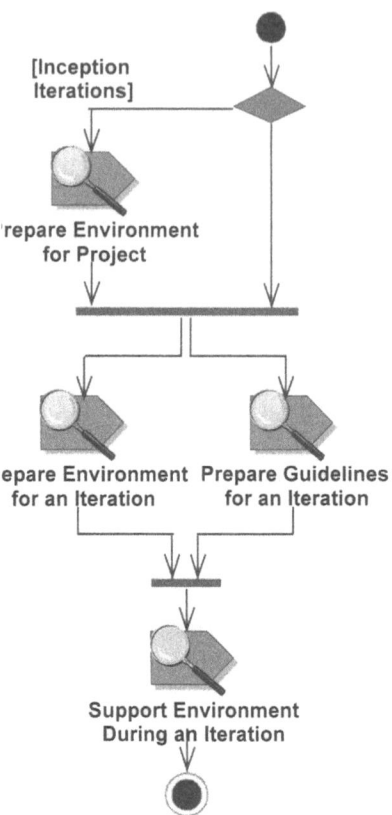

3.5
Der iterative Ansatz

Innerhalb jeder Phase sind mehrere Iterationen möglich

Wesentliches Kennzeichen des Rational Unified Process ist sein iterativer Ansatz. Das bedeutet, daß innerhalb jeder der vier Phasen diverse Iterationen möglich sind. Jede Iteration entspricht einem kleinen „Wasserfällchen" – somit werden die Anhänger dieses Ansatzes auch befriedigt. Das Konzept sieht dabei vor, daß jede Iteration mit einem ausführbaren Release abgeschlossen wird.

Dieses Konzept beinhaltet ein frühzeitiges Testen der bis zu diesem Zeitpunkt erstellten Software. Konkret – vor jeder Integration wird getestet, was bei der abschließenden Integration des Gesamtsystems den erforderlichen Aufwand erheblich verringert (und damit die inhärenten Risiken minimiert).

Jede Iteration legt dabei unterschiedliche Schwerpunkte fest hinsichtlich der jeweiligen in den vorherigen Abschnitten beschriebenen Workflows. So werden innerhalb der ersten Iteration im wesentlichen Aktivitäten des Geschäftsprozeßmodellierungs-Workflows und des Anforderungsmanagement-Workflows abgearbeitet, während in den späteren Iterationen zunehmend Test- und Verteilungsaspekte behandelt werden. Abbildung 12 zeigt das Prinzip des iterativen Ansatzes innerhalb des Rational Unified Process:

Unterschiedliche Schwerpunkte in den Iterationen

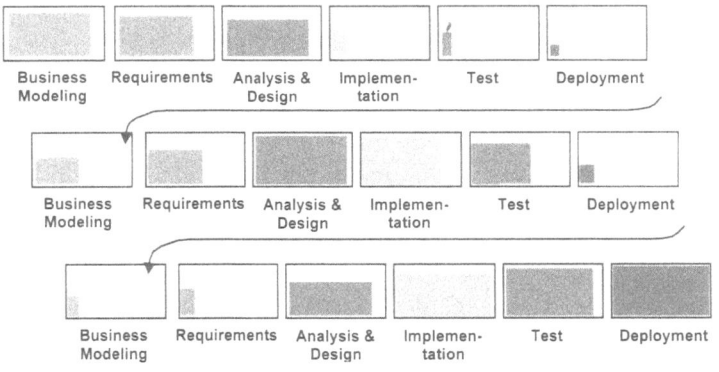

Abbildung 12: Der iterative Ansatz des Rational Unified Process

Oft wird der iterative Ansatz von Kritikern auch als „Try-and-Error-Programmierung" bezeichnet. Es wird behauptet, daß Iterationen nur deshalb vorgenommen werden, weil man unfähig sei, sofort ein korrektes System zu entwerfen. Diese Aussage ist gar nicht so falsch, da eben die Grundlage fehlt, um sofort ein korrektes System zu entwerfen: Feststehende und klar formulierte Anforderungen, die sich über die gesamte Projektlaufzeit nicht verändern.

Interessant ist weiterhin, daß jeder von diesen Kritikern nahezu tagtäglich mit einem Stück Software arbeitet, das ausschließlich iterativ entwickelt wurde und immer so entwickelt werden wird: Das Internet!

Das Internet ist ein klassisches Beispiel für iterative und inkrementelle Entwicklung. Oder kennen Sie ein Unternehmen, das seine Internetseite nach dem Wasserfallmodell entwickelt? Das würde nämlich bedeuten, daß zuerst alle Anforderungen aufgenommen werden, dann in HTML programmiert wird, bis alle Seiten fertig sind und anschließend alles erst in das Internet gestellt wird. Jede Internetseite lebt von Änderungen, zu Beginn der Planung kann allenfalls ein Framework entworfen werden – mehr nicht.

Sicherlich ist das Internet ein etwas überzogenes Beispiel, da in der Regel eine Internetseite – bzw. der gesamte Internetauftritt eines Unternehmens – ein Projekt ist, daß niemals beendet sein wird, weil sich ständig Neuerungen ergeben, die integriert werden müssen. Seien es neue Termine, neue Pressemitteilungen, neue Stellenausschreibungen usw.

3.6 Wesentliche Elemente des Rational Unified Process

Nachdem in den vorherigen Abschnitten die einzelnen Workflows des Rational Unified Process betrachtet wurden, soll im folgenden darauf eingegangen werden, mit welchen Hilfsmitteln ein solcher Workflow definiert wird. Benutzt werden dabei die folgenden Elemente:

Der Rational Unified Process besteht aus einer Vielzahl von Elementen

- Worker
- Artefakte
- Aktivitäten
- Phasen
- Kozepte
- Workflows
- Toolmentoren
- Richtlinien
- Templates
- Reports
- Checkpoints

Elemente sind Schlüsselkonzepte

Diese Elemente werden im Rational Unified Process auch als Schlüsselkonzepte bezeichnet, die in einem gewissen Zusammenhang stehen. So werden zum Beispiel *Aktivitäten* von *Workern* durchgeführt und können als Ergebnis ein bestimmtes *Artefakt* produzieren. Dadurch wird die Verantwortlichkeit für jedes Artefakt geregelt.

Ebenso sind Artefakte nicht nur der Output einer Aktivität, sondern gleichzeitig auch der Input für eine darauf aufsetzende Aktivität. Für die Artefakte wiederum existieren Richtlinien, die eine gewisse Einheitlichkeit bewirken sollen. Hier ist eine Analogie zu dem in Kapitel 2 beschriebenen V-Modell zu sehen.

Abbildung 13 zeigt den Zusammenhang der Schlüsselkonzepte des Rational Unified Process.

Other concepts:

Workflows
Workflow Details

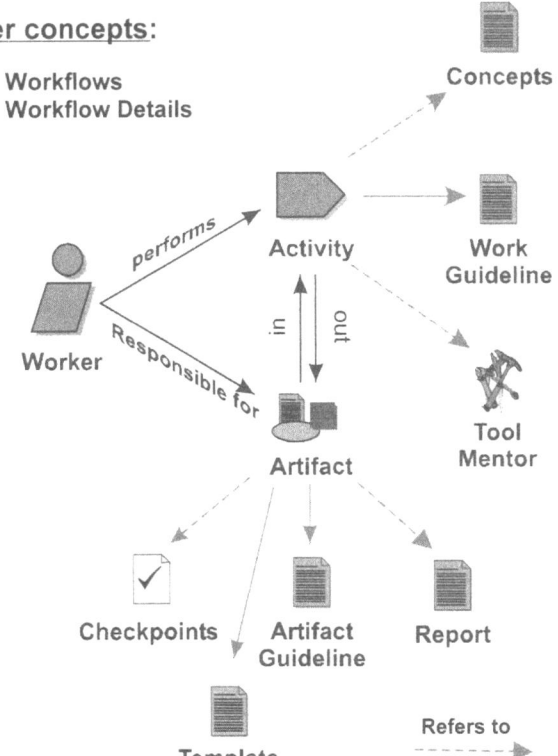

Abbildung 13: Konzept der Schlüsselelemente des Rational Unified Process

In den folgenden Abschnitten werden die oben aufgeführten Elemente kurz beschrieben werden.

3.6.1 Worker

Unter Worker[6] werden diejenigen Personen verstanden, die innerhalb des Projektes eine bestimmte Aktivität durchführen. Dabei wird keine 1:1-Zuordnung von Workern zu Personen vorgenommen. Das heißt, daß ein und dieselbe Person zu Projektbeginn Worker A und zu Projektende Worker B darstellen kann. Im V-Modell werden Worker auch als Rollen bezeichnet. Der Rational Unified Process definiert eine Vielzahl von Workern, die innerhalb eines Lebenszyklus eines Projektes zum Einsatz kommen.

Keine 1:1-Zuordnung von Workern zu Personen

---

[6] Im V-Modell werden Worker als Rollen definiert.

Zusätzliche Worker können beliebig definiert werden	Bei der individuellen Anpassung des Rational Unified Process auf unternehmensspezifische Bedürfnisse können jedoch ebenso neue Worker definiert werden, wie existierende Worker aus dem Prozeß entfernt werden. Ausschlaggebend ist dabei in erster Linie die Art der Projekte, die vom entsprechenden Unternehmen abgewickelt werden.
Regeln existieren für die Besetzung	Es gibt jedoch einige wichtige Regeln zu beachten, so ist zum Beispiel streng darauf zu achten, daß Personen, die bereits als Software-Entwickler tätig sind oder auch waren, niemals als Tester zum Einsatz kommen dürfen, da damit die Funktion des objektiven Testers ad absurdum geführt wird. Auf der anderen Seite kann es zum Beispiel durchaus sinnvoll sein, wenn der Software-Entwickler im späteren Projektverlauf als Worker: technischer Autor fungiert und für die technische Dokumentation verantwortlich ist.

Wie bereits erwähnt, ist die unternehmensspezifische Ausprägung des Workerkonzeptes individuell gestaltbar. Daher soll an dieser Stelle auch darauf verzichtet werden, jeden im Rational Unified Process definierten Worker hier vorzustellen. Ich möchte mich auf diejenigen Worker beschränken, die eigentlich in keinem Software-Engineering-Prozeß fehlen sollten. Sie sind aus der Originaldokumentation des Rational Unified Process entnommen und werden hier in alphabetischer Reihenfolge beschrieben:

Anforderungsgutachter	• Der Anforderungsgutachter plant und führt die formalen Reviews des Use-Case-Modells durch.
Architekt	• Der Architekt leitet und koordiniert technische Aktivitäten und Artefakte über das gesamte Projekt. Der Architekt erstellt die Übersichtsstruktur für jede Architektursicht: die Zerlegung der Sichten, die Gruppierung von Elementen und die Schnittstellen zwischen den wesentlichen Elementen.
Benutzerschnittstellendesigner	• Der Benutzerschnittstellendesigner leitet und koordiniert das Prototyping und das Design der Benutzerschnittstelle. Dazu erfaßt er die Anforderungen an die Benutzerschnittstelle einschließlich der Anforderungen an die Bedienerfreundlichkeit. Er erstellt den Prototyp für die Benutzerschnittstelle und arbeitet dazu mit den anderen Stakeholdern der Benutzerschnittstelle, wie zum Beispiel den Endanwendern, zusammen.
	• Der Datenbankdesigner erstellt die Tabellen, Indexe, Sichten, Beschränkungen, Trigger, Stored Procedures, Tablespaces und andere datenbankspezifische Konstrukte, die notwendig sind, um persistente Objekte zu speichern, aus der Datenbank zu lesen oder zu löschen.

- Der Designer definiert die Verantwortlichkeiten, Operationen, Attribute und Beziehungen einer oder mehrerer Klassen und legt fest, wie sie in die Implementierungsumgebung eingepaßt werden. Zusätzlich kann der Designer die Verantwortung für ein oder mehrere Designpakete oder Designsubsysteme haben, einschließlich aller Klassen, die in diesen Paketen oder Subsystemen enthalten sind. — Designer

- Der Geschäftsprozeßanalytiker leitet und koordiniert die Modellierung der Geschäfts-Use-Cases, indem er die zu modellierende Organisationseinheit grob skizziert und begrenzt. — Geschäftsprozeßanalytiker

- Der Implementierer ist für die Entwicklung und den Test von Komponenten entsprechend den vorgegebenen Projektstandards verantwortlich, so daß die Komponenten in größere Subsysteme integriert werden können. Wenn Testkomponenten wie Coderümpfe oder Treiber entwickelt werden müssen, um den Testverlauf zu unterstützen, ist der Entwickler auch für die Entwicklung und den Test der Testkomponenten und des zugehörigen Subsystems verantwortlich. — Implementierer (Software-Entwickler)

- Der Konfigurationsmanager ist für die übergreifende Konfigurationsmanagement-Infrastruktur und -umgebung für das Entwicklungsteam verantwortlich. Die Tätigkeiten im Rahmen des Konfigurationsmanagements beinhalten die Unterstützung der Produkt-entwicklungsaktivitäten, so daß jeder Entwickler einen ausreichenden Arbeitsbereich zum Entwickeln und Testen zur Verfügung gestellt bekommt und alle Artefakte verfügbar sind, wenn sie angefordert werden. Der Konfigurationsmanager stellt sicher, daß die Konfigurationsmanagement-Umgebung Reviews, Änderungen und Fehlerverfolgungen erlaubt. Der Konfigurationsmanager ist ebenfalls für die Erstellung des Konfigurationsmanagementplans verantwortlich. — Konfigurationsmanager

- Der Projektmanager teilt die Ressourcen ein, stellt die Prioritäten auf, koordiniert die Gespräche mit Kunden und Anwendern und versucht, das Projektteam auf den richtigen Weg zu bringen und dort zu halten. Der Projektmanager stellt eine Reihe von Verfahren und Techniken zur Verfügung, mit denen die Integrität und die Qualität der Artefakte sichergestellt wird. — Projektmanager (Projektleiter)

- Der Prozeßentwickler ist für den eigentlichen Software-Entwick-lungsprozeß verantwortlich. Dies beinhaltet die Konfiguration des Prozesses vor Projektbeginn sowie die kontinuierliche Verbesserung des Prozesses während der Entwicklung.

- Der Systemadministrator wartet die Hardware und die Software-Entwicklungsumgebung. Er führt administrative Systemtätig- — Systemadministrator

	keiten wie zum Beispiel die Benutzerverwaltung, Datensicherungen usw. durch.
Systemanalytiker	• Der Systemanalytiker leitet und koordiniert die Ermittlung der Anforderungen und die Modellierung der Use-Cases. Dabei skizziert er die Funktionalität des Systems und stellt dessen Grenzen dar.
Systemintegrator	• Die Implementierer überführen ihre getesteten Komponenten in den Integrationsbereich, wo sie vom Systemintegrator kombiniert und zu einem Release-Build zusammengestellt werden. Der Systemintegrator ist außerdem für die Integration des gesamten Systems zuständig.
Systemtester	• Der Systemtester ist für die Durchführung der Systemtests verantwortlich.
Technischer Autor	• Der technische Autor erstellt die Handbücher für die Endanwender wie zum Beispiel den User-Guide, Hilfetexte, Releasenotes usw.
Testdesigner	• Der Testdesigner ist für die Planung, das Design, die Durchführung und die Evaluation der Testläufe verantwortlich. Dazu gehören auch die Erstellung des Testplanes und des Testmodells, die Implementierung der Testprozeduren sowie die Evaluierung der Testabdeckung, Testergebnisse und Effektivität.
Verteilungsmanager	• Der Verteilungsmanager ist für den Übergangsplan verantwortlich, der beschreibt, wie das Produkts zum Kunden geliefert wird. Die Aufgaben werden im Verteilungsplan dokumentiert.
Use-Case-Spezifizierer	• Der Use-Case-Spezifizierer arbeitet die gesamte oder einen Teil der Funktionalität des Systems aus, indem er die Anforderungsaspekte eines oder mehrerer Use-Cases definiert. Der Use-Case-Spezifizierer kann ebenso für ein Use-Case-Paket und dessen Wartung verantwortlich sein. Das schließt die Zuständigkeit für die darin enthaltenen Use-Cases und Akteure mit ein.
Werkzeuganpasser[7]	• Der Werkzeuganpasser entwickelt die Werkzeuge weiter, um besondere Anforderungen zu erfüllen, zusätzliche Automatisierungen für langweilige oder fehleranfällige Aktivitäten zu integrieren und um die Werkzeuge besser zu integrieren.

---

[7] Im Original Rational Unified Process als *Toolsmith* bezeichnet.

3.6.2
Artefakte

3.6.2.1
Einführung in Artefakte

„Ein Artefakt ist ein Teil an Information, das produziert, modifiziert oder vom Prozeß genutzt wird und dem Versionsmanagement unterliegt. Ein Artefakt kann ein Modell, ein Modellelement oder ein Dokument sein."

<small>Was ist ein Artefakt?</small>

So lautet die Beschreibung eines Artefaktes im Rational Unified Process. Im V-Modell wird ein Artefakt auch als *Produkt* bezeichnet. Wie auch schon bei den Workern kann bei der individuellen Einführung des Rational Unified Process innerhalb des Unternehmens eine beliebige Anzahl von Artefakten hinzugefügt werden oder existierende Artefakte, für die im Unternehmen keine Verwendung besteht, aus dem Prozeß herausgenommen werden.

So werden zum Beispiel bei der Entwicklung von kritischen Echtzeitlösungen andere Artefakte notwendig sein, als sie bei der Entwicklung von einer Standardsoftware im kaufmännischen Umfeld entstehen. Die Anforderungen des Auftraggebers sind ebenso entscheidend dafür, welche Artefakte in den unternehmensspezifischen Rational Unified Process integriert werden. Klassisches Beispiel ist die Anforderung einer Zertifizierung nach DIN ISO 9000, die die Erstellung gewisser Artefakte erzwingt.

3.6.2.2
Artefakte im Rational Unified Process

Innerhalb des Rational Unified Process existieren sogenannte *Artefakt-Sets* (Mengen von Artefakten) für die folgenden Bereiche (Workflows):

<small>Artefakt-Sets für unterschiedliche Workflows</small>

- Geschäftsprozeßmodellierung
- Anforderungsmanagement
- Design
- Implementierung
- Verteilung
- Management
- Standards und Richtlinien

Ein Artefakt im Rational Unified Process kann unterschiedliche Ausprägungen haben. So kann ein Artefakt:

Ausprägungen von Artefakten
- ein Dokument,
- ein Modell oder
- ein Teil eines Modells sein.

Bei den letzten beiden Möglichkeiten ist ein Artefakt immer im Zusammenhang mit einem *Report* zu sehen. Dieser enthält Informationen über das Artefakt und wird von dem Werkzeug, mit dem das Modell erstellt wird, generiert.

Guidelines zur Erstellung von Artefakten
Ferner existieren im Rational Unified Process diverse *Guidelines*, wie ein Artefakt zu erstellen ist bzw. welche Inhalte in einem Artefakt enthalten sein müssen.

Durch den iterativen Ansatz wachsen diese Artefakte in unterschiedlicher Reihenfolge über die jeweiligen Phasen. Abbildung 14 gibt einen entsprechenden Überblick.

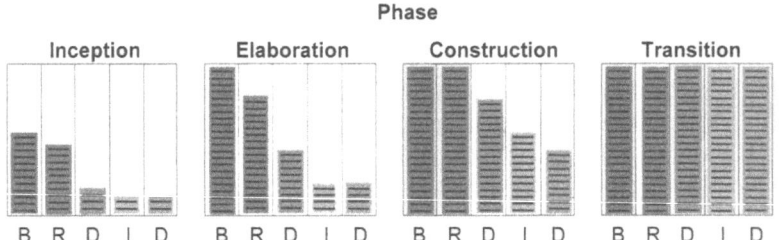

Abbildung 14: Wachstum der Artefakte über die vier Phasen des Rational Unified Process

- B : Business set
- R : Requirements set
- D : Design set
- I : Implementation set
- D : Deployment set

3.6.3 Aktivitäten

Aktivitäten sind der wesentliche Bestandteil eines jeden Prozesses. Eine Definition wird im folgenden gegeben.

Definition: Aktivität
Eine Aktivität ist eine in sich abgeschlossene Folge von Tätigkeiten, deren Unterbrechung kein sinnvolles Ergebnis liefern würde.

Das bedeutet, daß eine Aktivität erst dann als beendet gilt, wenn ein neues Artefakt entstanden ist. Verantwortlich sowohl für die Durchführung der Aktivität als auch für die Qualität des Artefaktes ist der Worker, der die Aktivität bearbeitet. Abbildung 15 zeigt den Zusammenhang der drei bisher vorgestellten Elemente des Rational Unified Process.

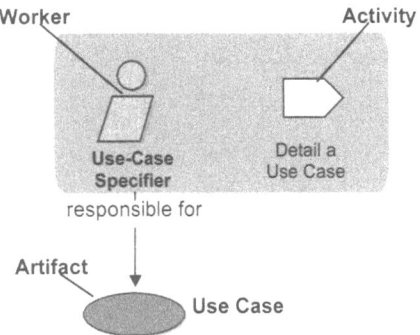

Abbildung 15: Der Zusammenhang zwischen Workern, Artefakten und Aktivitäten

Der Worker *Use-Case-Spezifizierer* führt die Aktivität *Use-Case detaillieren* aus. Das Artefakt, das als Ergebnis dieser Aktivität entsteht, ist der *Use-Case*.

3.6.4 Toolmentoren

Heutzutage kommen bei der Software-Entwicklung in allen Phasen diverse Werkzeuge zum Einsatz. Meist muß bei der Einführung eines neuen Prozesses auch automatisch das ein oder andere Werkzeug zusätzlich eingeführt werden. Das Problem für den Anwender dabei liegt darin, daß er sich nicht nur auf einen neuen Prozeß, sondern zusätzlich auch noch auf andere bzw. neue Werkzeuge einstellen muß.

Um den Anwender damit nicht zu überfordern, existieren im Rational Unified Process sogenannte Toolmentoren. Abbildung 16 gibt eine Übersicht über die im Rational Unified Process bereits vorhandenen Toolmentoren. Diese können natürlich flexibel erweitert werden, um die jeweils im Unternehmen vorhandenen Werkzeuge hier mit einzubinden.

Toolmentoren helfen bei der Verwendung neuer Werkzeuge

Abbildung 16: Übersicht der Toolmentoren im Rational Unified Process

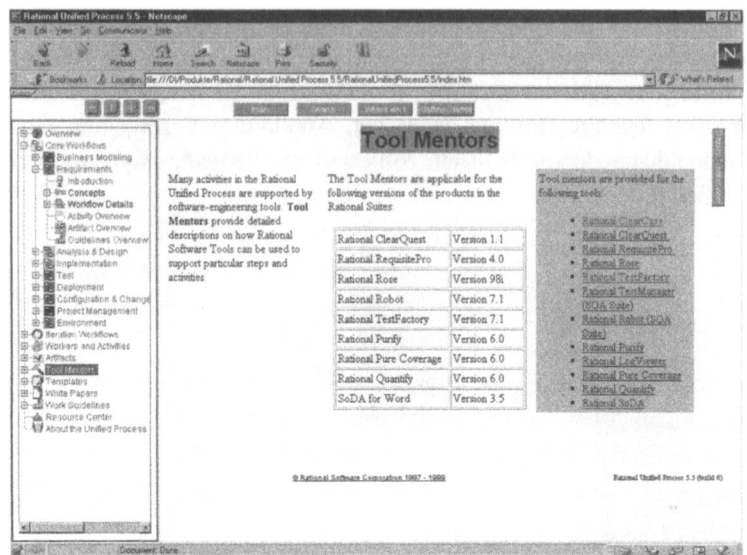

Die Toolmentoren, die bereits im Rational Unified Process enthalten sind und sich auf die Produkte von Rational Software beziehen, sind sehr detailliert dargestellt. Im folgenden soll das Beispiel des Erstellens eines Use-Case-Paketes und eines Use-Case-Diagramms betrachtet werden. Listing 1 zeigt die detaillierte Hilfestellung durch den Toolmentor von Rational Rose 98i, der integrierten Software-Entwicklungsumgebung.

Listing 1: Beispiel einer detaillierten Hilfestellung durch einen Toolmentor für Rational Rose 98i

1. Create the Use-Case Model Package

A separate use-case model can be represented in Rational Rose® using a package within the Use Case View named "Use-Case Model". To create a package called "Use-Case Model" in the Use Case View:

- Right-click to select the Use Case View in the browser.
- Select Package from the New option on the short-cut menu. A "NewPackage" browser icon is added to the browser.
- With the new package icon selected, type the name "Use-Case Model".

A separate use-case model package is only necessary if you are maintaining both business use-case model and system use-case model in one and the same Rose model. Otherwise the use cases and actors can be created directly under the Use Case View in the browser.

2. Create a Use-Case Diagram

Actors and use cases can be created in a use-case diagram. To create a use-case diagram for the use-case model:

80 ■ *3 Grundlagen des Rational Unified Process*

- Right-click to select the package named "Use-Case Model" in the browser and make the short-cut menu visible.
- Select Use Case Diagram from the New option on the short-cut menu. A "NewDiagram" use-case diagram icon is added to the browser.
- With the new use case diagram selected, type a name of the diagram.
- Double-click on the new use-case diagram to bring it up in the diagram window.

Besonders wertvoll sind die Passagen aus den Toolmentoren, die die Schnittstellen zwischen den einzelnen Werkzeugen beschreiben, also die Punkte, wo Daten von einem Werkzeug zum anderen transferiert werden sollen, um dort weiterbearbeitet zu werden.

3.6.5 Richtlinien

Um den Projektleiter oder die Projektmitarbeiter bei der Anwendung des Rational Unified Process zu unterstützen, sind dem Prozeßmodell eine Vielzahl von Richtlinien beigefügt, die angeben, wie bestimmte Aktivitäten abzuwickeln sind. Diese Richtlinien sind natürlich individuell anpaßbar auf die jeweiligen Gegebenheiten im Unternehmen. Sie werden optimal ergänzt durch die im folgenden Abschnitt beschriebenen Templates.

Wie sollen Aktivitäten abgewickelt werden?

3.6.6 Templates

Die Erstellung eines Artefaktes, bei dem es sich um ein Dokument handelt, sollte projektübergreifend einheitlich sein. Daher existieren im Rational Unified Process für jedes derartige Artefakt Templates. Dabei handelt es sich meist um Dokumentvorlagen für Winword oder HTML, die bei der Einführung des Rational Unified Process individuell angepaßt werden können. Im Bereich des Projektmanagement-Workflows existiert ferner ein Template für Microsoft Project.

Die Inhalte eines derartigen Templates fangen bei der Integration eines Firmenlogos an und gehen bis zur völligen Umstrukturierung des Inhaltes. Wie schon die Richtlinien geben auch die Templates Orientierung und Beispiele für Neulinge innerhalb des Rational Unified Process.

Flexible Templates als Unterstützung

3.7 Qualitätsgewinn durch den Rational Unified Process

Besseres Anforderungsmanagement

Im folgenden soll herausgestellt werden, welche Vorteile der Rational Unified Process gegenüber herkömmlichen Prozeßmodellen bietet. Als wesentlicher Vorteil ist sicherlich der Umstand zu erwähnen, daß falsch verstandene Anforderungen wesentlich früher erkannt werden als bei herkömmlichen Prozeßmodellen, wo zum Teil dies erst mit der Auslieferung der Software zu Tage trat.

Weniger Risiken

Auch das Risikomanagement des Rational Unified Process trägt erheblich zur Qualitätsverbesserung bei. In herkömmlichen Prozeßmodellen wurde dieses nur stiefmütterlich behandelt, so daß die Risiken erst dann entdeckt wurden, wenn sie bereits eingetreten waren. Mehr zum Thema Risikomanagement ist Kapitel 5 zu entnehmen.

Weniger Fehler

Ferner wird die Software, die nach dem Rational Unified Process entwickelt wird, weniger Fehler beinhalten, da nach jeder Iteration ein getestetes Release zur Verfügung steht. Fehler werden also sehr frühzeitig erkannt und resultierende Folgefehler werden vermieden. Bedingt durch die Tatsache, daß nicht erst gegen Ende des Projektes eine Gesamtintegration vorgenommen wird, sondern nach jeder Iteration auch integriert wird, verringert sich auch hier das Fehlerrisiko.

Bessere Dokumentation

Durch die Templates und Richtlinien wird der gesamte Dokumentationsprozeß vereinheitlicht. Durch die zusätzliche Verwendung des Dokumentationswerkzeuges SoDa von Rational Software werden automatisierbare Aufgaben den Projektmitgliedern abgenommen, so daß sie sich auf das Wesentliche konzentrieren können.

Bessere Werkzeugunterstützung

Innerhalb des Rational Unified Process existieren direkte Verbindungen zu den im Projekt eingesetzten Software-Entwicklungswerkzeugen, einmal über die Toolmentoren aus dem Rational Unified Process heraus und umgekehrt auch über die Extended Help aus den jeweiligen Werkzeugen heraus.

Bessere Planbarkeit des Projektes

Durch die im Prozeß integrierten Best Practices kann der Projektleiter auf einen breiten Erfahrungsschatz zurückgreifen. Zusätzlich hat er Kenngrößen zur Verfügung (siehe auch Kapitel 5), auf deren Basis er die einzelnen Iteration planen kann. Damit verringert sich das Risiko einer schlechten Planung.

3.8 Zusammenfassung

Der Rational Unified Process besteht aus fünf Core Workflows:

- Geschäftsprozeßmodellierungs-Workflow
- Anforderungsmanagement-Workflow
- Analyse- und Design-Workflow   *Core Workflows*
- Implementierungs-Workflow
- Verteilungs-Workflow

und die unterstützenden Core Workflows:

- Konfigurations- und Change-Management-Workflow
- Projektmanagement-Workflow
- Umgebungs-Workflow   *Supporting Core Workflows*

Die jeweiligen Workflows werden durch die folgenden Elemente beschrieben:

- Worker
- Artefakte
- Aktivitäten
- Phasen
- Konzepte
- Workflows
- Toolmentoren
- Richtlinien
- Templates
- Reports
- Checkpoints

In den folgenden beiden Kapiteln werden der Anforderungsmanagement-Workflow und der Projektmanagement-Workflow näher beschrieben. Der Umgebungs-Workflow findet in Kapitel 8 Berücksichtigung.

4 Anforderungs- und Change-Management – Herausforderung für den Projektmanager

„Anforderungen – eigentlich besteht unser gesamtes Leben aus Anforderungen, sei es in privater Hinsicht seitens der Familie oder sei es in beruflicher Hinsicht seitens der Vorgesetzten, der Mitarbeiter und natürlich auch der Geschäftspartner und Kunden. Die Erfüllung von Anforderungen trägt zur Zufriedenheit eines anderen bei – aber auch zur eigenen. Doch Anforderungen, die an einen Menschen gestellt werden, muß dieser auch kennen, sonst kann er sie nicht erfüllen. Dies führt dann letztendlich dazu, daß keiner zufrieden ist."

4.1 Was ist eine Anforderung?

Die meisten Softwareprojekte stellen eine im Grunde stupide Abarbeitung von einer Reihe von Anforderungen dar. Doch was ist eigentlich eine Anforderung? Die folgende Definition soll darüber Aufschluß geben:

Eine Anforderung wird von einem Auftraggeber oder einem Endbenutzer gestellt, sie beschreibt, wie sich das zu implementierende System verhalten soll.

Definition: Anforderung

Doch Erfolg und Mißerfolg eines Projektes hängen nicht nur davon ab, ob das System diese Anforderungen erfüllt, sondern auch davon, *wie* die Anforderungen formuliert werden. Dabei spielen eine Menge von Kriterien eine Rolle, die über die Qualität einer Anforderung entscheiden und die im nächsten Abschnitt näher betrachtet werden sollen.

Qualität einer Anforderung

4.1.1 Unterschiedliche Formulierung von Anforderungen

Gerade im Umfeld der Software-Entwicklung werden Anforderungen auf die unterschiedlichste Art und Weise gestellt. Im wesentlichen sind die folgenden Fälle zu differenzieren:

Mündlich oder schriftlich?
- Wird die Anforderung nur mündlich formuliert oder schriftlich festgehalten? Eine mündlich formulierte Anforderung hat immer den Nachteil, daß derjenige der sie formuliert, sich später, wenn die Anforderung nicht erfüllt ist, sehr schwer tut, die Existenz der Anforderung nachzuweisen.

Als Text oder Diagramm
- Wird die Anforderung als Text festgehalten oder wird sie in einem Modell bzw. Diagramm ausgedrückt? Text hat immer den Nachteil, daß er mißinterpretiert werden kann, Diagramme oder Modelle sind hingegen unmißverständlich. Der Spruch: „Ein Bild sagt mehr als tausend Worte" hat besonders beim Anforderungsmanagement seine Richtigkeit.

Genau oder unscharf
- Wird die Anforderung scharf spezifiziert und mit Zahlenmaterial untermauert oder wird nur allgemeines formuliert? Klassisches Beispiel ist: „Die Anwendung muß den üblichen Performanceanforderungen entsprechen." Doch was versteht man unter den üblichen Performanceanforderungen? Dagegen ist folgende Aussage eindeutig formuliert: „Das Antwortzeitverhalten der Anwendung muß unter einer Sekunde liegen." Hierbei handelt es sich dann um eine Anforderung, die klar nachprüfbar ist hinsichtlich ihrer Erfüllung.

Von wem kommt die Anforderung?
- Wird die Anforderung vom Entscheidungsträger oder von einem zukünftigen Benutzer gestellt? Das heißt, hat derjenige, der die Anforderung formuliert, überhaupt die notwendige Entscheidungskompetenz?

Zusammenfassend kann man also sagen: Eine Anforderung muß in schriftlicher Form als Diagramm oder Modell vorliegen. Sie muß klar formuliert und anhand von Zahlenmaterial nachprüfbar sein. Ferner muß derjenige, der sie formuliert, auch die notwendige Entscheidungskompetenz besitzen, die Anforderung stellen zu dürfen.

Was hingegen bisher bewußt nicht betrachtet wurde, ist der Zeitpunkt wann die Anforderung formuliert wird. Das soll im nächsten Abschnitt anhand eines Beispiels untersucht werden.

4.1.2 Ein Beispiel

Angenommen die Anforderung wurde in der oben festgehaltenen Art und Weise erstellt und ist somit verbindlich. Doch was ist, wenn die Anforderung nicht zu Beginn des Projektes gestellt wird – ist sie dann immer noch verbindlich? Was ist, wenn eine neue Anforderung kurz vor Fertigstellung des Produktes eintrifft? Betrachten wir das ganze einmal aus dem Blickwinkel einer anderen Branche:

Ein Bauträger soll ein Einfamilienhaus erstellen. Die Anforderungen an dieses Haus werden vom Bauherrn in Zusammenarbeit mit einem Architekten erstellt. Kurz vor der Übergabe des Hauses kommt der Bauherr mit einer neuen Anforderung: Er möchte gerne eine Tiefgarage unter seinem Haus haben! Was glauben Sie, wie der Bauträger reagieren wird?

So unsinnig und abwegig dieses Beispiel aus der Baubranche auch klingen mag, in der Softwarebranche sind derartige Anforderungen durchaus an der Tagesordnung. Hinzu kommt, daß dem, der die Anforderung stellt, gar nicht bewußt ist, wie abwegig und unrealisierbar seine Anforderungen zum Teil sind. In obigen Beispiel ist es für den Bauträger relativ einfach dem Bauherrn zu erklären, daß es für diese Anforderung bereits viel zu spät ist, daß er sie zu einem Zeitpunkt x hätte definieren müssen, wo die Fundamentarbeiten noch nicht begonnen hatten. In der Softwarebranche sind solche Erklärungen wesentlich schwieriger plausibel zu machen, weil der Kunde oder Endbenutzer meist keinen Einblick in die Architektur der Software hat – hingegen bei einem Hausbau steht der Bauherr quasi direkt der Architektur gegenüber.

Dieses Beispiels sollte aufzeigen, daß manche Anforderungen nicht mehr realisierbar sind, wenn sie zu spät formuliert werden. Sicherlich ist vieles eine Frage des Geldes – obiger Bauherr kann durchaus auf seine Anforderung bestehen, wenn er bereit ist, daß das ganze Haus wieder abgerissen wird und der Bauträger von vorne beginnt. Die Kosten muß der Bauherr in diesem Fall tragen. Doch welcher Kunde wird bereitwillig die Kosten dafür übernehmen, wenn die beauftragte Software komplett neu implementiert werden muß?

Zurück zur Ausgangssituation, der Fragestellung, inwieweit Anforderungen verbindlich sind. Generell läßt sich hier festhalten, daß alle Anforderungen, die in der Konzeptualisierungsphase ermittelt und in Form von Use-Cases dargestellt werden, verbindlich sind, sie sind Bestandteil des Visionsdokumentes, auf das im weiteren Verlauf dieses Kapitels noch näher eingegangen wird.

Wann ist eine Anforderung verbindlich?

Die Architektur entscheidet

Praxis holt die Theorie oft ein

Alle im Laufe des Projektes eintreffenden Anforderungen sind hingegen verhandelbar. Jedoch inwieweit man es sich wirklich leisten kann, einen Kundenwunsch strikt abzulehnen, ist natürlich der Knackpunkt. Hier holt die Praxis sehr schnell die Theorie ein. Andererseits zeigt sich hier dann auch die Qualität des Projektleiters, Verhandlungen zu führen – mehr dazu im Kapitel 5.

4.2 Warum Anforderungsmanagement?

falsche Voraussetzungen

Der größte Fehler, der in vielen Projekten begangen wird ist, besteht in der Annahme, daß das gesamte Problemfeld bereits am Anfang vollständig umrissen werden kann. Das bedeutet, daß alle Anforderungen festgehalten und eindeutig niedergeschrieben werden können, so daß das Projekt mit einer stabilen Grundlage starten kann. Trotz aller Bemühungen hat sich herausgestellt, daß das nahezu unmöglich ist. Anforderungen ändern sich über die Zeit hinweg. Diese Tatsache muß akzeptiert werden. Wenn nicht gerade ein triviales Projekt vorliegt, werden entweder neue zusätzliche Anforderungen gestellt oder die existierenden Anforderungen ändern sich. Anforderungen ändern sich aus den unterschiedlichsten Gründen, zum Beispiel:

Die (End-) Benutzer ändern sich

- Anforderungen von Benutzern können nicht über den gesamten Projektzeitraum „eingefroren" werden. Das wird besonders dann deutlich, wenn die Entwicklungszeit nicht Wochen oder Monate beträgt, sondern sich über Jahre hinauszieht. Die Benutzer bekommen Einblick in andere (vergleichbare) Systeme und Produkte und möchten dann einige der dort gesehenen Funktionalitäten ebenfalls haben. Ihre eigene Arbeitsumgebung entwickelt sich weiter, und die Benutzer wollen mehr geschult werden.

Die Ausgangssituation ändert sich

- Nach oder schon während der Implementierung des Systems ändert sich die Einstellung der Benutzer. Es ist ein bedeutsamer Unterschied, ob man über Funktionalitäten lediglich etwas liest oder ob man sie direkt am Objekt ausprobiert bzw. demonstriert bekommt. Sobald der Endbenutzer sieht, in wieweit seine Anforderungen in dem Softwareprodukt umgesetzt wurden, werden sich die Anforderungen ändern. Im Klartext heißt das: Der Endanwender weiß nicht zwei Jahre, bevor er sein Softwareprodukt erhält, was er wirklich will, sondern erst einige Wochen oder Monate nach Auslieferung des Systems, wenn die erste Erfahrungsphase vorbei ist. Dieser Effekt ist auch als IKIWISI-Effekt bekannt: „I'll Know It When I See It." Endbenutzer wissen eigentlich nie genau, was sie eigentlich wollen – hingegen wissen sie genau, was sie nicht wollen, wenn sie das Software-Produkt sehen. Daher führt der Ansatz der Anforderungsdetaillierung, -sammlung und -festlegung dazu, daß zwar ein System geliefert wird, das diesen ehemaligen Anforderungen entspricht, jedoch nicht mehr die aktuellen Bedürfnisse zum Zeitpunkt der Auslieferung erfüllt.

- Neue Hard- und Softwareprodukte tauchen derzeit immer schneller auf dem Markt auf. Bei einem mehrjährigen Projekt wird die Hardwareplattform, die zu Projektanfang Ausgangsbasis war, unter Umständen zu Projektende überhaupt nicht mehr hergestellt.

Die grundlegende Technologie ändert sich

- Der Wettbewerb bringt ständig bessere Produkte auf den Markt. Welchen Sinn macht es dann noch, ein Produkt auf den Markt zu bringen, das zwar perfekt die Anforderungen aus der Spezifikationszeit abdeckt, hingegen mit den aktuellen Anforderungen des Marktes zum Fertigstellungstermin nur noch wenig zu tun hat?

Der Markt ändert sich

- Formale Methoden haben sicherlich bisher ihren Zweck erfüllt, doch auch noch gegen Ende des Jahrtausends werden sie – abgesehen von kleinen abgegrenzten Bereichen – immer noch keine ausreichende Akzeptanz in der Industrie vorfinden. Dafür sind sie zu schwer anwendbar und viel zu benutzerunfreundlich. So wird der Versuch, einer Gruppe von Bankern oder Managern gefärbte Petrinetze näherzubringen, um eine formale Spezifikation ihres neuen Anwendungssystems zu besprechen, sicherlich nicht von Erfolg gekrönt sein.

Anforderungen können nicht im erforderlichen Detail und mit der erforderlichen Präzision ermittelt werden

Somit geht das Management von Anforderungen mit dem Management von Änderungen bzw. Änderungsanträgen einher. Mehr zu Änderungsanträgen ist dem Ende dieses Kapitels zu entnehmen.

4.3 Anforderungstypen

Grundsätzlich lassen sich Anforderungen in zwei verschiedene Kategorien einteilen, die im folgenden analysiert werden sollen.

Zwei Kategorien

4.3.1
Funktionale Anforderungen

Welche funktionalen Anforderungen soll das System erfüllen

Funktionale Anforderungen werden benutzt, um das Verhalten eines Systems durch Spezifikation der erwarteten Input- und Output-Bedingungen festzulegen. Hier geht es also ausschließlich darum, welche Funktionalität das zu erstellende Softwaresystem später einmal abdecken soll.

Funktionale Anforderungen werden in Form von Use-Case-Diagrammen dargestellt. Zur weiteren Detaillierung werden dann zum Beispiel Aktivitätsdiagramme verwendet. Aber auch Sequenzdiagramme oder Kollaborationsdiagramme können benutzt werden. Hier hilft also die Unified Modeling Language und ihre Techniken zur detaillierten Aufnahme der funktionalen Anforderungen, wird noch ein Anforderungsmanagement-Werkzeug benutzt – wie zum Beispiel RequisitePro, so kann sich der Systemanalytiker, dessen Aufgabe die Aufnahme der Anforderungen ist, ziemlich sicher sein, daß er eine nahezu 100% Abdeckung der Anforderungen vorgenommen hat.

Im weiteren Projektverlauf werden diese Anforderungen sukzessive in Code umgesetzt, bis letztendlich das zu entwickelnde System fertiggestellt ist.

4.3.2
Nichtfunktionale Anforderungen

Welche qualitative Anforderung soll das System erfüllen

Nichtfunktionale Anforderungen betreffen – wie schon aus dem Namen ersichtlich wird – Anforderungen, die nichts mit der Funktionalität des zu erstellenden Systems zu tun haben. Darunter sind in erster Linie Anforderungen zu verstehen, die die Qualität des zu erstellenden Systems betreffen. Diese sind ebenso von Bedeutung wie die funktionalen Anforderungen, da sie erheblich zur Zufriedenheit des Kunden beitragen.

Unter nichtfunktionalen Anforderungen werden die folgenden Qualitätsattribute an ein System zusammengefaßt:

- Anwenderfreundlichkeit
- Wartbarkeit
- Performance
- Zuverlässigkeit

Diese nichtfunktionalen Anforderungen sind wesentlich schwerer zu erfüllen, als es die funktionalen Anforderungen sind. Dies liegt in erster Linie daran, daß es keine eindeutigen Kriterien gibt, anhand deren sich nichtfunktionale Anforderungen messen lassen.

<small>Keine meßbaren Kriterien</small>

Damit ist die eingangs beschriebene optimale Formulierung einer Anforderung für nichtfunktionale Anforderung nicht mehr zutreffend. Es bleibt jedoch festzuhalten, daß die Aufgabe des Projektleiters sein muß, so viel wie möglich funktionale Anforderungen und so wenig wie nötig nichtfunktionale Anforderungen als Abnahmekriterien für das zu erstellende Softwaresystem festzulegen bzw. mit dem Auftraggeber zu vereinbaren.

4.4
Der Anforderungs-Workflow

Der Rational Unified Process definiert einen eigenen Workflow für das Anforderungsmanagement: Den Anforderungs-Workflow, dargestellt in Abbildung 1. Er besteht im wesentlichen aus den folgenden 6 Aktivitäten:

- Analyse des Problemumfelds
- Verständnis der Bedürfnisse der Stakeholder
- Definition des Systems
- Managen des Systemumfangs
- Managen sich ändernder Anforderungen
- Verfeinerung der Systemdefinitionen

<small>Aktivitäten des Anforderungs-Workflows</small>

Allerdings werden diese Aktivitäten nicht sequentiell durchgeführt, sondern stehen in einem logischen Zusammenhang, wie aus Abbildung 1 ersichtlich wird.

Abbildung 1:
Der Anforderungs-Workflow im Rational Unified Process

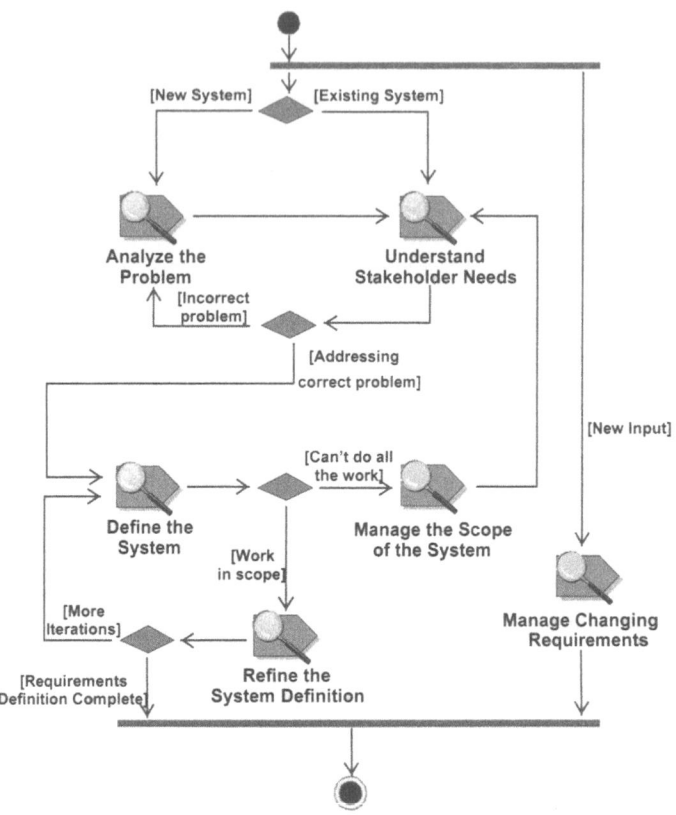

In den folgenden Abschnitten werden diese sechs Aktivitäten näher untersucht.

4.4.1 Analyse des Problemfeldes

Systemanalytiker muß mit Projektleiter zusammenarbeiten

Die Analyse des Problemfeldes ist die erste wesentliche Aktivität innerhalb dieses Workflows. Hier nimmt der Worker Systemanalytiker in enger Zusammenarbeit mit dem Projektmanager die Anforderungen von allen externen Beteiligten des Projektes auf:

- Stakeholder
- Endanwender
- Kunden

Abbildung 2 zeigt die einzelnen Artefakte, die während der Analyse des Problemfeldes entstehen, sowie die Teilaktivitäten, die währenddessen ausgeführt werden.

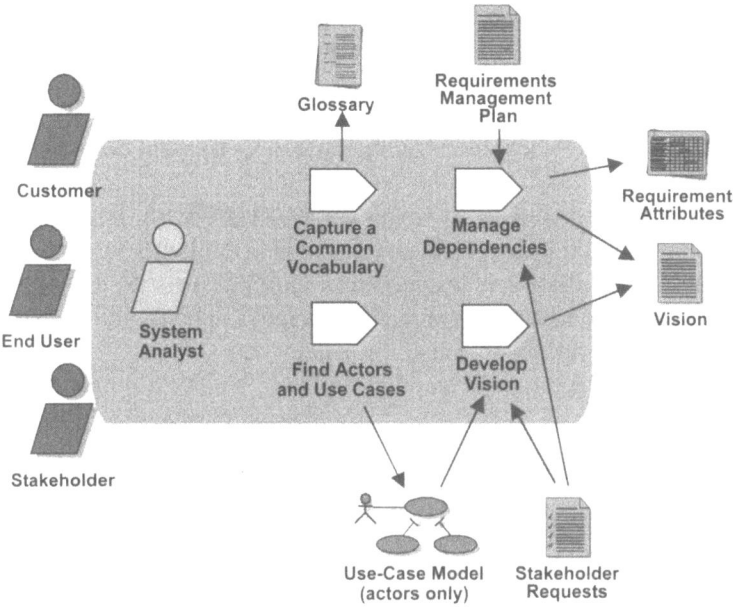

Abbildung 2:
Die Analyse des Problembereiches

Die Teilaktivitäten der Analyse des Problemfeldes umfassen:

- Auffinden der Actors und Use-Cases
- Entwicklung des Visionsdokumentes
- Die Erstellung eines Projektglossars
- Das Managen der Abhängigkeiten

Wesentliche Output-Artefakte sind das *Visionsdokument* und das *Projektglossar*, das später noch Gegenstand der weiteren Betrachtung sein wird. Eine entscheidende Information ist in diesem Modell in Abbildung 2 enthalten:

Die Anforderungen werden im Gegensatz zu bisherigen Prozeßmodellen *nicht* in textueller Form ermittelt und in langwieriger – und damit mißverständlicher – Prosa festgehalten. Hier greift ein wesentliches Element der UML: Die Use-Cases! Mehr zu diesem Thema finden Sie in Abschnitt 4.6. Der Hintergrund dieser Vorgehensweise ist einerseits in den Best Practices zu sehen, die die Grundlage des Rational Unified Process bilden – visuelle Modellierung wird hier als eine der Kernaktivitäten definiert. Andererseits zeigt sich hier der grundlegende Ansatz des Rational Unified

Alles ist Use-Case-gesteuert

Process: Er ist genauso Use-Case-gesteuert wie die Unified Modeling Language.

Das wesentliche Ziel dieser Aktivität ist es, einerseits ein erstes Visionsdokument für das Projekt zu erzeugen und andererseits bereits in diesem frühen Stadium mit den entscheidenden Stakeholdern, Kunden und Endanwender sich über die wesentlichen Funktionalitäten und Ziele des Systems zu einigen. Üblicherweise wird diese Aktivität während der Konzeptualisierungsphase und der Entwurfsphase mehrfach durchlaufen, um sich so langsam dem Ziel zu nähern.

Anzahl der Iterationen ist abhängig von der Projektgröße

Dies hängt natürlich auch von der Projektgröße ab. Bei kleinen bis mittleren Projekten reicht eine Iteration in der Regel aus, um alle geforderten Artefakte in ausreichender Qualität zu erstellen. Nur bei größeren Projekten sind hier mehrere Iterationen notwendig, um die Gesamtheit zu erfassen.

4.4.1.1
Das Visionsdokument

Wie bereits oben aufgeführt, ist das Visionsdokument der wesentliche Output der Aktivität „Analyse des Problemfeldes". Dieses Dokument ist deshalb von entscheidender Bedeutung, da es über den gesamten Projektverlauf die Anforderungen der Stakeholder, Kunden und Endanwender enthält. Es wird also kontinuierlich ausgebaut und verfeinert. Damit unterliegt es natürlich auch dem in Kapitel 5 näher beschriebenen Konfigurationsmanagement.

Visionsdokument stellt eine Art Vertragsbasis dar

Das Visionsdokument stellt also eine Art Vertragsbasis dar, in der sich eine High-Level-Beschreibung der Anforderungen an das zu erstellende System befindet. Damit wird auch die Zielgruppe offensichtlich, die dieses Dokument zum Lesen erhält: Das Management sowohl auf Auftraggeber- als auch auf Auftragnehmerseite. Ferner stellt das Visionsdokument den wesentlichen Input sowohl für den Business Case als auch für die Risikoliste dar. Aber auch die Grundlage für die Use-Case-Modellierung wird durch das Visionsdokument gegeben.

Im Rational Unified Process wird eine Liste von Checkpoints[1] aufgestellt, die das Visionsdokument erfüllen sollte:

---

[1] Checkpoints gehören zu den in Kapitel 3 aufgeführten Elementen des Rational Unified Process. Sie definieren meßbare Kontrollmöglichkeiten.

- Ist vollständig geklärt, was das "problem behind the problem" ist?
- Ist das Problem korrekt wiedergegeben?
- Ist die Liste der Stakeholder vollständig und korrekt?[2]
- Stimmt jeder mit den beschriebenen Systemgrenzen überein?
- Wenn die Systemgrenzen durch Aktoren ausgedrückt wurden (was sehr zu empfehlen ist), wurden alle Aktoren definiert und korrekt beschrieben?
- Wurden alle Schlüsselfunktionalitäten identifiziert und definiert?
- Lösen diese Funktionalitäten auch alle Probleme?

Checkpoints für das Visionsdokument

4.4.1.2
Die Mitwirkung des Projektleiters

Im Rational Unified Process wird der Projektleiter hier nicht explizit als beteiligter Worker aufgeführt. Die wesentlichen Arbeiten werden auch vom Systemanalysten durchgeführt. Die Erfahrung hat jedoch gezeigt, daß es für den Projektleiter ratsam ist, sich in diesen Workflow mit einzuschalten. Das gilt besonders dann, wenn eine der folgenden Bedingungen gegeben ist:

Projektleiter sollte involviert werden

- Der Systemanalyst ist noch relativ unerfahren oder neu ins Unternehmen gekommen.
- Der zu analysierende Problembereich enthält eine Reihe von Unbekannten, wo zu erwarten ist, daß sich erst im späteren Verlauf des Projektes die Anforderungen konkretisieren werden.
- Es sind überdurchschnittlich viele Stakeholder vorhanden, die ihre Anforderungen erfüllt haben wollen.
- Der Erfolg des Projektes ist für die eigene Abteilung oder sogar für das gesamte eigene Unternehmen zukunftsweisend.
- Der Projektleiter hat bereits in der Vergangenheit als Systemanalyst ein vergleichbares Problemfeld analysiert, kann also erhebliches Fachwissen beitragen und dadurch eventuell eine weitere Iteration „einsparen".

Treffen gar mehrere dieser Punkte auf ein Projekt zu, dann sollte der Projektleiter bei der individuellen Anpassung des Rational Unified Process auf dieses Projekt als Worker in diesem Workflow mit aufgenommen werden.

---

[2] Mehr dazu in Kapitel 5

4.4.2
Bedürfnisse der Stakeholder ermitteln

In diesem Buch ist der Begriff Stakeholder schon des öfteren aufgetaucht, er wird in Kapitel 5 näher besprochen. Hier eine Definition, wie sie Philippe Kruchten und Ivar Jacobson festgelegt haben:

Definition: Stakeholder

Ein Stakeholder wird durch eine beliebige Person eines Unternehmens repräsentiert, die ein berechtigtes Interesse am Ergebnis des Projektes hat. Ein Stakeholder kann zum Beispiel ein Endbenutzer, ein Entwickler, ein Projektmanager usw. sein.

Im Kontext des Anforderungsmanagements sind hier unter Stakeholdern in erster Linie die Personen zu verstehen, die ein externes Interesse an dem Projekt haben – also von der Kundenseite her kommen.

Die Bedürfnisse der Stakeholder sind von großer Bedeutung

Die Bedürfnisse der Stakeholder sind somit von großer Bedeutung für das Projekt. Werden Sie nicht erfüllt, so steht das ganze Projekt in Frage. Die Ermittlung dieser Bedürfnisse ist eine Aktivität, die entweder im Anschluß zur Analyse des Problembereiches vorgenommen wird oder – falls es sich nicht um ein neu zu entwickelndes, sondern um ein bereits existierendes System handelt – direkt durchgeführt wird.

Kontrollschleife zur Absicherung

Das bedeutet, daß diese Aktivität als Absicherung zu werten ist, ob die vorherige Aktivität der Analyse des Problembereiches auch die richtigen Aspekte adressiert hat. Dies wird aus Abbildung 1 ersichtlich, wo eine Alternative in den Anforderungsmanagement-Workflows integriert ist, die im Anschluß an die Aktivität der Ermittlung der Bedürfnisse der Stakeholder überprüft, ob das Problem richtig erfaßt wurde. Wenn dies nicht der Fall sein sollte, wird erneut in die im vorherigen Abschnitt beschriebene Aktivität „Analyse des Problemfeldes" zurückgegangen.

Die einzelnen Teilaktivitäten der Ermittlung der Stakeholder-Bedürfnisse sowie die involvierten Worker und die Input- und Output-Artefakte sind in Abbildung 3 dargestellt.

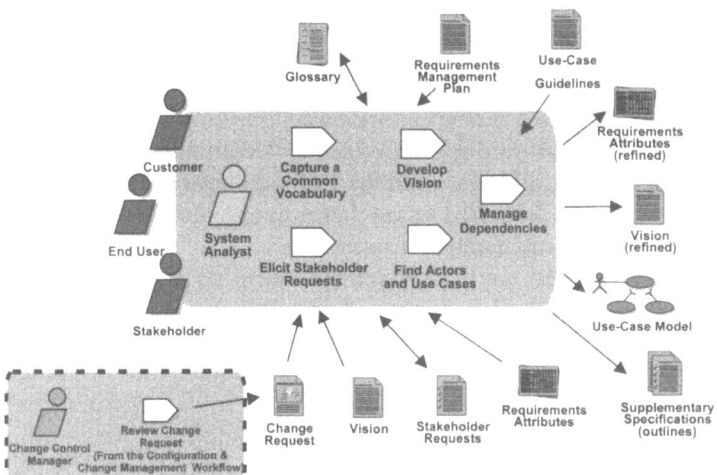

Abbildung 3: Das Managen von sich ändernden Anforderungen

Der wesentliche Unterschied zu der vorherigen Aktivität liegt darin, daß nun ein Change Request (Änderungsantrag) vorliegen kann. Dies ist allerdings nur dann der Fall, wenn es sich nicht um ein neu zu erstellendes System handelt, sondern bereits ein existierendes System analysiert wird.

Falls ein Änderungsantrag vorliegt, tritt ein neuer Worker in den Prozeß mit ein, der *Change Control Manager*, dem die gesamte Verwaltung von Änderungsanträgen mit Hilfe des in Kapitel 5 näher beschriebenen Konfigurationsmanagements obliegt.

Der Change Control Manager ist für Änderungsanträge verantwortlich

Die wesentlichen Artefakte aus der vorherigen Aktivität (die Anforderungsattribute, das allgemeine Projektglossar und die Vision) gehen hier als Input ein und kommen in einer überarbeiteten Version wieder heraus. Damit unterliegen sie auch der Konfigurationsverwaltung, um später einen Vergleich der sich ändernden Anforderungen vornehmen zu können.

Ein weiteres Artefakt, das in dieser Aktivität erstellt wird, ist das Use-Case-Modell. In der vorherigen Aktivität wurden zwar bereits erste Ansätze dazu ermittelt, doch in erster Linie wurden nur die Aktoren zusammengetragen. Hier wird ein erstes vollständiges Use-Case-Modell erzeugt. Grundlage dazu sind die Richtlinien zur Erstellung von Use-Case-Modellen, die als Input-Artefakt in die Aktivität mit eingehen.

Richtlinien zur Erstellung von Use-Cases

Es ist zu beachten, daß hier vom Projektmanager hinsichtlich der Zeitplanung berücksichtigt werden muß, ob der Rational Unified Process bereits mehrfach benutzt wurde – also diese Richtlinien zur Modellierung von Use-Cases bereits existieren – oder ob der Rational Unified Process gerade neu eingeführt wurde, und diese Richtlinien noch erstellt werden müssen.

Die Erstellung der Richtlinien muß ständig überarbeitet werden

Der Zeitaufwand zur Konzeption dieser Richtlinien hängt in erster Linie vom Erfahrungsschatz der Projektmitarbeiter ab. Im Rational Unified Process existiert ein Word-Template zur Erstellung dieser Guidelines, das bereits eine grobe Gliederung vorgibt. Diese sollte über mehrere Projekte hinweg kontinuierlich erweitert bzw. überarbeitet werden. Da sowohl die Unified Modeling Language als auch der Rational Unified Process Use-Case-gesteuert sind, ist die Bedeutung dieser Richtlinien offensichtlich.

Die Bedürfnisse der Stakeholder können auch als eine Art „Wunschliste" beschrieben werden, die die Grundlage für

- das Use-Case-Modell,
- die Use-Cases selber und
- die ergänzenden Spezifikationen

Workshops zum Sammeln von Anforderungen

bilden. Auch diese Aktivität wird hauptsächlich in der Konzeptualisierungsphase und der Entwurfsphase vorgenommen. Dabei kommt die Technik der Workshops zum Sammeln von Anforderungen zum Einsatz. Diese Technik hat sich über Jahre hinweg etabliert, sie ermöglicht die Erfassung von Anforderungen innerhalb eines wesentlich kürzeren Zeitraumes, als wenn Einzelinterviews durchgeführt werden.

Die zweite Alternative neben diesen Einzelinterviews zu einem Workshop wäre die schriftliche Befragung. Diese erfaßt die Anforderungswünsche zwar in einem noch kürzeren Zeitraum, hat jedoch den Nachteil, daß hier Mißverständnisse vorprogrammiert sind. Während bei einem Workshop oder einem Einzelinterview der Befragte sofort Nachfragen kann, wenn er eine Frage nicht richtig verstanden hat, fehlt diese Möglichkeit bei einer schriftlichen Befragung.

Drei Techniken zur Sammlung von Anforderungen

In der Praxis hat sich ein Mix aus diesen drei Techniken der empirischen Sozialforschung etabliert. Besonders bei größeren Projekten ist folgende Vorgehensweise ratsam:

1. Direkt zu Beginn des Projektes wird vom Projektleiter, vom Systemanalysten und vom Auftraggeber ein Fragebogen konzipiert, der die wesentlichen Anforderungen an das zu erstellende System ermittelt. Dieser Fragebogen geht noch auf keine Details ein.

2. Im zweiten Schritt werden die oben aufgeführten Workshops durchgeführt. Hierbei kommen bereits Use-Cases als erstes Ergebnis heraus. (Bei der Fragebogenaktion erhält man allenfalls die Aktoren.)

3. Das Einzelinterview geht dann auf die einzelnen Use-Cases ein und liefert als Ergebnis Aktivitätsdiagramme sowie textuelle Spezifikationen als Ergänzung.

Diese Vorgehensweise hat sich besonders deshalb etablieren können, da sie sowohl beim Auftraggeber als auch beim Auftragnehmer nur so viele Ressourcen bindet, wie notwendig sind. Das heißt: Jede Anforderungsermittlung kostet auf beiden Seiten Geld. Während jedoch beim Auftragnehmer die Ermittlung der Anforderungen in die Projektplanung fest einkalkuliert ist, wird beim Auftraggeber diese Phase bei der Projektplanung nur stiefmütterlich behandelt. Die Zeit, die die Mitarbeiter des Auftraggebers mit der Ermittlung der Anforderungen, also als Interviewte verbringen, fehlt dem Auftraggeber natürlich im alltäglichen Geschäftsablauf. Die hier anfallenden Kosten sind nicht zu vernachlässigen.

Die Sammlung von Anforderungen bindet Ressourcen – beim Auftraggeber meist mehr als beim Auftragnehmer

Daher kann durch die oben beschriebene Mischung der drei Techniken der Aufwand besonders auf der Auftraggeberseite in einem vernünftigen Rahmen gehalten werden.

4.4.3
Managen sich ändernder Anforderungen

4.4.3.1
Einführung in Änderungsanträge

Bereits am Anfang dieses Kapitels wurde auf die Problematik sich ändernder Anforderungen eingegangen. In Kapitel 1 wurde dieser Umstand als einer der wesentlichen Ursachen für die Softwarekrise herausgearbeitet und in Kapitel 2 wurde nachgewiesen, daß sich ändernde Anforderungen der Grund für das Scheitern des Wasserfallmodells sind.

Auswirkungen von sich ändernden Anforderungen

Warum sich Anforderungen ändern, wurde bereits am Anfang dieses Kapitels herausgestellt, doch wann ändern sich Anforderungen? Ändern sich sich schon nach einer Woche oder erst nach einem Jahr? Die Antwort darauf ist gar nicht so einfach, da immer verschiedene Faktoren Einfluß auf die Änderung einer Anforderung haben. Im einzelnen wären hier aufzuführen:

- Ein neuer Stakeholder kommt hinzu.
- Ein Geschäftsprozeß im Unternehmen hat sich geändert.

Faktoren für Änderungen
- Ein neues Softwareprodukt wurde eingeführt, zu dem das zu erstellende System eine Schnittstelle haben muß[3].
- Eine neue Technologie wird beim Auftraggeber verwendet, die auch das zu erstellende Softwaresystem unterstützen muß.
- usw.

Eine komplette Auflistung aller Faktoren ist gar nicht möglich, was wiederum beweist, daß die Änderung von Anforderungen nicht planbar ist. Sie als Projektleiter haben also nicht die Möglichkeit, in Ihren Projektplan einen Meilenstein einzubauen, der festhält, bis wann eine Anforderung aktuell ist.

Synchrone und asynchrone Ereignisse
Man spricht in diesem Zusammenhang auch von dem Eintreffen asynchroner Ereignisse. Der Unterschied zu synchronen Ereignissen ist der, daß synchrone Ereignisse immer als Ergebnis einer Aktivität auftreten – sie sind also vorhersagbar und damit auch planbar. Asynchrone Ereignisse hingegen können während der Abwicklung einer Aktivität eintreffen. Damit sind sie weder vorhersagbar noch planbar. Und genau das macht sie zum Schrecken jedes Projektleiters.

Änderungen können schon sehr früh auftauchen
Es ist also davon auszugehen, daß die ersten Änderungsanträge oder neuen Anforderungswünsche bereits zu einem sehr frühen Zeitpunkt eintreffen können. Handelt es sich bei dem zu erstellenden Softwaresystem um ein größeres Projekt mit einer längeren Phase der Anforderungsermittlung, so ist es durchaus möglich, daß bereits während der Ermittlung der Anforderung die ersten Änderungen auftauchen.

4.4.3.2
Die Behandlung von Änderungsanträgen im Rational Unified Process

Parallel zu den beiden Aktivitäten der Analyse des Problemfeldes und der Ermittlung der Bedürfnisse der Stakeholder kommt es also zumindest in größeren Projekten bereits zu Änderungsanträgen. Da solche Änderungsanträge jedoch auch noch später, also über die gesamte Projektlaufzeit, eintreffen können, muß die im folgenden beschriebene Aktivität als eine aus dem gesamten Prozeß losgelöste Aktivität gesehen werden, die in keinem zeitlichen Zusammenhang

---

[3] Hierbei ist noch zu unterscheiden, ob das Software-Produkt wirklich neu ist, also eine Anbindung bisher gar nicht vorgesehen war, oder ob dieses Produkt ein anderes Produkt ablöst, für das eine Anbindung geplant war oder gar schon vorgenommen wurde. Im ersten Fall handelt es sich dann um eine neue Anforderung, im zweiten um eine Änderung einer bestehenden Anforderung.

zu den anderen Aktivitäten des Rational Unified Process steht. Daher wurde sie auch in Abbildung 1 parallel zu allen anderen Aktivitäten festgehalten.

Der Rational Unified Process sieht für das Managen von Änderungen oder neuen Anforderungen die in Abbildung 4 dargestellte Aktivität vor.

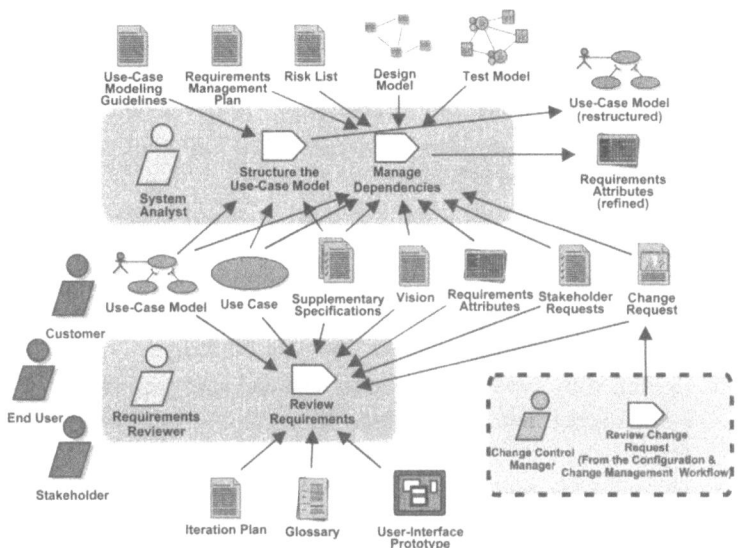

Abbildung 4: Das Managen von sich ändernden Anforderungen

Auch in dieser Aktivität spielt der Worker *Change Control Manager* eine entscheidende Rolle, da sein Input eine Restrukturierung des Use-Case-Modells bewirken kann. Ein neuer Worker, der hier in den Prozeß mit eingreift, ist der Anforderungsgutachter (Requirements Reviewer). Seine Aufgabe besteht in erster Linie darin, die Auswirkungen des Änderungsantrages zu beurteilen und sicherzustellen, daß die durch den Änderungsantrag verursachten Änderungen nach wie vor den gesamten Anforderungen an das System entsprechen. Dazu steht er in direktem Kontakt mit den Stakeholdern, den Kunden und den Endbenutzern des Systems. Damit obliegt ihm eine enorme Verantwortung, gleichzeitig muß er über ein umfassendes Fachwissen verfügen.

4.4.3.3
Die Auswahl des Anforderungsgutachters

Sie als Projektleiter sollten bei der Besetzung dieses Workers sehr sorgfältig vorgehen. Besonders dann, wenn sich bereits im Vorfeld des Projektes abzeichnet, daß es zu vielschichtigen Änderungsanträgen kommen kann. Überlegen Sie sich, bevor Sie diesen Worker besetzen, wo die einschneidensten Änderungen voraussichtlich auftauchen könnten, und welches Know-how der Anforderungsgutachter haben muß. Die folgende Auflistung von Fähigkeiten soll Ihnen dabei eine kleine Hilfestellung geben:

- Das wichtigste, was Sie berücksichtigen müssen ist, daß der Anforderungsgutachter nicht nur diese Rolle im Projekt wahrnimmt, sondern in einer weiteren Rolle vertreten ist. Diese zweite Rolle muß die einer Führungskraft sein, im Idealfall ist er der technische Leiter des Projektes. Nur so hat er überhaupt die technische Voraussetzung, Auswirkungen von sich ändernden Anforderungen zu beurteilen.
- Der Anforderungsgutachter sollte des weiteren bereits umfangreiche Projekterfahrung gesammelt haben. Im Idealfall hat er bereits unterschiedliche Rollen wahrgenommen. Auf alle Fälle benötigt er die (zugegebener Maßen viel gesuchte) Kombination zwischen Software-Entwickler und Krisenmanager.
- Er muß vom Typ her selbstsicher sein und sollte auf keinen Fall konfliktscheu sein, da Konflikte seine Projektarbeit prägen werden.
- Er muß im gesamten Projektteam eine anerkannte Persönlichkeit sein, die über jeden Zweifel erhaben ist. Nur so werden seine Beurteilungen auch ernst genommen.

Da sich ändernde Anforderungen einen direkten Einfluß auf das im Analyse- und Design-Workflow erstellte Modell haben, spielt auch hier das in Kapitel 5 näher beschriebene Konfigurationsmanagement eine bedeutende Rolle.

4.4.3.4
Auswirkungen eines Änderungsantrages

Aus Abbildung 4 ist weiterhin ersichtlich, daß das Managen der sich ändernden Anforderungen eine Aktivität ist, die zahlreiche Artefakte betrifft. Im einzelnen sind hier aufzuführen:

Viele Artefakte sind betroffen
- Der Iterationsplan (wodurch wiederum der Projektmanager in diese Aktivität involviert wird)
- Der Prototyp für die Benutzerschnittstelle
- Das Projektglossar
- Das Use-Case-Modell ebenso wie die darin enthaltenen Use-Cases

- Die ergänzenden Spezifikationen[4]
- Das Visionsdokument
- Die Änderungsattribute
- Die Anforderungen der Stakeholder
- Der Änderungsantrag selbst
- Die Anforderungsattribute
- Das Testmodell
- Das Designmodell
- Die Risikoliste, da durch ändernde Anforderungen neue Risiken entstehen können (mehr zum Thema Risiken ist Kapitel 5 zu entnehmen)
- Der Anforderungsmanagementplan
- Die Richtlinien zur Modellierung von Use-Cases

Diese Auflistung von Artefakten macht deutlich, welche Auswirkungen ein Änderungsantrag haben kann und wie wichtig es ist, den Anforderungsgutachter entsprechend auszubilden, damit er einen Änderungsantrag richtig einschätzen kann. Desto weniger von den oben aufgelisteten Artefakten von der Änderung betroffen sind, desto höher ist die Wahrscheinlichkeit, daß der Änderungsantrag genehmigt wird.

Auswirkungen können sehr umfangreich sein

Zur Kommunikation mit den externen Stakeholdern ist es unabdingbar, daß ihnen die Liste der von ihrem Änderungsantrag betroffenen Artefakte aufgezeigt wird. Nur so läßt sich ein Ablehnen eines Änderungsantrages rechtfertigen. Dabei muß Ablehnen nicht bedeuten, daß der Änderungsantrag letztendlich nicht durchgeführt wird, wie bereits anfangs des Kapitels beschrieben: Mit Geld lassen sich viele Probleme sehr einfach lösen. Das heißt im Klartext: Zahlt der Kunde die zusätzlichen, durch seinen Änderungsantrag nachweislich entstehenden Mehrkosten, so spricht nichts dagegen, daß der Änderungsantrag durchgeführt wird. Das funktioniert jedoch nur, wenn der Anforderungsgutachter obige betroffenen Artefakte nachweisbar protokolliert.

Liste der betroffenen Artefakte ist Kommunikationsgrundlage

---

[4] Der Rational Unified Process sieht vor, daß alles, was sich nicht mit Hilfe von Use-Cases beschreiben läßt, in Form von ergänzenden Spezifikationen festgehalten wird. Ändert sich ein Use-Case, ist davon auszugehen, daß sich die zugehörigen Spezifikationen ebenfalls ändern werden.

4.4.4
Definition des Systems

Für die nächste hier zu besprechende Aktivität gehen wir davon aus, daß zwischen Projektleiter und Systemanalytiker auf der einen Seite und den externen Stakeholdern auf der anderen Seite Einigkeit besteht, welche Problemfelder das zu entwickelnde System abdecken soll.

Sind alle Anforderungen korrekt erfaßt?

Auf Basis der Problemanalyse und mit dem Verständnis der Anforderungen der Stakeholder kann der Systemanalytiker dann mit der in Abbildung 5 dargestellten Definition des Systems beginnen. Voraussetzung ist jedoch, daß alle Anforderungen korrekt erfaßt wurden. Ist das nicht der Fall, so muß mit der Aktivität „Analyse des Problemfeldes" erneut begonnen werden. Diese Schleife ist in Abbildung 1 dargestellt.

Die Definition des Systems wird ausschließlich von dem Worker Systemanalytiker festgelegt. Im wesentlichen werden bei dieser Aktivität drei Teilaktivitäten durchgeführt:

- Die Erneute Überarbeitung des Projektglossars[5]
- Die Ergänzung des Use-Case-Modells um zusätzliche Aktoren und Use-Cases[6]
- Das Managen der Abhängigkeiten

Ziel dieser Aktivität ist es, eine detailliertere und besser spezifizierte Vorstellung von dem System zu erhalten, das dann im Anschluß entwickelt werden soll.

---

[5] Dieses Artefakt wird im gesamten Projektverlauf weiter gepflegt, es ist eigentlich nie „fertiggestellt".
[6] Besser gesagt die iterative Verfeinerung des bisherigen Use-Case-Modells.

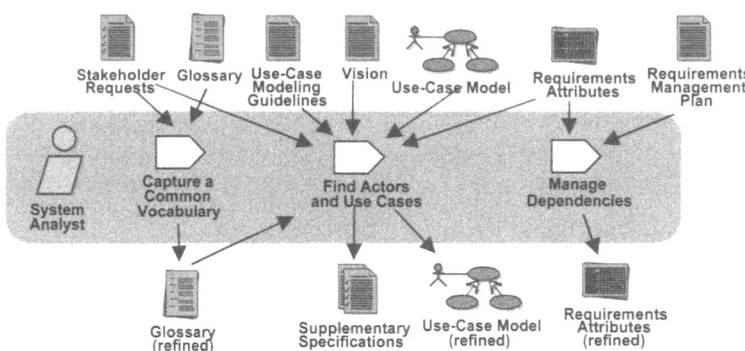

Abbildung 5: Definition des Systems

Aus Abbildung 5 wird ersichtlich, daß die Output-Artefakte in erster Linie überarbeitete Input-Artefakte sind. Daraus wiederum kann abgeleitet werden, daß diese Aktivität Gegenstand der Konzeptualisierungsphase und der Entwurfsphase ist, in späteren Phasen ist eine derartige Änderung der Schlüsselartefakte nicht mehr sinnvoll, da bereits zu viel Aufwand investiert wurde.

Auch wenn eingangs erwähnt wurde, daß der Systemanalytiker hier der einzige Worker ist, so ist es in dieser Aktivität seine Aufgabe, mit den übrigen Mitgliedern des Projektteams sich darüber im klaren zu werden, ob das System für das Projektteam noch handhabbar ist oder nicht. Dazu werden Workshops einberufen, um alle Anforderungen abzuhandeln.

Absicherung mit dem Team

Innerhalb dieser Workshops wird auch eine High-Level-Analyse der Anforderungen der Stakeholder durchgeführt, einerseits um festzustellen, daß jeder Mitarbeiter im Projektteam wirklich weiß, um was es geht, und andererseits um eine Basis zu erhalten, damit die Anforderungen weiter formal in Diagrammen und Modellen dargestellt werden können. Dabei liegt der Schwerpunkt im Hinzufügen der ergänzenden Spezifikationen.

In Abbildung 1 ist im Anschluß an diese Aktivität eine Alternative vorgesehen, die untersucht, ob die Planung des Projektleiters mit dem übereinstimmt, was der Systemanalytiker erarbeitet hat. Je nach Ergebnis wird dann eine der in den beiden folgenden Abschnitten beschriebenen Aktivitäten durchgeführt. Hier hat also der Projektleiter bereits ein erstes Kontrollinstrument zur Hand, mit dem er feststellen kann, ob er mit seinem Projekt noch in der Zeit und innerhalb des Budgets liegt.

wichtiges Kontrollinstrument

4.4.5
Umfang des Systems managen

4.4.5.1
Unterschiedliche Ausgangssituationen

In dieser Aktivität hat die oben angesprochene Analyse das Ergebnis gebracht, daß der Umfang des bisherigen Projektes nicht mit der Planung des Projektleiters übereinstimmt. Es muß die in Abbildung 6 visualisierte Aktivität durchgeführt werden und anschließend erneut Rücksprache mit den Stakeholdern gehalten werden.

Es können jetzt zwei unterschiedliche Situationen eingetreten sein:

Zwei unterschiedliche Situationen

- Die Planung, die der Systemanalyst vorgenommen hat, übersteigt den Umfang einer einzelnen Iteration.
- Der Projektleiter hat sich hinsichtlich des Aufwandes verkalkuliert, die Anforderungsanalyse hat ergeben, daß viel mehr Funktionalität gefordert wird als ursprünglich angenommen.

Beiden Situationen gemeinsam ist, daß eine Priorisierung der bisher erstellten Use-Cases vorgenommen werden muß (siehe nächster Abschnitt) und daß eine Rücksprache mit den Stakeholdern stattzufinden hat, da sich die bisher geplante Vorgehensweise ändern wird.

Während jedoch die erste Alternative noch keinen direkten Einfluß auf das Budget des Projektleiters hat, sieht das bei der zweiten Alternative schon anders aus. Hier muß auf die Umsetzung gewisser Funktionalitäten des Systems verzichtet werden, damit das Projekt innerhalb des Zeit- und Budgetrahmens abgewickelt werden kann.

Der Projektleiter muß helfen

Das mag zwar sehr einfach und dabei auch gleichzeitig einleuchtend klingen, doch es stellt sich dabei natürlich gleich im Anschluß die Frage: „Wie kann ich das meinem Kunden gegenüber rechtfertigen?" Wird er nicht automatisch sagen: „Vereinbart ist vereinbart"? Hier ist wieder eine Situation eingetreten, wo der Rational Unified Process den Projektleiter nicht involviert, obwohl er hier meiner Ansicht nach eine seiner schwierigsten Aufgaben wahrnimmt.

Einem Kunden gegenüber eine Leistungsreduzierung zu rechtfertigen ist nie einfach, vielleicht macht das keine Probleme, wenn die Gründe für diese Leistungsreduzierung eindeutig beim Kunden liegen – was passiert aber, wenn das nicht der Fall ist? Wenn wirklich eine Fehlkalkulation des Projektleiters vorliegt? Die Vergangenheit hat gezeigt, daß dies leider immer öfter vorkommt.

Hier zeigt es sich dann, ob der Projektleiter wirklich auch ein Krisenmanager ist, der diese Aufgaben erfolgreich durchführt, oder eben nicht. In Kapitel 5 wird ausführlich auf die notwendige Qualifikation eines Projektleiters eingegangen, es werden Kriterien vorgestellt, die ein Projektleiter erfüllen muß, und es wird ebenfalls aufgezeigt, welche Kriterien leider häufig für die Besetzung eines Projektleiters herangezogen werden, die jedoch *nicht* für diese Position ausreichen.

Im Rational Unified Process wird diese zweite Alternative nicht erwähnt, es wird vielmehr nur von der ersten Variante ausgegangen. Doch hat die Erfahrung gezeigt, daß die zweite Version durchaus häufig vorkommt. Dies trifft besonders dann zu, wenn bei der Anforderungsanalyse der Systemanalytiker nicht sofort die Anforderungen filtert. Es sind dabei zwei Gruppen von Anforderungen zu unterscheiden:

Wie gut ist der Projektleiter?

- Anforderungen, die die erforderliche Funktionalität des zu erstellenden Systems beschreiben und von deren Erfüllung die Abnahme des Systems abhängig ist.
- Anforderungen, die als *nice to have* zu bezeichnen sind, jedoch nichts mit der eigentlich geforderten Funktionalität des Systems zu tun haben.

zwei Gruppen von Anforderungen

Sind die ermittelten Anforderungen in diese beiden Kategorien eingeteilt, so hat der Projektleiter bereits eine gewisse Verhandlungsgrundlage.

4.4.5.2
Priorisierung der wesentlichen Use-Cases

Aus Abbildung 6 wird ersichtlich, daß die wesentliche Aufgabe des Architekten darin besteht, die vorhandenen Use-Cases zu priorisieren. Dabei hilft ihm der Systemanalytiker mit dem erforderlichen Input-Artefakten.

der Systemanalytiker hilft dem Architekten

Am meisten betroffen von dieser Priorisierung ist der in Kapitel 5 nähere beschriebene Iterationsplan, der sowohl die Anzahl der erforderlichen Iterationen als auch den Umfang der Iterationen beschreibt. Hier ist wieder der Projektmanager mit von der Entscheidung des Architekten betroffen, da dieser für die Erstellung und die anschließende Pflege bzw. Weiterentwicklung und Detaillierung des Iterationsplans verantwortlich zeichnet.

Bedingt durch die Tatsache, daß in den frühen Iterationen versucht wird, die meisten bekannten Risiken bereits zu eliminieren

4.4 Der Anforderungs-Workflow

(siehe auch Kapitel 5), erhält die Entscheidung des Architekten eine zusätzliche Tragweite.

Abbildung 6: Umfang des Systems managen

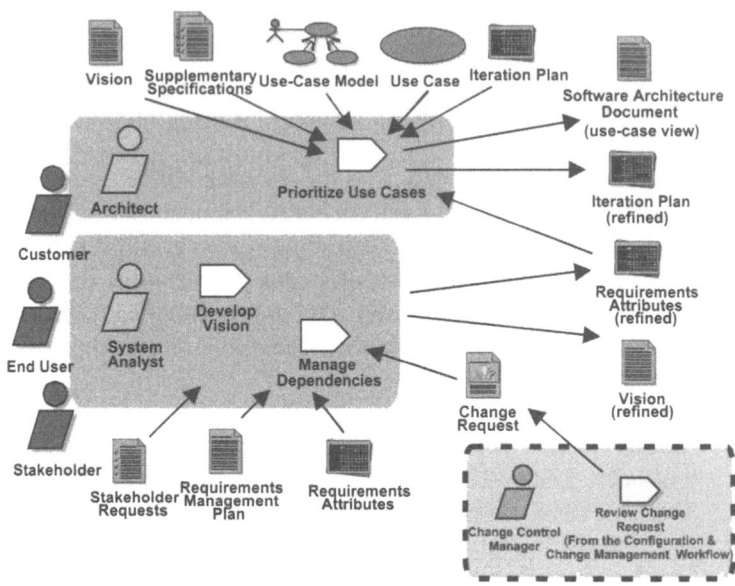

Absprache mit Stakeholdern notwendig

Nach Abschluß dieser Aktivität muß, wie bereits eingangs erwähnt, Rücksprache mit den Stakeholdern gehalten werden. Dies wird auch aus Abbildung 1 ersichtlich, wo der Pfeil nach Beendigung der Aktivität wieder in die Aktivität der Ermittlung der Bedürfnisse der Stakeholder eingeht.

4.4.6
System verfeinern

Zurück zu dem zuvor aufgeführten Kontrollinstrument zur Überprüfung, ob die bisherigen Arbeiten noch der Planung des Projektleiters entsprechen. Sind die Anforderungen innerhalb des vorgesehenen Projektumfangs, so kann das System verfeinert werden, wie in Abbildung 7 dargestellt. Es handelt sich dabei um die letzte Aktivität des Anforderungs-Workflows. Sie bereitet den darauf folgenden Workflow, den Analyse- und Design-Workflow, vor. Ferner wird die Phase der Konzeptualisierung so langsam beendet.

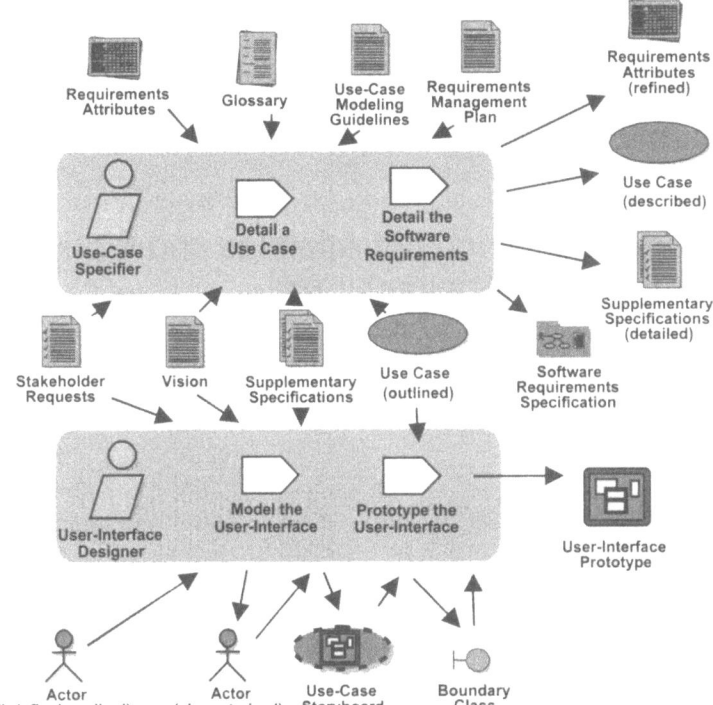

Abbildung 7: System verfeinern

Wie schon der Name der Aktivität zum Ausdruck bringt, findet hier eine Verfeinerung des Systems statt, wobei in erster Linie die Use-Cases des Systems gemeint sind. Demzufolge tritt hier nun auch ein neuer Worker ins Projekt mit ein: Der Use-Case-Spezifizierer. Ihm obliegen die folgenden Tätigkeiten:

Neuer Worker Use-Case-Spezifizierer

- Detaillierung des Use-Cases
- Detaillierung der Software-Requirements

Ergebnis dieser Aktivitäten sind die folgenden Artefakte:

- Spezifizierte Attribute der Anforderungen
- Detaillierte ergänzende Spezifikationen
- Spezifizierte Software-Requirements
- Vollständig spezifizierte Use-Cases

Ebenfalls Inhalt der in Abbildung 7 dargestellten Aktivität ist das erste Design einer Benutzerschnittstelle, der entsprechende Worker, der diese Teilaktivität durchführt, ist der User-Interface-Designer. Er

Absicherung der ermittelten Anforderungen

erstellt einen ersten Prototyp der Benutzerschnittstelle, der ebenfalls Input für den Use-Case-Spezifizierer ist.

Doch dieser Prototyp erfüllt noch einen weiteren Zweck: Er dient der Absicherung der ermittelten Anforderungen gegenüber den externen Stakeholdern.

4.5 Zusammenfassung der Artefakte und Worker im Anforderungsmanagement

Im Anforderungsmanagement werden eine Reihe von Artefakte produziert, und es kommen verschiedene Worker zum Einsatz. Abbildung 8 gibt eine Übersicht.

Abbildung 8:
Die Artefakte im Anforderungsmanagement

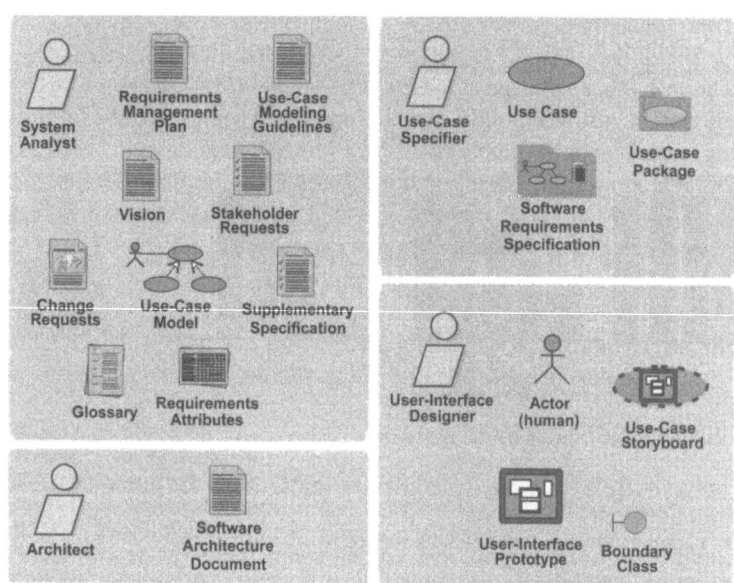

Es muß dabei jedoch erwähnt werden, daß in der Praxis der Projektmanager, der in Abbildung 8 gar nicht aufgeführt ist, hier häufig bis sehr häufig involviert sein muß. Schließlich hängt der direkte Erfolg des Projektes von der Erfüllung der Anforderungen ab.

Vertrauen zum Systemanalytiker ist wichtig

Die Frage ist nur, liegt hier ein Fehler im Rational Unified Process vor oder hat meine bisherige Projektleitererfahrung dazu geführt, daß ich hier den Projektleiter ziemlich stark involviert sehe? Die Wahrheit wird sehr wahrscheinlich in der Mitte liegen. Die alles entscheidende Frage ist: „Inwieweit traue ich meinem Systemanalytiker zu, diese extrem projektkritischen Problemstellungen selbständig zu bewältigen?"

4.6 Use-Case-Modelle zur Beschreibung von Anforderungen

Wie bereits in den vorherigen Abschnitten mehrfach erwähnt, werden Use-Case-Modelle zur Beschreibung von Anforderungen genutzt. Diese Use-Case-Modelle werden vom Worker Systemanalytiker erstellt, doch der Projektleiter muß in der Lage sein, sie „wie ein Buch" lesen zu können[7]. Use-Cases sind ein wesentliches Beschreibungsmittel der Unified Modeling Language. Sie drücken auf einfache Art und Weise eine Anforderung an ein System aus. Ein Use-Case wird in der UML wie folgt definiert:

Ein Use-Case ist eine Beschreibung einer Menge von Aktionsfolgen, inklusive deren Varianten, die ein System ausführen kann, und die ein erkennbares, nützliches Ergebnis für einen Akteur bringt.

Definition: Use-Case

Die Use-Case-Modelle haben einen entscheidenden Vorteil gegenüber allen anderen Modellen, die in der Vergangenheit zur Beschreibung von Anforderungen definiert wurden: Sie können aufgrund ihrer Einfachheit auch von Laien schnell verstanden, interpretiert und gelesen werden.

Use-Cases sind leicht lesbar

Umgangssprachlich werden Use-Cases auch als Anwendungsfälle bezeichnet. Sie wurden erstmals 1992 von Ivar Jacobson eingeführt und damals in die gerade aktuelle objektorientierte Modellierungstechnik Object Modeling Technique (OMT) von Jim Rumbaugh integriert[8]. Die Anforderungen des Benutzers werden bei der Modellierung mit Use-Cases als Systemoperationen dargestellt. Wenn zum Beispiel eine Anforderung lautet, daß bei einem zu implementierenden Berichtssystem ein Bericht ausdruckbar sein muß, würde der Use-Case *Report drucken* lauten.

---

[7] Diese Voraussetzung sollte natürlich nicht nur für den Projektleiter, sondern für jedes einzelne Teammitglied gelten. Im Idealfall sind auch die externen Stakeholder dazu in der Lage. Das mag zwar jetzt noch als Wunschgedanke aussehen, doch spätestens in zwei bis drei Jahren wird dies der Fall sein.

[8] Mittlerweile sind sowohl Ivar Jacobson als auch Jim Rumbaugh Mitarbeiter bei Rational Software und Mitbegründer des Rational Unified Process.

Zumeist liegen Anforderungen an ein Software-System in textueller Form vor, sei es als eine knappe Niederschrift einer Projektbesprechung oder auch als detailliertere Projektskizze. Hier besteht die Aufgabe des Systemanalytikers und/oder Projektleiters aus den Textpassagen alle entscheidenden Use-Cases zu identifizieren.

Ebenfalls wird überlegt, wer eigentlich diese gefundenen Use-Cases ausführt. Dazu wird in UML der Begriff des *Actors* eingeführt.

Definition: Actor
Ein Actor (Akteur) ist eine außerhalb eines Systems liegende Klasse, die an einer in einem Use-Case beschriebenen Interaktion mit dem System beteiligt ist.

Dabei kann man unterscheiden zwischen einem menschlichen Actor, wie zum Beispiel einem Benutzer, oder einem maschinellen Actor, wie zum Beispiel einem Rechner.

Use-Cases stehen jedoch nicht nur mit den Actors in Verbindung, sie können auch untereinander kommunizieren. Es werden dabei drei verschiedene Beziehungsarten zwischen Use-Cases unterschieden, die im folgenden vorgestellt werden sollen:

Drei verschiedene Beziehungsarten

- *include*-Beziehungen: Hierbei handelt es sich um eine gerichtete Beziehung zwischen zwei Use-Cases. Das bedeutet, daß wenn eine include-Beziehung von einem Use-Case x zu einem Use-Case y führt, das Verhalten des Use-Cases y in dem Use-Case x abgebildet wird. Grafisch wird dabei eine gerichtete Kante mit dem Schlüsselwort *include* von Use-Case x zum Use-Case y gezeichnet.
- *extend*-Beziehungen: Auch hier liegt eine gerichtete Beziehung zwischen zwei Use-Cases vor. Die grafische Darstellung ist die gleiche, nur mit dem Schlüsselwort *extend*. Hier erweitert der Use-Case x den Use-Case y. Optional können neben dem Schlüsselwort auch noch Bedingungen angegeben werden, unter denen diese Erweiterung durchgeführt wird. Innerhalb des erweiterten Use-Cases werden sogenannte *extension points* integriert, um festzulegen, an welcher Stelle die Erweiterung stattfinden soll.
- *Generalisierungen*: Die Generalisierung ist die dritte Form der Kommunikation zwischen Use-Cases, hier erbt Use-Case x das vollständige Verhalten von Use-Case y.

Im weiteren Verlauf des Anforderungsmanagements werden die Use-Cases dann detaillierter betrachtet. Dazu bieten sich in erster

Linie die Aktivitätsdiagramme an. Es ist aber auch zum Teil erforderlich, nach wie vor mit textuellen Spezifikationen zu arbeiten.

4.7 Zusammenfassung

Der Rational Unified Process definiert einen eigenen Workflow für das Anforderungsmanagement: Den Anforderungs-Workflow. Er besteht aus den folgenden 6 Aktivitäten:

- Analyse des Problemfelds, sofern es sich um ein neu zu erstellendes System handelt
- Dem Verständnis der Bedürfnisse der Stakeholder
- Definition des Systems
- Managen des Systemumfangs
- Managen sich ändernder Anforderungen
- Verfeinerung des Systems

Aktivitäten des Anforderungs-Workflows

Das Managen von sich ändernden Anforderungen ist dabei eine Aktivität, die kontinuierlich und parallel zu allen anderen Aktivitäten durchgeführt wird, da Anforderungsänderungen nicht zu einem vorhersagbaren Zeitpunkt eintreffen und damit auch nicht planbar sind.

Eine Anforderung muß in schriftlicher Form als Diagramm oder Modell vorliegen. Sie muß klar formuliert und anhand von Zahlenmaterial nachprüfbar sein. Ferner muß derjenige, der sie formuliert, auch die notwendige Entscheidungskompetenz besitzen, die Anforderung formulieren zu dürfen.

Es wird zwischen funktionalen und nichtfunktionalen Anforderungen unterschieden. Ferner ist es ratsam, zu überlegen, ob es sich um Anforderungen handelt, die für die Funktionalität des zu erstellenden Systems von Bedeutung sind, oder ob es sich nur um *nice-to-have*-Features handelt.

Funktionale und nichtfunktionale Anforderungen

Im Rational Unified Process wird der Projektleiter aus diesem Workflow weitgehend außen vor gehalten. Da hier jedoch zum Teil Entscheidungen mit bedeutender Tragweite getroffen werden und zum anderen Artefakte geändert werden, für deren Erstellung und Pflege der Projektleiter verantwortlich zeichnet, muß dieser zumindest teilweise integriert werden.

Projektleiter muß involviert sein

5 Projektmanagement mit dem Rational Unified Process

„Projektmanager zu sein ist immer eine Herausforderung – viele Projektmitarbeiter wollen irgendwann mal dies erreichen, doch nur wenige werden es schaffen. Denn nur wenige haben die Qualifikation dazu – und die braucht man, ob mit oder ohne Prozeßmodell. Der Rational Unified Process unterstützt Projektleiter, aber er nimmt ihnen weder die Arbeit noch die Verantwortung ab."

5.1 Der Projektmanagement-Workflow

Projektmanagement mit dem Rational Unified Process in einem objektorientierten Software-Entwicklungsprojekt ist sicherlich eine Herausforderung für jeden Projektleiter. Nicht nur, weil der Rational Unified Process der modernste und fortschrittlichste Prozeß ist, der derzeit zur Entwicklung von Software zur Verfügung steht – auch deshalb, weil er enorme Anforderungen an den Projektleiter stellt. Diese Anforderungen werden in den folgenden Abschnitten näher dargestellt.

Der Rational Unified Process ist der modernste und fortschrittlichste Prozeß

Die Bedeutung des Projektmanagements wurde bereits in Kapitel 2 herausgearbeitet – doch wie trägt der Rational Unified Process dem Rechnung? Bei der Lektüre der Handbücher oder beim Surfen in der Online-Version des Rational Unified Process fällt auf, daß hier ein eigener Workflow für das Projektmanagement definiert wird. Seit der neuen Version 6.0 des Rational Unified Process werden zur übersichtlichen Darstellung des Workflows die Aktivitätsdiagramme der Unified Modeling Language (UML) benutzt. Abbildung 1 zeigt die wesentlichen Aktivitäten, die innerhalb dieses Workflows auftreten.

Eigener Workflow für Projektmanagement

Abbildung 1:
Der Projekt-
management-
Workflow im
Rational Unified
Process aus
Sicht des
Projektleiters

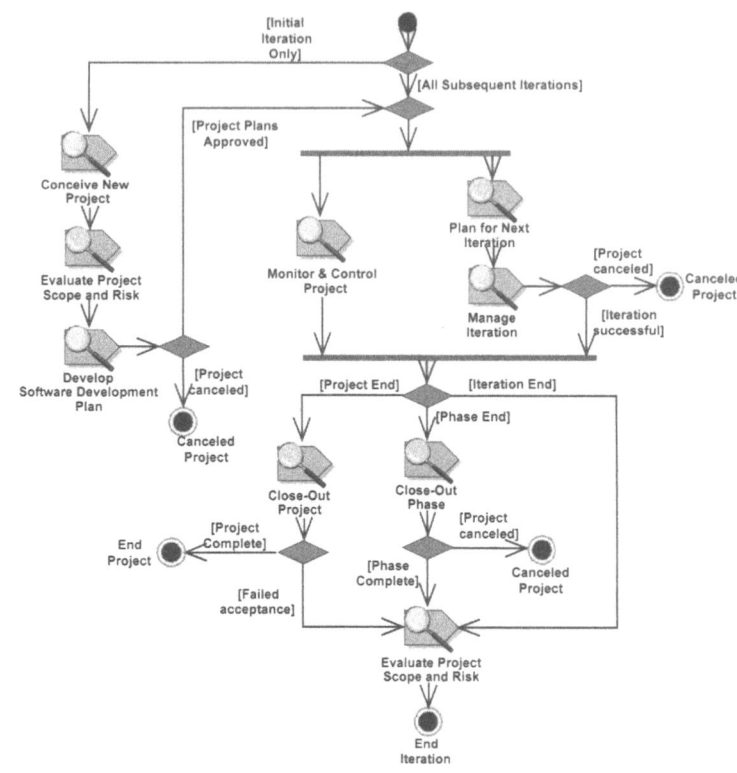

Innerhalb der Online-Version des Rational Unified Process erhält man nun durch Anklicken einer Aktivität eine neue Darstellung, die eine detaillierte Beschreibung der Aktivität zeigt. Dazu soll die in Abbildung 1 dargestellte Aktivität *Neues Projekt überdenken* (conceive New Project) näher betrachtet werden. Diese Aktivität wird nur bei der ersten Iteration durchgeführt, ebenso wie die beiden folgenden Aktivitäten.

Systemanalytiker arbeitet mit Projektmanager zusammen

Als eine Art „externe Schnittstelle" greift der Systemanalytiker in diesen Detailworkflow des Projektmanagements mit ein. Er entwickelt das Artefakt Vision. Da dies aber sicherlich in enger Zusammenarbeit mit dem Projektleiter erfolgt, ist er in diesem in Abbildung 2 dargestellten Teilworkflow integriert. Die Vision geht wiederum als Artefakt in die folgenden Aktivitäten ein:

- Identifizieren von Risiken
- Initialisieren des Projektes
- Review der Projektzustimmung
- Business Case entwickeln

Im Gegensatz zur bisherigen Darstellung des Rational Unified Process (nicht nur die Aktivitätsdiagramme zur Beschreibung des Core Workflows sind neu) werden in den Detailworkflows zwischen den einzelnen Aktivitäten keine Pfeile mehr benutzt, um die Abfolge der Aktivitäten zu kennzeichnen. Die logische Reihenfolge, wie diese Diagramme zu lesen sind, wird ausschließlich aus dem Artefaktfluß deutlich (ähnlich wie beim V-Modell, das durch den Produktfluß gesteuert wird, siehe Kapitel 2). Also die Aktivität, die ein Artefakt erzeugt, findet vor der Aktivität statt, die dieses Artefakt dann nutzt.

Artefaktfluß dient der Orientierung

Allerdings sind logische Konnektoren (UND, ODER etc.) in dieser Darstellungsform nicht vorgesehen.

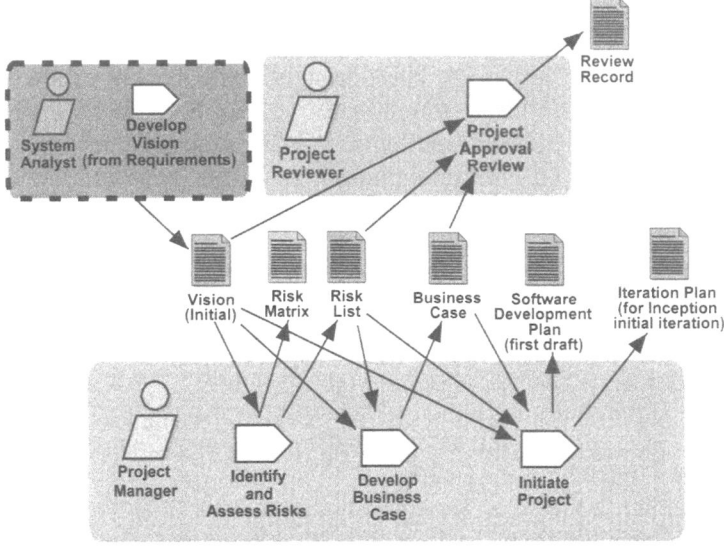

Abbildung 2: Erste Schritte im neuen Projekt

In Abbildung 2 wurde ein zusätzliches Artefakt Risikomatrix eingefügt (mehr dazu in Abschnitt 5.1.3), das in der Version 5.5 noch nicht enthalten ist. Im folgenden sollen die einzelnen Artefakte und Aktivitäten näher untersucht werden.

zusätzliches Artefakt Risikomatrix

5.1.1
Identifizieren von Risiken

Projektmanagement ist besonders deshalb so anspruchsvoll, weil eine der wesentlichen Herausforderungen darin besteht, Risiken, die das Projekt betreffen, rechtzeitig zu entdecken und zu eliminieren bzw. zu reduzieren. Doch was ist eigentlich ein Risiko? Die folgenden Definition soll darüber Aufschluß geben.

Definition: Risiko

Ein Risiko ist ein Ereignis, dessen Eintreten den geplanten Projektverlauf entscheidend behindern kann.

Unterschiedliche Arten von Risiken

Dabei ist zwischen Risiken zu unterscheiden, die bereits am Anfang des Projektes klar erkennbar sind und deren Auswirkungen abschätzbar sind, und solchen, die versteckt sind, die also erst im Laufe des Projektes zu Tage treten und deren Auswirkungen nicht abzuschätzen sind. Der Rational Unified Process spricht in diesem Fall von *direkten* und *indirekten* Risiken.

Versetzen Sie sich nochmal an den Anfang des letzten Projektes, das sie geleitet haben. Welche Risiken waren Ihnen da bekannt? Was haben Sie getan, um diese Risiken bereits im Vorfeld einzudämmen? Haben Sie sich überhaupt damit beschäftigt, diese Risiken zu betrachten? Und nun versetzen Sie sich an das Ende dieses Projektes. Wie viele Risiken sind hinzugekommen (also während der Projektlaufzeit)? Welche Auswirkungen hatten alle Risiken? Wieviel schneller wären Sie fertig gewesen und wieviel Budget hätten Sie einsparen können, wenn diese Risiken nicht existiert hätten oder Sie frühzeitig diese Risiken erkannt und beseitigt hätten?

Risikomanagement wird kontinuierlich betrieben

Sie sehen, das Thema Risikomanagement spielt eine große Rolle innerhalb von Software-Entwicklungsprojekten. Für den Projektleiter ist das Risikomanagement das kleine Einmaleins des Projekterfolges. Daher stellt der Rational Unified Process das Risikomanagement ganz an den Anfang des Projektmanagements und schreibt bei jeder Iteration ein „Update" vor. Es wird also nicht *einmal* durchgeführt, sondern ist ein kontinuierlicher Prozeß, der sich über den gesamten Lebenszyklus Ihres Projektes hinwegzieht.

Die Aktivität *Risiken identifizieren* aus Abbildung 2 ist somit von besonders großer Tragweite. Risiken, die hier nicht erkannt werden, und erst im späteren Projektverlauf entdeckt werden, sind von wesentlich größerer Kritikalität. Natürlich beinhaltet die Identifizierung der Risiken eine Vielzahl von Teilaktivitäten. Das wesentliche Artefakt, das als Ergebnis dieser Aktivität erstellt wird, ist dabei die *Risikoliste*.

Der Grundgedanke einer Risikoliste ist, daß hier auf der einen Seite alle erkennbaren Risiken festgehalten werden, andererseits aber auch zu einem sehr frühen Zeitpunkt überlegt wird, wie diesen Risiken entgegengetreten werden kann. Es wird also nicht gewartet, bis das Risiko eintritt und zu einer wirklichen Gefahr für das Projekt wird, vielmehr wird sehr früh eine Strategie entwickelt, wie das Risiko vermieden werden kann bzw. welche Schritte einzuleiten sind, wenn das Risiko eintritt. Generell gilt die Regel:

Ein Risiko, das unvermittelt eintritt und dabei eine signifikante Gefahr für das Projekt darstellt, ist ein Projektmanagementfehler.

Regel zum Risikomanagement

Wenn Sie diese Regel für Ihre weiteren Projekte beherzigen, haben Sie sicherlich einen gewissen Mehraufwand zu bewältigen, andererseits können Sie nachts wieder etwas ruhiger schlafen – denn Sie gehen mit dem sicheren Gefühl nach Hause, daß Sie Ihr Projekt im Griff haben.

Eine Risikoliste kann in Form einer einfachen Excel-Liste geführt oder aber auch als Datenbank gehalten werden. Ausschlaggebend dafür sind die folgenden Parameter:

- Größe des Projektes
- Kritikalität des Projektes
- Bereits im Vorfeld bekannte Risiken des Projektes
- Bedeutung des Projektes für das Unternehmen

Parameter einer Risikoliste

Sieht man die Risikoliste als Entität eines Datenbankschemas an, so sind der Phantasie des Projektmanagers keinen Grenzen gesetzt, was die Definition der zugehörigen Attribute betrifft. Die folgenden Attribute sollten jedoch in jeder Risikoliste aufgeführt werden:

- Datum des Eintrags
- Autor
- Beschreibung des Risikos
- Auswirkungen des Risikos
- Wahrscheinlichkeit, mit der das Risiko eintritt
- Artefakte, die von dem Risiko betroffen sind
- Maßnahmen zur Begrenzung des Risikos
- Maßnahmen zur Eliminierung des Risikos
- Kosten der Begrenzung
- Kosten der Eliminierung
- Verantwortlicher Projektmitarbeiter
- Status des Risikos (offen, in Bearbeitung, reduziert, eliminiert)

Attribute einer Risikoliste

Natürlich ist eine derartige Risikoliste kein starres Gebilde, das einmal zu Projektanfang erstellt wird. Wie aus Abbildung 1 bereits hervorgeht, wird diese Risikoliste kontinuierlich überarbeitet. Ein wesentlicher Aspekt dieser Bearbeitung ist die Hinzufügung neuer Risiken, die erst im Verlauf späterer Iterationen erkannt werden. Aber genauso wichtig ist die Pflege der bereits in der Liste aufgeführten Risiken.

Risikoliste als Instrument zur Messung des Projektes

Die Risikoliste ist für den Projektleiter ein wesentliches Instrument zur Messung des Projektes. Je fortgeschrittener der Projektverlauf ist, desto geringer sollte die Anzahl der noch offenen Risiken innerhalb der Liste sein. Abbildung 3 zeigt den Verlauf des Risikos über die vier Phasen des Rational Unified Process.

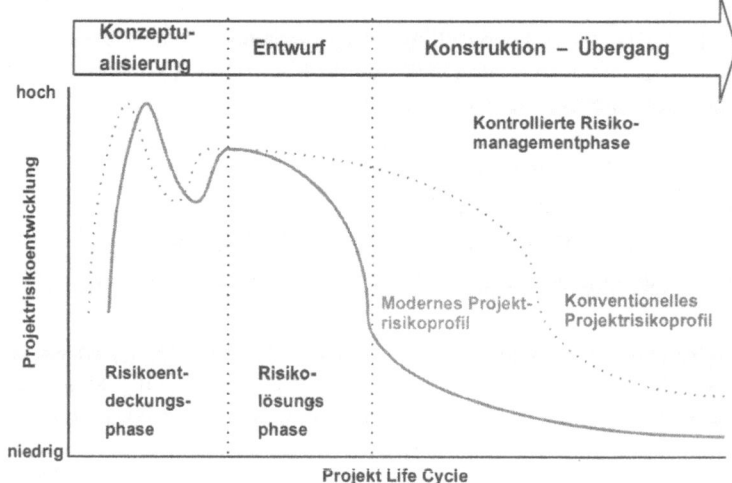

Abbildung 3: Der Risikoverlauf bei herkömmlichen Projekten und bei Projekten, die nach dem Rational Unified Process abgewickelt werden

In der Online-Version des Rational Unified Process erhält der Projektleiter weiterführende Informationen zu der Risikoliste. Nach einer kurzen Beschreibung, was eine Risikoliste eigentlich ist, folgen Informationen über Zuständigkeit sowie bereitstehende Templates und Aufgaben zur Vorgehensweise beim Erstellen der Risikoliste. Es fällt auf, daß die Risikoliste Bestandteil eines übergreifenden Dokumentes ist. Darauf wird später noch detaillierter eingegangen.

5.1.2
Risikostrategien für Projektleiter

Unterschiedliche Typen von Projektleitern

Was zeichnet einen *guten* Projektleiter aus? Nun – sicherlich die Eigenschaft, die Projektrisiken „im Griff zu haben". Was zeichnet einen *technisch versierten* Projektmanager aus? Für die erkannten Risiken eine technische Lösung zu finden. Was zeichnet einen *geschickten* Projektmanager aus? Die signifikanten Risiken an jemand anderen zu übertragen. Was wollen Sie nun sein?

Als technisch versierter Projektleiter haben Sie sicherlich die Anerkennung Ihres Teams – jedoch auch einen Haufen zusätzlicher Arbeit, wollen Sie das? Als guter Projektleiter haben Sie die Anerkennung Ihres Kunden, doch mit zunehmender Projektgröße nimmt auch die Gefahr zu, daß Sie doch irgendwann den Überblick verlieren. Bleibt also noch der geschickte Projektleiter, hier haben Sie in erster Linie die Anerkennung Ihres Vorgesetzten, da Sie das übertragene Risiko nicht nur aus dem Projekt, sondern auch aus Ihrem Unternehmen genommen haben. Kaufmännisch gesehen ist dies also der vernünftigste Ansatz, da eventuelle Rückstellungen für nicht behobene bzw. offene Risiken eingespart werden können, was sich unmittelbar auf den Unternehmenserfolg auswirkt.

Sie sehen also, daß die Behandlung von Risiken eine sehr strategischer Prozeß ist. Im Rational Unified Process werden demzufolge auch die folgenden drei Strategien aufgeführt:

Die Behandlung von Risiken ist ein strategischer Prozeß

- *Risikovermeidung* – Hier wird das Projekt so organisiert, daß es von Risiken nicht beeinflußt werden kann.
- *Risikoübertragung* – Hier wird das Projekt so organisiert, daß die Risiken an jemand anderen übertragen werden (an den Kunden, an die Bank, an einen anderen Hersteller usw).
- *Risikoakzeptierung* – Hier entscheidet man sich, ob man mit den üblichen Risiken leben kann. Dabei müssen die Risikosymptome kontinuierlich überwacht werden, es muß entschieden werden, was zu tun ist, sobald sich ein Risiko herauskristallisiert.

Die Praxis sieht jedoch so aus, daß Sie sich immer für einen Mix dieser drei Strategien entscheiden müssen. Natürlich ist die Risikoübertragung immer zu empfehlen – doch auch Ihr Kunde ist darauf bedacht, mit der Beauftragung an ein Fremdunternehmen natürlich auch alle erkennbaren Risiken an dieses Unternehmen weiterzuleiten. Hier spielt also der Projektvertrag eine entscheidende Rolle. Je mehr Risiken Sie bereits dort an Ihren Kunden „zurückgeben", desto größer wird die Wahrscheinlichkeit, das Projekt erfolgreich abzuwickeln.

Praxis erfordert Mix der drei Strategien

Diese Strategie der Risikoübertragung ist ein Phänomen, das nicht nur in der Software-Entwicklungsbranche von entscheidender Bedeutung ist. Da Risiken immer mit Gefahren verbunden sind, zieht sich diese Strategie oder Politik durch alle Branchen durch. Am offensichtlichsten findet dies dort statt, wo konkret darauf hingewiesen wird, zum Beispiel, wenn Sie sich ein Päckchen Zigaretten kaufen.

5.1 Der Projektmanagement-Workflow

Zusätzlicher Worker Risikomanager

Je nach Projekt kann es durchaus sinnvoll sein, den Rational Unified Process um einen weiteren Worker zu ergänzen, den *Risikomanager*. Dieser Worker arbeitet eng mit dem Projektmanager zusammen, er muß eine optimale Ergänzung darstellen. Das bedeutet, daß ein Projektleiter mit eher kaufmännischen Stärken, einen Risikomanager mit starkem technischen Hintergrund neben sich haben muß. Ist es umgekehrt, so sollte Ihr Risikomanager aus der kaufmännischen Ecke stammen. Im Normalfall wird ein Risikomanager nicht für ein einzelnes Projekt abgestellt, sondern betreut mehrere Projekte gleichzeitig (vergleichbar mit einem Controller).

Risikomanagement ist ein wesentlicher Bestandteil des Projektmanagements

Generell ist das Thema Risikomanagement ein wesentlicher Bestandteil des Projektmanagements. Dabei habe ich in den letzten Jahren festgestellt, daß die Art und Weise bzw. die Bereitschaft mit Risiken umzugehen, stark vom jeweiligen Unternehmen abhängt. Selbstverständlich spielt auch die Art des Projektes eine gewichtige Rolle. Projektmanager für Projekte mit militärischem Hintergrund haben sicherlich eine völlig andere Einstellung zum Thema Risiko als ein Webmaster sie zum Aufbau seiner Webseite hat (hoffentlich).

5.1.3
Aufbau einer Risikomatrix

Risikomatrix als zusätzliches Artefakt

Die Risikomatrix ist eine Artefakt, das nicht im Rational Unified Process auftaucht. Es kann als Ergänzung des Rational Unified Process angesehen werden und dient in erster Linie dazu, daß der Projektleiter am Anfang des Projektes erkennen kann, worauf er sich eigentlich einläßt. Im laufenden Projektfortschritt ist die Risikomatrix dann eine Art Entscheidungskriterium dafür, was zu tun ist, wenn ein bestimmtes Risiko eingetreten ist.

Die Risikomatrix besteht in erster Linie aus sogenannten *Risikoklassen*. Dabei handelt es sich um maximal 6 Klassen, die Angaben über die Schwere eines Risikos geben, sie sagen nichts über das Risiko selbst aus, sie beschreiben lediglich die Auswirkungen eines beliebigen Risikos. Im folgenden soll ein Beispiel dazu gegeben werden:

Sechs Risikoklassen

- Risikoklasse A: Abbruch des Projektes
- Risikoklasse B: Überschreitung des Projektbudgets um 50%
- Risikoklasse C: Signifikante Überschreitung des Projektbudgets
- Risikoklasse D: Erheblicher Mehraufwand innerhalb einer Iteration
- Risikoklasse E: Geringfügiger Mehraufwand innerhalb einer Iteration

Je nach Projektgröße und Projektart variieren die Beschreibungen der einzelnen Risikoklassen. Allgemein gilt jedoch, daß die Anzahl begrenzt sein soll, damit die Risikomatrix übersichtlich bleibt.

Der nächste Schritt sieht die Ansammlung aller zum jeweiligen Zeitpunkt erdenklichen Risiken vor. Hier wird also das Artefakt der Risikoliste hinzugezogen. Spannend wird es, wenn nun diese einzelnen Risiken analysiert und dabei den Risikoklassen zugeordnet werden. Dabei sollte jedoch nicht zu pessimistisch vorgegangen werden. Nur in den seltensten Fällen existieren Risiken, die direkt zum Projektabbruch führen (zum Beispiel Konkurs des Auftraggebers).

Sind alle Risiken zugeordnet, wird damit begonnen, diesen Risiken *Risikowahrscheinlichkeitsklassen* zuzuordnen. Unter Risikowahrscheinlichkeitsklassen versteht man eine Bewertung hinsichtlich der Wahrscheinlichkeit ihres Eintretens. Hier wird nicht mit Prozentzahlen gearbeitet, da diese gar nicht angegeben werden können, sondern bewußt mit abstrakten Klassen. Üblich sind die folgenden Risikowahrscheinlichkeitsklassen:

- 1: Eintreten des Risikos ist durchaus wahrscheinlich
- 2: Eintreten des Risikos ist möglich
- 3: Eintreten des Risikos ist bedingt möglich
- 4: Eintreten des Risikos ist unwahrscheinlich
- 5: Eintreten des Risikos ist nahezu ausgeschlossen

Unterschiedliche Risikowahrscheinlichkeitsklassen

Bereits zu diesem Zeitpunkt gibt die Risikomatrix entscheidende Hinweise für das Projektmanagement. Es gelten die folgenden Faustregeln:

- Existiert bereits zum jetzigen Zeitpunkt eine Risiko mit der Wahrscheinlichkeit 1 oder 2 in der Risikoklasse A, sollte ernsthaft überlegt werden, ob mit dem Projekt begonnen werden soll. Handelt es sich zudem um ein unternehmenskritisches Projekt[1], so sollte von der Durchführung des Projektes Abstand genommen werden.
- Liegen in der Risikoklasse B mehr als 2 Risiken mit einer Wahrscheinlichkeit 2 oder 1 vor, so ist das Projekt neu zu kalkulieren, sofern es schon kalkuliert war. Andernfalls ist ein erheblicher Sicherheitszuschlag auf das Projektbudget vorzunehmen. Des weiteren muß ein separat ausgewiesenes Budget für

Faustregeln zum Risikomanagement

---

[1] Unter einem unternehmenskritischen Projekt wird hier ein Projekt verstanden, dessen Erfolg oder Mißerfolg entscheidenden Einfluß auf den wirtschaftlichen Fortbestand des Unternehmens hat.

5.1 Der Projektmanagement-Workflow

das Risikomanagement bereitgestellt werden und ein zusätzlicher Worker Risikomanager, im Projekt vorgesehen werden.

Der letzte Schritt beim Erstellen der Risikomatrix sieht vor, daß alle Wahrscheinlichkeiten der jeweiligen Risiken der einzelnen Risikoklassen miteinander addiert und dann durch die Anzahl der Risiken dividiert werden. (Es wird also der Durchschnittswert errechnet, der dann für die gesamte Risikoklasse gilt.) Auf Basis dieser Risikomatrix können dann die geeigneten Gegenmaßnahmen überlegt werden.

Risikomatrix muß nach jeder Iteration überarbeitet werden

Natürlich muß auch die Risikomatrix ebenso wie die Risikoliste nach jeder Iteration überarbeitet werden. Da jede Iteration mit einem Meilenstein abgeschlossen wird, ist dieser Meilenstein auch der prädestinierte Zeitpunkt, um die Risikoliste und die Risikomatrix zu überarbeiten. Generell sollte bei größeren Projekten darauf geachtet werden, daß sowohl Risikoliste als auch Risikomatrix dem Konfigurationsmanagement unterworfen werden. Nur so kann sichergestellt werden, daß jederzeit auf einen vorherigen Projektzustand zurückgegriffen werden kann. Dies ist besonders dann wichtig, wenn der Projektmanager sich für die Strategie der *Risikoakzeptierung* entschlossen hat.

5.1.4
Klassische Risikotypen

Innerhalb von Software-Entwicklungsprojekten können verschiedene Risikotypen auftauchen, die in folgende Hauptkategorien eingeteilt werden:

Geschäftliche/ kaufmännische Risiken
- Geschäftliche/kaufmännische Risiken: Angenommen es soll ein Produkt entwickelt werden. In diesem Fall ist eines der größten Risiken, daß ein Wettbewerber vielleicht früher auf den Markt kommt. Mögliche Strategien könnten hier sein, daß man zum Beispiel das eigene Produkt bereits früher, jedoch mit einer geringeren Funktionalität auf den Markt bringt. Bei einer Projektentwicklung ist ein typisches Risiko die Frage nach der finanziellen Projektunterstützung, also aus welchem Grund könnte der Auftraggeber das Budget für das Projekt kürzen? Ferner ist es ein potentielles Risiko, daß die Kosten des Projektes den Wert des Projektes überschreiten können, was sich zu einem Abbruchkriterium für das Projekt entwickeln könnte.

Technische Risiken
- Technische Risiken: Hier liegen die meisten Risiken, so zum Beispiel: Wurde die einzusetzende Technologie bereits in einem anderen Projekt benutzt? Existieren die für das Projekt vorgese-

henen Komponenten und sind sie stabil genug? Hängt der Erfolg des Projektes vielleicht von einem weiteren, externen Projekt ab? Existieren zwischen Auftraggeber und Auftragnehmer gemeinsam vereinbarte Kriterien, um den Fortschritt des Projektes zu messen?

- Risiken hinsichtlich des Zeitplans: 85% aller Risiken haben einen direkten Einfluß auf den Zeitplan des Projektes! Die Integration eines Puffers ist mittlerweile üblich – auch wenn keine Risikoanalyse betrieben wird. Die Frage ist nur, wieviel Puffer akzeptiert der Kunde? Eine wesentlich sinnvollere Vorgehensweise ist die Vereinbarung einer inkrementellen Auslieferung (also kein Big Bang). Dadurch bekommt man den Zeitplan wesentlich besser in den Griff.

Risiken hinsichtlich des Zeitplans

- Risiken hinsichtlich der Ressourcen: Diese Risiken beziehen sich auf vier Teilbereiche des Auftragnehmers:

Risiken hinsichtlich der Ressourcen

- Die Rückendeckung durch die Unternehmensführung: Handelt es sich zum ersten Mal um ein Projekt mit einer solchen Tragweite? Ist man bereit, die notwendigen Ressourcen zur Verfügung zu stellen?
- Die Zusammensetzung des Projektteams: Sind die Mitarbeiter entsprechend ausgebildet? Stehen sie dem Projekt voll zur Verfügung? Hat das Team schon einmal in dieser Konstellation zusammengearbeitet?
- Die Budgetierung: Stehen ausreichende Mittel zur Verfügung, decken diese Mittel auch potentielle Ausbildungsmaßnahmen ab?
- Die Zeitplanung: Ist sie realistisch? Wie kritisch ist der Auslieferungszeitpunkt?

Im Zuge der Risikoanalyse kann jedes Risiko in eine dieser aufgeführten Risikokategorien eingeordnet werden. Je nachdem, welche Art von Projekt durchgeführt wird, ist natürlich die Kritikalität der jeweiligen Kategorie unterschiedlich zu beurteilen.

Einordnen der Risiken

5.1.5
Aufbau eines Business Case

Die zweite Aktivität aus Abbildung 2 von Seite 117 behandelt den Aufbau eines Business Case. Ein Business Case ist ein Dokument, in dem die wirtschaftlichen Aspekte des Projektes beleuchtet werden. Das bedeutet, daß dieses Dokument letztendlich darüber entscheidet, ob das Projekt durchgeführt wird oder nicht. Es werden die wesent-

wirtschaftliche Aspekte des Projektes

lichen Ziele des Projektes aufgelistet, und ein erster Kostenvoranschlag wird bereits erstellt. Damit dieser auf halbwegs fundierten Aussagen basiert, ist die Risikoliste ein wesentlicher Input für den Business Case.

Der Business Case muß nach jeder Iteration überarbeitet und den neuen Projektgegebenheiten angepaßt werden. Der Business Case ist Input für die folgenden Artefakte:

Auswirkungen des Business Case auf andere Artefakte

- Iterationsplan
- Projektglossar
- Software-Development-Plan
- Measurement-Plan
- Konfigurationsmanagementplan

Damit dient der Business Case zur Messung des Return on Investment (RoI) des Projektes. Er wird also bei allen kritischen Meilensteinen zur aktuellen Bewertung des Projektes herangezogen. Demzufolge ist die Erstellung des Business Case auch „Chefsache" und wird vom Projektleiter vorgenommen.

5.1.6
Der Software-Development-Plan (SDP)

Alle Projekte benötigen eine Planung

Allen Projekten gemeinsam ist, daß sie einer gewissen Planung bedürfen, unabhängig davon, ob es sich um Kleinstprojekte oder mehrjährige Großprojekte handelt. Die Planung unterscheidet sich dabei hauptsächlich durch den Aufwand, der vom Projektleiter investiert werden muß. Das wesentliche Hilfsmittel für den Projektleiter ist dabei der Software-Development-Plan. Die Entwicklung dieses Planes ist in Abbildung 4 dargestellt.

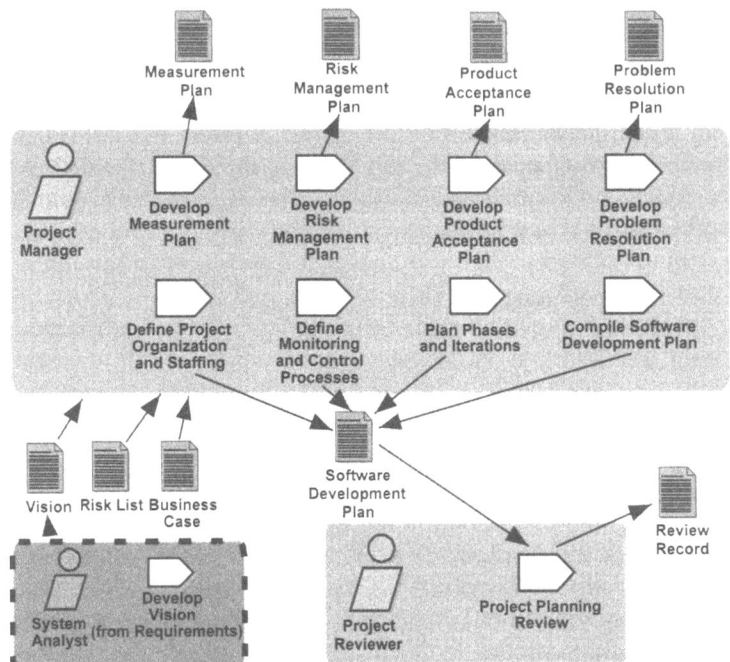

Abbildung 4:
Die Entwicklung des Software-Development-Planes

Die folgende Definition soll Aufschluß darüber geben, welche Bedeutung und welchen Zweck dieses Artefakt hat.

Der Software-Development-Plan dient dem Projektleiter zur gesamtheitlichen Planung seines Projektes. Ferner stellt er ein wesentliches Hilfsmittel während des Projektverlaufes zum kontinuierlichen Abgleich des Projektfortschrittes gegenüber dem zuvor aufgestellten Plan dar.

Definition: Bedeutung und Zweck des Software-Development-Planes

Die Verantwortung für die Erstellung und Pflege des Software-Development-Planes obliegt ausschließlich dem Projektleiter. Jedoch liegen nicht alle darin enthaltenen Dokumente im vollständigen Verantwortungsbereich des Projektmanagers.

Eine Reihe weiterer Worker sind sowohl mit der Erstellung als auch der Pflege beauftragt. Wichtig zu erwähnen ist, daß der Software-Development-Plan stark projektabhängig ist, die enthaltenen Artefakte also von Projekt zu Projekt abweichend sind. Die weiter unten aufgeführte Auflistung stellt daher nur eine Art Beispiel dar. Wie Sie in Ihrem konkreten Projekt den Software-Development-Plan gestalten, hängt von den äußeren Umständen ab.

Weitere Worker sind in die Erstellung involviert

5.1.6.1
Grundlegende Schritte

Den wesentlichen Input für den Software-Development-Plan erbringt der Systemanalyst, der aus den bestehenden Anforderungen die Vision bzw. das Visionsdokument erstellt. Zusammen mit der Risikoliste (und der Risikomatrix) und dem Business Case werden hier für den Projektleiter die Grundlagen-Artefakte bereitgestellt, auf denen er den Software-Development-Plan konzipiert.

8 Teilaktivitäten

Insgesamt existieren acht Teilaktivitäten, deren gemeinsamer Output der Software-Developmentplan ist. Nicht in jedem Projekt müssen Sie alle Teilaktivitäten durchführen, das hängt von der Projektart und dem Projektumfang ab. Im einzelnen sind hier aufzuführen:

- Entwicklung des Projekt-Close-out-Planes
- Entwicklung des Planes für Messungen
- Festlegung der Projektorganisation und der personellen Besetzung des Projektes
- Entwicklung des Risikomanagementplanes
- Definition des Monitoring- und Kontrollprozesses
- Entwicklung des Produktakzeptanzplanes
- Planung der Phasen und Iterationen
- Entwicklung des Problemlösungsplanes
- Planung der Zusammenführung aller bisher erstellten Pläne zum Software-Development-Plan

Im folgenden sollen einzelne Aktivitäten näher betrachtet werden. Auch über die Reihenfolge ihrer Abarbeitung macht der Rational Unified Process keine Aussagen, um den Projektleiter nicht unnötig einzuengen. In erster Linie entscheiden die Projektgegebenheiten, wie hier vorzugehen ist.

Überlegung konkreter Maßnahmen

In einem der ersten Schritte erstellt der Projektleiter zunächst auf Basis der Risikoliste und der Risikomatrix den Risikomanagementplan. Hier werden konkrete Maßnahmen überlegt, gegeneinander abgewogen und letztendlich festgehalten, wie Risiken vermieden bzw. abgemildert werden können. Diese Aktivität sollte möglichst früh durchgeführt werden, denn nur wenn Risiken und Maßnahmen bekannt sind, können wichtige Dinge wie Iterationsplanung und personelle Besetzungen innerhalb des Projektes vorgenommen werden.

5.1.6.2
Entwicklung des Problemlösungsplanes

Wie bereits aus dem Namen dieser Aktivität ersichtlich wird, ist das hier erzeugte Artefakt der *Problemlösungsplan*. Der Rational Unified Process geht dabei von drei möglichen Problemstellungen aus:

1. *Produktprobleme*, die sich auf Anforderungen, das Design, die Codierung etc. beziehen können;
2. *Projektprobleme*, die sich auf die Entwicklungsumgebung, die Ressourcen, den Zeitplan oder das Budget beziehen können;
3. *Prozeßprobleme*, die sich auf den Lyfecycle, die zu verwendenden Methoden oder die Qualitätssicherung beziehen können.

Drei mögliche Problemstellungen

Für jede dieser drei Kategorien muß nun eine Strategie konzipiert werden, wie diesen Problemen gegenüberzutreten ist, sofern sie im Projektverlauf auftauchen. Ein wesentlicher Aspekt ist dabei, wer beim Auftauchen von Problemen überhaupt in die Problemlösung zu involvieren ist (siehe auch Abschnitt 5.6.2, wo auf Stakeholder eingegangen wird).

Weitere Punkte, die bei diesen Strategien berücksichtigt werden müssen, sind die Vorgehensweise, wie eine Problemlösung in den Entwicklungsablauf integriert wird (zum Beispiel über einen internen Change Request) und wie nach Durchführung der Strategie festgestellt werden kann, daß das Problem auch wirklich gelöst wurde. Oft werden durch nicht ausgereifte Strategien zwar Probleme vorübergehend beseitigt, jedoch an einer noch nicht vorhersehbaren Stelle neue Probleme ausgelöst.

Das gesamte Tracking dieser Strategien muß ab einer gewissen Größe des abzuwickelnden Projektes werkzeuggestützt durchgeführt werden. Hier bietet sich das Defect Tracking Tool ClearQuest von Rational Software an. Als letzte Maßnahme sollten in den Projektzeitplan regelmäßige Sitzungen der Personen vorgesehen werden, die mit den Problemlösungen betraut werden.

Tracking der Strategien mit ClearQuest

5.1.6.3
Entwicklung eines Produktakzeptanzplanes

Ein Produkt, das vom Auftraggeber in der abgelieferten Form nicht akzeptiert wird – unabhängig aus welchem Grund, taugt nichts und wurde umsonst entwickelt. Das bedeutet, es wurden Zeit, Geld und Ressourcen verschwendet. Da dies nicht im Sinne des Projektmanagements liegen kann, wurde im Rational Unified Process der sogenannte Produktakzeptanzplan eingeführt.

Dieser enthält die folgenden vom Projektleiter zu erstellenden Angaben:

Angaben im Produktakzeptanzplan

- Die Verantwortlichen auf Kundenseite
- Die Verantwortlichen auf Projektseite
- Alle identifizierten Artefakte
- Vorgehensweise zur Evaluierung der Artefakte
- Die Angabe eines Zeitplanes und einer Vorgehensweise für die Abnahme eines Artefaktes
- Alle zur Erstellung der Produkte benötigten Ressourcen (nicht nur bezüglich der Mitarbeiter, sondern auch bezüglich Hardware, Software usw.)
- Die Definition, wie eventuell auftauchende Probleme gelöst werden können

Aus dieser Auflistung geht hervor, daß der Projektleiter diesen Plan nicht gleich zu Beginn des Projektes fertigstellen kann, da er verschiedene Informationen benötigt, die zu diesem Zeitpunkt noch nicht vorliegen. Zur Erstellung des Planes greift der Projektleiter auf die folgenden bereits erstellten Artefakte zurück:

Zu berücksichtigende Artefakte

- Visionsdokument
- Anforderungsspezifikationen an die Software
- Business Case

Nach Fertigstellung muß dieser Produktakzeptanzplan vom Kunden gegengezeichnet werden und wird damit zum Vertragsbestandteil. Im Idealfall wird der Plan also nicht erst in seiner Endfassung vom Projektleiter dem Kunden vorgelegt, sondern bereits bei der Erstellung mit ihm abgestimmt.

Meßbare Angaben sind wichtig

Dieser Produktakzeptanzplan erhält in der vierten Phase des Rational Unified Process – in der Verteilungsphase – seine Bedeutung, wenn die Produkte gegen diesen Plan getestet werden. Daher sollten bei der obigen Auflistung von Angaben auch meßbare Angaben (zum Beispiel zeitliche Vorgaben) aufgeführt werden.

5.1.6.4
Planung der Phasen und Iterationen

Der anspruchsvollste Part des Projektmanagements liegt eindeutig in der Planung der Iterationen. Sowohl die Anzahl der Iterationen je Phase als auch die jeweilige Detaillierung der Iterationen sind entscheidende Kriterien, die über Erfolg oder Mißerfolg des Projektes bestimmen.

Iterationsplanung ist anspruchsvoll

Hier wird der Projektleiter mit einer Situation konfrontiert, die bei herkömmlichen strukturierten Projekten nicht gegeben war. Eine Planung nach dem Wasserfallmodell ließ sich relativ einfach vornehmen, schließlich folgte jede durchzuführende Aktivität der Reihe nach. Eine neue Aktivität wurde erst begonnen, wenn die Vorgängeraktivität beendet war. So wurde keine Zeile Code implementiert, wenn nicht zuvor das Design bis ins Detail ausgereift war. Ebenso wurde mit dem Design erst begonnen, wenn die Analyse vollständig abgeschlossen war und jede Anwenderforderung modelliert worden war.

Doch das ist jetzt Vergangenheit. Und damit muß sich der Projektleiter völlig neu orientieren, was seine Projektplanungsstrategien betrifft. Doch wie kann ein Projektleiter, der bisher ausschließlich nach dem Wasserfallmodell seine Projektplanung vorgenommen hat, sein erstes objektorientiertes Projekt erfolgreich abwickeln, wenn er auf keinerlei Erfahrungswerte zurückgreifen kann? Woher soll er wissen, wie *viele* Iterationen in *welcher* Phase notwendig sind? Ab welcher Projektgröße müssen überhaupt in der Konzeptualisierungsphase Iterationen durchgeführt werden? Wie können Inhalte und Ziele der einzelnen Iterationen festgelegt werden, ohne daß sie den Rahmen der Iteration sprengen oder umgekehrt keine vollständige Iteration darstellen?

Der Projektleiter muß sich neu orientieren

Diese Fragenliste läßt sich beliebig ergänzen. Tatsache ist, daß die Anzahl der Unbekannten für den unerfahrenen Projektleiter sehr hoch ist. Hier kommt jetzt die Basis des Rational Unified Process dem Projektleiter zur Hilfe: Die Best Practices. Wie bereits erwähnt, wurde der Rational Unified Process auf der Basis von jahrelangen Projekterfahrungen der Autoren konstruiert. Im Gegensatz zu vielen anderen Prozeßmodellen sind somit auch konkrete Hilfestellungen für den Projektleiter im Rational Unified Process enthalten, die auch auf die meisten der oben aufgeführten Fragen eine Antwort geben. Bildlich gesprochen wird der Projektleiter an der Hand genommen und Schritt für Schritt durch die Erstellung seines Iterationsplanes geführt.

Hohe Anzahl von Unbekannten

Alles ist unbekannt und was bekannt ist, wird sich ändern

Zu Projektbeginn beschreibt die folgende Situation den Status des Projektes recht treffend: Alles ist unbekannt und was bekannt ist, wird sich ändern. Als Projektleiter sind Sie sicherlich nicht besonders glücklich über eine solche Situation. Ihre Hauptaufgabe ist es nun, hier eine Ordnung hineinzubringen. Diese Ordnung erhalten Sie *nicht* durch einen Iterationsplan, dafür ist es noch viel zu früh. Was Sie benötigen ist ein Hilfsmittel, auf dessen Basis Sie später einen Iterationsplan erstellen können.

Phasenplan als Vorgänger des Iterationsplanes

Der Rational Unified Process führt hier den sogenannten *Phasenplan* ein. Dabei handelt es sich um einen sehr groben Plan, der eine erste Struktur in Ihr Projekt hineinbringt. Der Phasenplan wird zu Beginn der Konzeptualisierungsphase erstellt. Der wesentliche Input ist das Visionsdokument, das zuvor gemeinsam mit dem Auftraggeber definiert wurde. Verantwortlich für die Erstellung des Phasenplanes ist der Projektleiter. Ist er zum ersten Mal mit dieser Aufgabe betraut, kann es durchaus sinnvoll sein, sich externer Hilfe zu bedienen, also temporär für diese Aktivität einen Berater hinzuzuziehen. Dieser kann entweder aus dem eigenen Hause kommen oder von einer externen Unternehmensberatung.

Festlegung der wesentlichen Meilensteine

Die Inhalte des Phasenplans sind im Rational Unified Process festgelegt, der im Original mit *coarse-grained plan* bezeichnet wird. Der Phasenplan wird nur einmal im Projekt erstellt. Sein wesentlicher Bestandteil ist dabei die Festlegung der Major Milestones. (Das Thema Meilensteine wird in Abschnitt 5.3 detailliert behandelt.) Die Major Milestones legen das jeweilige Ende der vier Phasen des Rational Unified Process fest:

- Konzeptualisierung
- Entwurf
- Konstruktion
- Übergang

Ferner werden die voraussichtlich benötigten Ressourcen anhand von Anforderungsprofilen beschrieben. Es ist einleuchtend, daß dieser Phasenplan hauptsächlich auf Schätzungen beruht, er wird daher während der gesamten Konzeptualisierungsphase ständig überarbeitet und an die jeweils neuen Projektgegebenheiten angepaßt. Eine meist relativ feststehende Kenngröße für die Erstellung des Phasenplanes ist der Termin, an dem das erste Release ausgeliefert werden soll. Daher werden Phasenpläne meist auch von hinten nach vorne berechnet, also beginnend vom Auslieferzeitpunkt und endend am aktuellen Tag.

Eine weitere wichtige Kenngröße für den Phasenplan sind die Anzahl der benötigten Iterationen. Hier bleibt dem Projektleiter neben einer sehr groben Schätzung nur Erfahrungen aus anderen Projekten. Generell gilt die folgende Faustregel, die auch *6-plus/minus-3-Regel* genannt wird: Diese Regel geht davon aus, daß bei einer Verteilung über die vier Phasen, bei einem normalen Projekt die folgenden Iterationen notwendig sind:

6-plus/minus-3-Regel

- Konzeptualisierungsphase: 1 Iteration
- Entwurfsphase: 2 Iterationen
- Konstruktionsphase: 2 Iterationen
- Übergangsphase: 1 Iteration

Verteilung der Iterationen über die Phasen

Bei einem Projekt mit niedrigem Level ist in der Konzeptualisierungsphase gar keine Iteration notwendig[2] und in den übrigen Phasen jeweils nur eine Iteration. Ein Projekt mit hohem Level hingegen braucht mehrere Iterationen. Die Verteilung sieht wie folgt aus:

- Konzeptualisierungsphase: 1 Iteration
- Entwurfsphase: 3 Iterationen
- Konstruktionsphase: 3 Iterationen
- Übergangsphase: 2 Iterationen

Tabelle 1 gibt einen Überblick über die 6-plus/minus-3-Regel, die als Faustregel bei der Erstellung eines Phasenplanes vom Projektleiter herangezogen werden kann.

Projektlevel	Anzahl Iterationen	Verteilung auf Phasen
Niedrig	3	0,1,1,1
Normal	6	1,2,2,1
Hoch	9	1,3,3,2

Tabelle 1: Die 6-plus/minus-3-Regel

Die große Frage, die sich dem Projektleiter nun stellt, ist, wie lange dauert eigentlich eine Iteration? Auch hier kann er nur auf eigene Erfahrungswerte zurückgreifen oder den Rational Unified Process zu Hilfe ziehen, der hier Kenngrößen zur Verfügung stellt. Ausgangsbasis dafür sind die Lines of Code (LOC), die in der jeweiligen Iteration erstellt werden.

---

[2] Eine Iteration in der Konzeptualisierungsphase ist nur dann notwendig, wenn zum Beispiel ein Prototyp erstellt wird, der Aufnahme der Anforderungen dient.

Aber auch die Größe der Entwicklungsabteilung spielt eine erhebliche Rolle, da ab einer gewissen Anzahl von Projektmitarbeitern natürlich auch die administrativen Aufwendungen steigen. Generell sollten, bevor mit einer Kalkulation über die Länge einer Iteration begonnen wird, die folgenden Fragen geklärt werden:

Entscheidende Faktoren für die Länge einer Iteration

- Wie vertraut ist die Entwicklungsabteilung mit einem iterativen Prozeß, ist dies das tagtägliche Brot oder kommt er zum ersten Mal zum Einsatz?
- Wie vertraut ist die Entwicklungsabteilung mit der innerhalb der Iterationen einzusetzenden Entwicklungsumgebung, wurde diese neu beschafft oder liegen bereits ausreichende Erfahrungen vor?
- Sind überhaupt die notwendigen Werkzeuge zur Automatisierung – angefangen vom Konfigurationsmanagement bis hin zum automatisierten Testen – in der Entwicklungsabteilung verfügbar?
- Seit wann existiert diese Entwicklungsabteilung – arbeitet sie schon seit mehreren Projekten zusammen oder wurde sie eigens für dieses Projekt ins Leben gerufen und ist gar noch mit Freiberuflern durchsetzt?

Theorie und Praxis

Diese Fragenliste läßt sich sicherlich noch erweitern, aber der eigentliche Hintergrund, der hinter diesen Fragen steckt, dürfte klar sein: Die Sicherstellung, ob die in der Theorie so einleuchtenden Vorteile eines iterativen Ansatzes, in der Praxis auch wirklich umsetzbar sind, oder ob menschliche Faktoren von vornherein eine Barriere darstellen.

Doch zurück zur Länge einer Iteration, wie bereits oben erwähnt, ist eine wesentliche Kenngröße die Anzahl der Mitarbeiter, die innerhalb dieser Iteration zum Einsatz kommen sollen. Der Rational Unified Process gibt hier die folgenden Kenngrößen:

Kenngrößen hinsichtlich Teamgröße

- Bei einer Teamgröße von fünf Personen kann bereits am ersten Tag produktiv gearbeitet werden und eine Iteration innerhalb von wenigen Tagen abgeschlossen sein.
- Bei einer Teamgröße von 10 bis 20 Personen wird schon der erste administrative Aufwand notwendig, so daß es hier schon 1-2 Tage dauern wird, bevor der erste produktive Arbeitsschritt abgewickelt werden kann. Das Ende der Iteration wird wohl erst nach einigen Wochen zu erwarten sein.

- Ab ca. 40 Personen liegt bereits eine Teamgröße vor, die einem kleineren mittelständigen Unternehmen entspricht. Demzufolge hoch ist auch der administrative Aufwand. In der ersten Woche dürften hauptsächlich Managementaufgaben anfallen. Mit einem Ende der Iteration ist erst nach einigen Monaten zu rechnen.

Ab 40 Personen wird es kritisch

Zieht man jetzt noch die zu erstellenden Lines of Code hinzu, so ergibt sich die in Tabelle 2 dargestellte geschätzte Dauer einer Iteration:

LOC	Teamgröße	Dauer
5.000	4	2 Wochen
20.000	10	1 Monat
100.000	40	3 Monate
1.000.000	150	8 Monate

Tabelle 2: Geschätzte Dauer einer Iteration bei unterschiedlicher Teamgröße und Lines of Code

Sind Anzahl und Dauer der Iterationen vom Projektleiter herausgearbeitet worden, kann er damit beginnen, diese in den Phasenplan hineinzuarbeiten. Damit ist der Phasenplan dann fertiggestellt.

Der Iterationsplan bzw. die Iterationspläne hingegen ist/sind wesentlich detaillierter und auch zeitaufwendiger bei ihrer Erstellung. Zudem werden sie nicht alle auf einmal erstellt, sondern sequentiell. Dabei gilt, daß mit der Erstellung eines Iterationsplanes erst dann begonnen wird, wenn die Vorgängeriteration bereits zur Hälfte abgearbeitet ist. Natürlich muß er am Ende der Vorgängeriteration fertiggestellt sein. Einzelheiten, wie eine Iteration genau zu planen ist, sind dem Abschnitt 5.1.7 zu entnehmen.

Iterationsplan ist detaillierter

Abbildung 5 zeigt den Zusammenhang zwischen dem Phasenplan und dem Iterationsplan.

Abbildung 5:
Der Zusammenhang zwischen Phasenplan und Iterationsplan

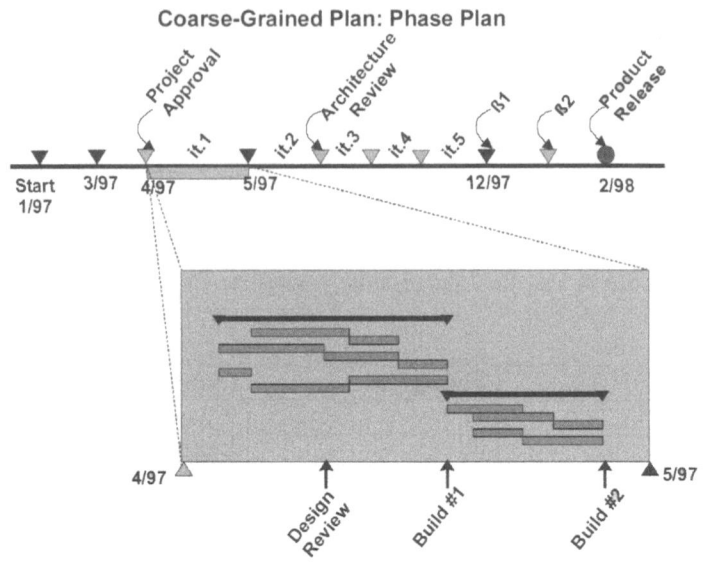

Fine-Grained Plan: Iteration Plan

5.1.6.5
Projektorganisation und personelle Besetzung

Nachdem die ungefähren Aufwendungen, die für das Projekt benötigt werden, bekannt sind, kann das Projekt personell besetzt werden – das heißt, es werden innerhalb des Unternehmens diejenigen Mitarbeiter selektiert, die zwei Bedingungen erfüllen:

Auswahl der Ressourcen

1. Ihre Qualifikation deckt sich mit der im Projektplan vorgesehenen Bearbeitung von Aktivitäten.
2. Sie sind im erforderlichen Maße zeitlich verfügbar.

Heutzutage ist weder die erste Bedingung leicht zu erfüllen noch die zweite. Hier zeigt sich unter anderem die Fähigkeit des Projektleiters, aus seinem zur Verfügung stehenden Team das bestmögliche „herauszuholen". Ein häufig begangener Fehler innerhalb von Projekten besteht darin, daß viel zu früh zu viele Mitarbeiter involviert werden. Das hat oft zur Auswirkung, daß einige Mitarbeiter gar nicht wissen, wofür sie momentan konkret verantwortlich sind. Die Schnittstellen innerhalb des Projektteams beginnen zu verschwimmen und das Chaos im Projekt steht unmittelbar bevor. Philippe Kruchten hat in seinem einleitenden Buch zum Rational Unified Process ein wunderschönes Beispiel dafür gebracht, wie unsinnig es sein kann, zu viele Mitarbeiter innerhalb eines Projektes zu plazieren: „Wenn eine Frau neun Monate für ein Baby braucht, warum nimmt man dann nicht neun Frauen und erhält das Baby in einem Monat?"

Der Rational Unified Process gibt einige Kenngrößen vor, anhand derer sich der Ressourcenbedarf über die vier Phasen berechnen läßt. Abbildung 6 zeigt einen Überblick.

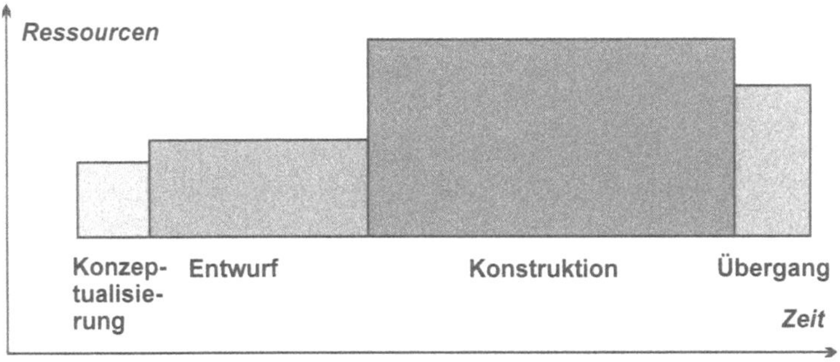

Kenngrößen zum Ressourcenbedarf

[Abbildung 6: Balkendiagramm mit Achsen "Ressourcen" und "Zeit" über die Phasen Konzeptualisierung, Entwurf, Konstruktion, Übergang]

Abbildung 6: Verhältnis von Ressourcen und Zeit über die vier Phasen des Rational Unified Process

Es wird ersichtlich, daß erwartungsgemäß während der Konstruktionsphase der größte Bedarf an Ressourcen über den längsten Zeitraum besteht. Was jedoch oft unterschätzt wird, ist die Phase des Entwurfs, die zwar nicht so viele Ressourcen benötigt, jedoch relativ viel Zeit. Deutlich wird das auch aus der Anzahl der Iterationen, die innerhalb dieser Phase durchgeführt werden, sie entspricht immer der Anzahl der Iterationen, die auch während der Konstruktionsphase erfolgen werden (siehe auch Tabelle 1).

Doch nicht nur die Länge und der personelle Aufwand der Phasen unterscheiden sich, auch die Teamgestaltung innerhalb dieser Phasen ist unterschiedlich. Abbildung 7 zeigt das Verhältnis von:

- Software-Management
- Software-Architektur
- Software-Entwicklung
- Software-Testen

Weitere Einflußfaktoren

über die vier Phasen des Rational Unified Process. Daher ist es ratsam, bei der personellen Beplanung von vier Phasenteams auszugehen, also für jede Phase ein Team zu planen.

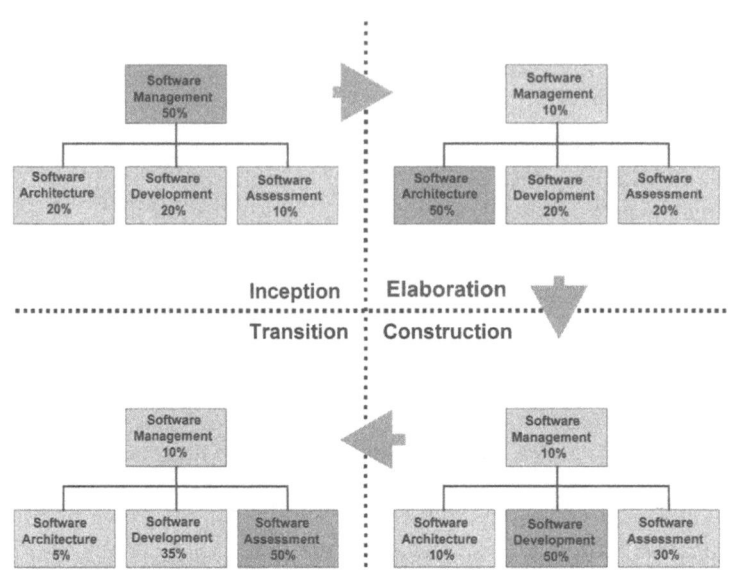

Abbildung 7:
Die Entwicklung der Software-Entwicklungsabteilungen über den Projekt-Lifecycle

5.1.6.6
Definition des Monitorings- und Kontrollprozesses

Vorbereitende Aktivität

Diese Aktivität ist eine Art vorbereitende Aktivität. Hier werden die Grundlagen geschaffen, um im späteren Projektverlauf den Projektfortschritt messen und beurteilen zu können. Wesentliche Input-Artefakte für diese Aktivität sind:

- Der Software-Entwicklungsplan
- Der Risikomanagementplan

5.1.7
Planung der nächsten Iteration

Im vorherigen Abschnitt wurden alle Aktivitäten beschrieben, die notwendig sind, um den Software-Development-Plan zu erstellen. Im folgenden soll die in Abbildung 1 von Seite 116 dargestellte Parallelität näher betrachtet werden. Abbildung 8 zeigt den entsprechenden Ausschnitt.

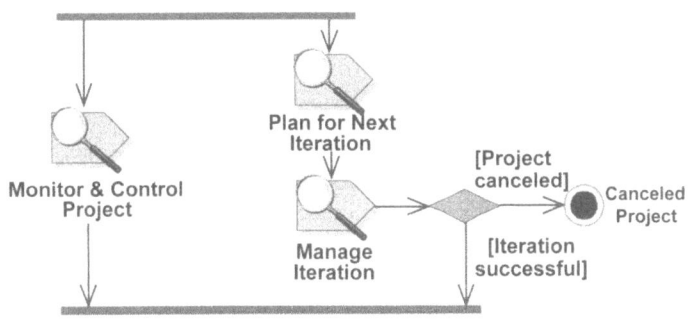

Abbildung 8:
Die Parallelität
im Projekt-
management-
Workflow

Dazu wird als erstes die Aktivität „Planung der nächsten Iteration"
untersucht. Beteiligte Worker[3] an dieser Aktivität sind:

- Architekt
- Projektreviewer
- Projektmanager
- Systemanalytiker

Wer plant
die nächste
Iteration?

Abbildung 9 zeigt den Artefaktfluß und die Teilaktivitäten innerhalb
dieser Aktivität. Das wichtigste Artefakt ist natürlich der Iterationsplan, der schon in der vorherigen Aktivität vom Projektmanager erstellt wurde. Bereits im letzten Abschnitt wurde auf den Iterationsplan sowie den Phasenplan näher eingegangen und dargestellt, welche Kenngrößen auf diese beiden Pläne einen Einfluß haben.

Es soll hier noch mal erinnert werden, daß für jede Iteration ein
neuer Iterationsplan erstellt werden muß. Die Erstellung beginnt im
Laufe der vorherigen Iteration und muß bei deren Ende abgeschlossen sein. Im folgenden wird beschrieben, welche Ziele der Iterationsplan hat und welche weiteren Artefakte hier bearbeitet werden.

Los geht es be-
reits im Laufe
der vorherigen
Iteration

---

[3] Es sind zwar diese vier Worker an der Planung der nächsten Iteration
beteiligt, doch verantwortlich ist nur der Projektleiter.

Abbildung 9:
Planung der
nächsten
Iteration

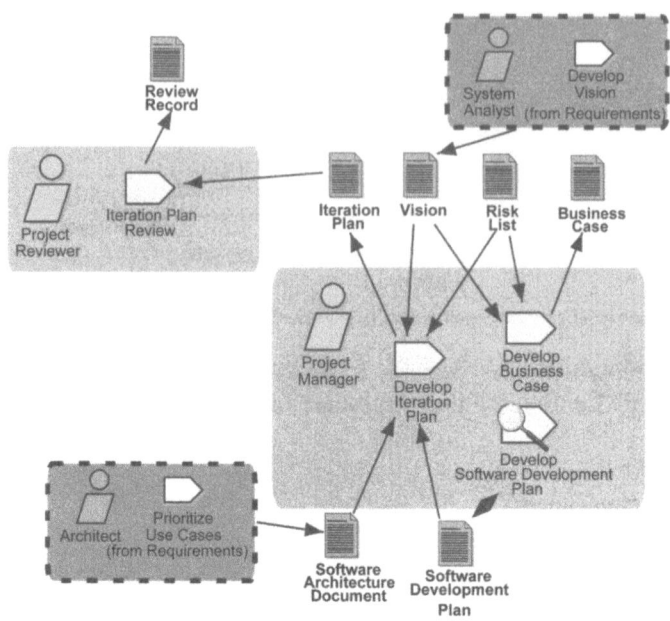

5.1.7.1
Ziele des Iterationsplanes

Mit Hilfe des Iterationsplanes sollen die folgenden Ergebnisse sichergestellt werden:

Ergebnisse des Iterationsplanes

- Eine detaillierte Beschreibung der durchzuführenden Aktivitäten sowie eine Zuordnung von Verantwortlichkeiten für jede Aktivität. Gerade eine derartige Zuordnung ist von großer Bedeutung, da viele Projekte daran scheitern, daß die Verantwortlichkeiten innerhalb der Iterationen nicht eindeutig zugeordnet sind.
- Meilensteine, die in dieser Iteration erreicht werden müssen, und auszuliefernde Produkte, die in dieser Iteration fertiggestellt werden.
- Prüfkriterien für die Iteration. Diese Prüfkriterien müssen einerseits meßbar sein und andererseits muß mit dem Auftraggeber das Ergebnis der Prüfung im Vorfeld abgesprochen sein. Je nach Phase, wo die Iteration stattfindet, variieren auch dementsprechend die Prüfkriterien.

Wesentlicher Input für diese Aktivität sind die folgenden Artefakte:

- Das Software-Architekturdokument
- Das Visionsdokument
- Der Software-Development-Plan
- Die Risikoliste

Input-Artefakte für den Iterationsplan

Bei der Risikoliste sind besonders die dort aufgelisteten *technischen* Risiken von Bedeutung. Alle Maßnahmen, die diesbezüglich aufgeführt sind, müssen bei der Planung der nächsten Iteration berücksichtigt werden. Somit gehört die Risikoliste zu einem der vier Faktoren, die den Umfang der Iteration bestimmen. Die drei verbleibenden Faktoren sind:

- Die Funktionalität, die innerhalb dieser Iteration implementiert werden soll.
- Die Zeit, die laut Software-Development-Plan für die Iteration vorgesehen ist.
- Die Phase, in der die Iteration stattfindet. Handelt es sich um die Konstruktionsphase, so ist der Umfang der Iteration am größten.

Faktoren, die die Iteration bestimmen

5.1.7.2
Pflege der weiteren Artefakte

Neben der Erstellung des neuen Iterationsplanes, werden im wesentlichen zwei weitere Artefakte hier bearbeitet: Der Software-Development-Plan und der Business Case. Weitere Artefakte, die Einfluß auf die Planung der nächsten Iteration haben sind:

- Das Visionsdokument
- Die Risikoliste und die Risikomatrix
- Das Software-Architekturdokument

Dabei hat wiederum die Risikoliste den größten Einfluß auf die Erstellung des neuen Iterationsplanes, da die in der vorherigen Iteration ausgeschalteten Risiken nun in der neuen Iteration nicht mehr berücksichtigt werden müssen. Das hat unmittelbare Auswirkungen auf den Umfang der Iteration, da eventuelle Maßnahmen aus der Risikoliste zur Ausschaltung eines Risikos nun nicht mehr einkalkuliert werden müssen.

Andererseits können natürlich in der vorherigen Iteration neue Risiken entdeckt worden sein, was wiederum eine deutliche Aufwandserhöhung der nächsten – also jetzt zu planenden – Iteration hervorrufen würde. Es gilt mal wieder der Spruch: „Alles ist im Fluß..."

Alles ist im Fluß...

Das Visionsdokument wird nur dann überarbeitet, wenn die vorherige Iteration dies „erzwingt", da es sich bei dem Visionsdokument nur um eine sehr oberflächliche Beschreibung des Projektes handelt. Nur wenn schwerwiegende Veränderungen vorliegen, ist also das Visionsdokument betroffen.

Anders sieht es da schon beim Business Case aus. Dieser hatte unter anderem finanzielle Aspekte des Projektes beleuchtet – und die können sich durchaus von Iteration zu Iteration ändern. Auch der Software-Development-Plan ist stark betroffen. Durch die oben aufgeführten Konsequenzen des Risikomanagements sind unmittelbar auch die Ressourcenplanungen und Zeitplanungen innerhalb des Software-Development-Planes betroffen.

5.1.8
Managen der Iterationen

Das Managen der Iterationen wird von zwei Workern durchgeführt:

- Projektmanager
- Projektreviewer

Managen bedeutet auch Controlling

Einen gewissen Einfluß hat auch der Testdesigner, denn das Managen einer Iteration bedeutet in erster Linie das Controlling der Iteration. Aber der Begriff „Managen" hat hier auch noch eine andere Bedeutung. Wie aus Abbildung 10 ersichtlich ist, existiert eine Aktivität mit Namen „Personal anfordern". Was heißt das genau? Sehr deutlich gesagt, Sie als Projektleiter müssen sich jetzt gegenüber Ihren Kollegen – vielleicht sogar Freunden – durchsetzen, Sie brauchen Mitarbeiter X, Ihr Kollege, Projektleiter für ein weiteres Projekt benötigt ebenfalls Kollege X – und jetzt? Nun müssen Sie kämpfen.

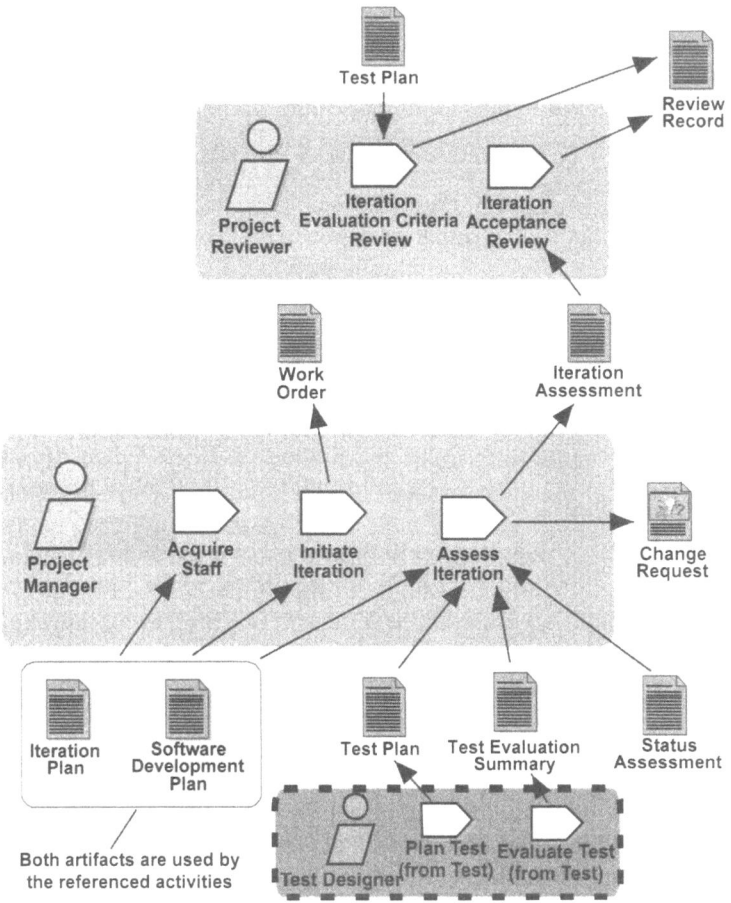

Abbildung 10: Managen der Iterationen

In Abbildung 8 zu erkennen, daß diese Aktivität, Managen der Iterationen, in zwei unterschiedlichen Endzuständen enden kann:

- Die Iteration war erfolgreich, dann wird mit der nächsten Iteration begonnen.
- Die Iteration war nicht erfolgreich, dann wird das Projekt abgebrochen.

Hier ist also der Meilenstein für das Ende der Iteration gleichzeitig Prüfstein für den Fortschritt des Projektes. Im Worst Case kann dieser Meilenstein auch als Projektabbruchkriterium dienen.

Projektabbruch möglich

5.1.9
Projekt monitoren und kontrollieren

Tagtägliche Arbeit des Projektleiters

Diese Aktivität umfaßt die tägliche Arbeit des Projektleiters. Sie wird also nicht zu einem bestimmten Zeitpunkt durchgeführt, sondern kontinuierlich.

Abbildung 11: Monitoren und kontrollieren des Projektes

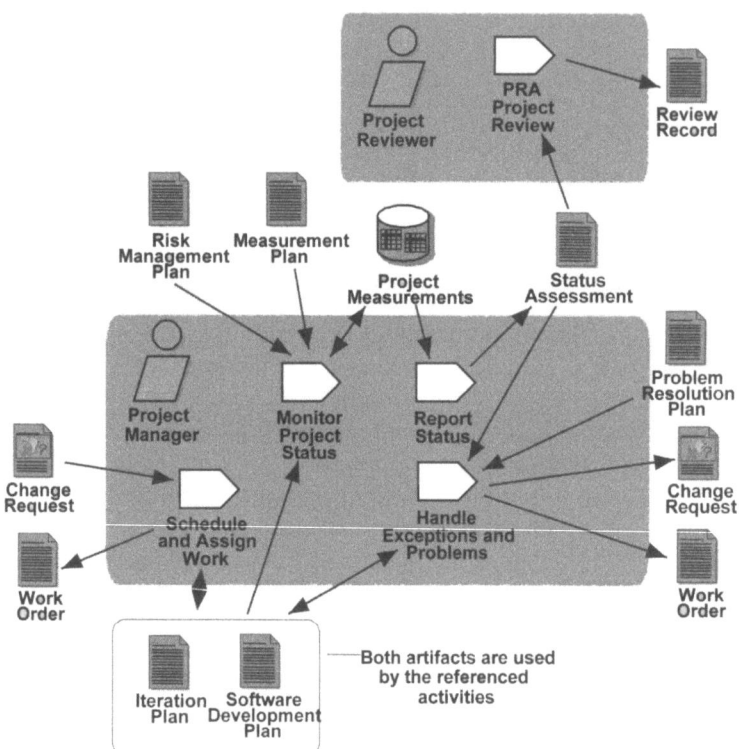

Eine besondere Erwähnung bedarf hier die Aktivität der *Behandlung von Ausnahmen und Änderungsanträgen*. Hier zeigt sich die Qualität des Projektleiters am deutlichsten. Besonders die Änderungsanträge müssen für die folgenden Iterationen berücksichtigt werden. Das erklärt auch, warum ein Iterationsplan immer erst in der Vorgängeriteration erstellt wird.

Während der gesamten Aktivität lassen sich für den Projektleiter drei kritische Bereiche identifizieren:

- Projektprobleme (zum Beispiel Ressourcenengpässe)
- Produktprobleme (Schwierigkeiten mit einem Software-Entwicklungswerkzeug oder einer Komponente)
- Neu erkannte Risiken

Drei kritische Bereiche

Unter Umständen kann auch ein weiterer kritischer Bereich auftreten: Prozeßprobleme. Gerade wenn ein Unternehmen den Rational Unified Process neu eingeführt hat und diverse Anpassungen vorgenommen wurden, ist es verständlich, daß noch nicht alles „rund" läuft (siehe auch Kapitel 6).

Dadurch verursachte Probleme tauchen zur Projektlaufzeit auf und müssen sorgfältig dokumentiert werden, um sie für folgende Projekte vermeiden zu können. Hierbei kommt es oft zu der Situation, daß die Befugnisse des Projektleiters überschritten werden und ein übergeordnetes Gremium Modifikationen innerhalb des Rational Unified Process beschließen muß.

Übergeordnetes Gremium zur Entscheidungsfindung notwendig

Ein wesentliches Artefakt, das innerhalb dieser Aktivität gepflegt wird, ist der Problemlösungsplan, welcher Bestandteil des Software-Entwicklungsplanes ist. Dieser wird sinnvoller Weise ab einer gewissen Projektgröße toolgestützt geführt, da andernfalls das Fehlertracking nicht mehr handhabbar ist und der Projektleiter schnell die Übersicht verliert. Als Werkzeug bietet sich hier ClearQuest von Rational Software an.

5.1.10
Close-outs

Nachdem die in Abbildung 8 dargestellte Parallelität abgearbeitet wurde, existieren im Projektmanagement-Workflow drei verschiedene Alternativen:

- Es liegt das Ende einer Iteration vor.
- Es liegt das Ende einer Phase vor.
- Es liegt das Ende des Projektes vor.

Drei verschiedene Alternativen

In den letzten beiden Fällen findet jeweils ein „Close-out" statt, das heißt eine Abschlußaktivität, die in den folgenden beiden Abschnitten kurz angerissen wird.

Bei der Beendigung der Iteration wird der momentane Projektstatus sowie die aktuellen Risiken überprüft, bevor mit der nächsten Iteration begonnen wird.

5.1.10.1
Close-out einer Phase

Das Close-out einer Phase ist dargestellt in Abbildung 12. Auch hier sind der Projektreviewer und der Projektleiter die beteiligten Worker.

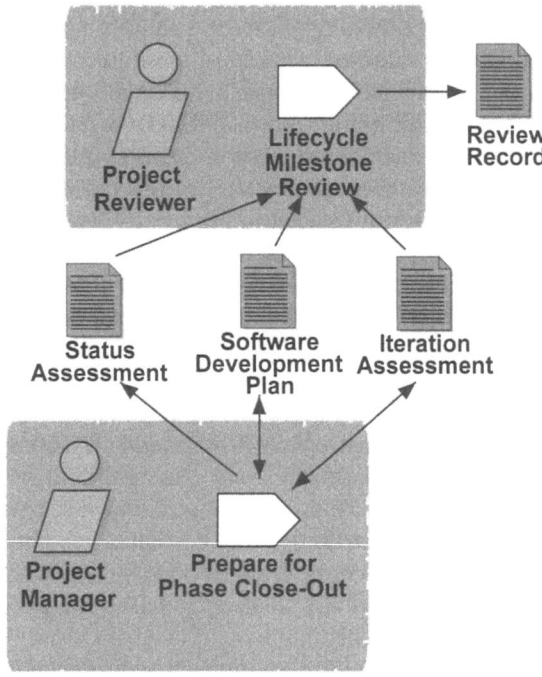

Abbildung 12: Close-out einer Phase

Um eine Phase abzuschließen, muß der Projektleiter sicherstellen, daß die folgenden Bedingungen erfüllt sind:

Zu erfüllende Bedingung

- Alle wesentlichen Probleme der vorangegangenen Iteration sind gelöst worden.
- Alle Artefakte sind dem Konfigurationsmangement unterworfen worden, so daß ihr jeweiliger Status projektweit bekannt ist.
- Alle Artefakte, die innerhalb dieser Phase zur Auslieferung anstanden, wurden an die entsprechenden Stakeholder übermittelt.
- Alle Probleme, die sich auf die spätere Verteilung auswirken könnten, wurden adressiert und im Problemlösungsplan aufgenommen.
- Das Projektbudget wurde überprüft.

Erst wenn diese Voraussetzungen gegeben sind, darf der Projektleiter das *ok* zum Beginn der nächsten Phase geben.

5.1.10.2
Close-out eines Projektes

Das Close-out eines Projektes ist in Abbildung 13 dargestellt. Auch hier sind der Projektmanager und der Projektreviewer die beteiligten Worker.

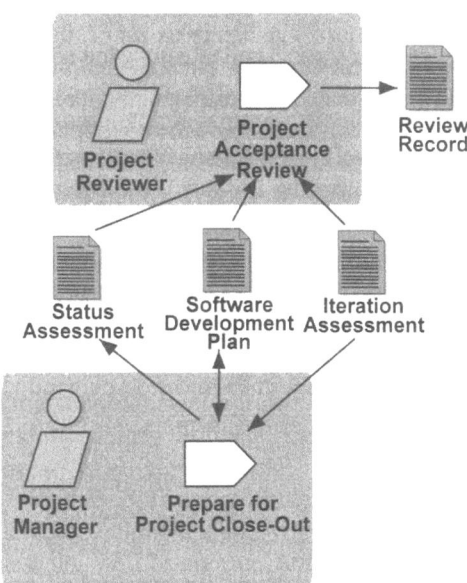

Abbildung 13: Close-out eines Projektes

Hier gelten dieselben Bedingungen wie im vorherigen Abschnitt, nur daß hier eine endgültige Freigabe des Projektes erfolgt.

Mit dieser Teilaktivität ist das in Abbildung 1 dargestellte Aktivitätsdiagramm, das den Projektmanagement-Workflow darstellt, abgearbeitet. In den folgenden Abschnitten werden weitere Aspekte des Projektmanagements behandelt:

- Das Projektglossar
- Die Bedeutung von Meilensteinen
- Das Konfigurationsmanagement

Am Ende dieses Kapitels wird dann auf diejenigen Punkte eingegangen, bei denen der Rational Unified Process noch vom Unternehmen, das diesen einsetzt, erweitert werden muß.

5.2
Das gemeinsame Vokabular

Kommunikation ist die wesentliche Voraussetzung für den Projekterfolg

In Projekten ist Kommunikation die wesentliche Voraussetzung für den Erfolg. Wenn hier *verschiedene Sprachen* gesprochen werden, sind Mißverständnisse vorprogrammiert. Das gilt sowohl innerhalb des Projektes als auch gegenüber dem Auftraggeber.

Eine *gemeinsame* Sprache zur Realisierung der Kommunikation ist also Grundvoraussetzung. Dabei bedeutet *gemeinsame* Sprache keineswegs, daß das Projekt nicht multinational besetzt werden kann – gemeinsame Sprache bedeutet in diesem Kontext vielmehr, daß sich alle relevanten Projektbeteiligten – im Rational Unified Process auch als Stakeholder bezeichnet – über das, was das Projekt als Ergebnis bringen soll, einig sind. Das optimalste Hilfsmittel dazu ist das Projektglossar.

Projektglossar kann eine Geschäftsprozeßmodellierung ersetzen

Dieses wird bereits im Anforderungs-Workflow initialisiert und über die gesamte Projektlaufzeit gepflegt. Das entscheidende Kriterium für dieses Glossar ist, daß es dann von allen Seiten auch konsistent genutzt wird. Verantwortlich für die Erstellung des Projektglossars ist der Systemanalytiker. Auch wenn diese Aktivität nicht in den Verantwortungsbereich des Projektleiters fällt, sollte er hier ein genaues Auge darauf haben, da es sich bei dieser Aktivität um eine *projektkritische Aktivität* handelt. Das gilt besonders dann, wenn es sich bei dem Systemanalytiker noch um einen nicht so erfahrenen oder neu im Unternehmen beschäftigten Mitarbeiter handelt. Im Rational Unified Process ist ein Template zur Erstellung des Glossars (*.dot-Vorlage für Winword) enthalten.

Je nach Projektgröße reicht unter Umständen dieses Glossar aus, um den gesamten geschäftlichen Kontext des Projektes zu beschreiben. In diesem Fall wird keine Geschäftsprozeßmodellierung durchgeführt.

5.3
Die Bedeutung von Meilensteinen

Der Rational Unified Process verwendet ebenso wie jedes andere Prozeßmodell das Hilfsmittel der Meilensteine zur Messung des Projektfortschrittes. Im Rational Unified Process dienen die Meilensteine außerdem zum,

- Synchronisieren der Anforderungen aller Stakeholder
- Überarbeiten der Risikoliste
- Beurteilung des Gesamtprojektes

Sinn von Meilensteinen

Im Rational Unified Process werden zwei verschiedene Arten von Meilensteinen unterschieden:

- Hauptmeilensteine
- Teilmeilensteine

Zwei Arten von Meilensteinen

Die Hauptmeilensteine – im folgenden Major Milestones genannt – finden jeweils am Ende einer Phase (Konzeptualisierung, Entwurf, Konstruktion und Übergang) statt. Die Teilmeilensteine – im folgenden auch mit dem Originalbegriff Minor Milestones benannt – werden im Anschluß an jede Iteration durchgeführt. Zur Erinnerung: Jede Iteration muß mit einem Release enden! Doch was ist eigentlich ein Release?

Bei einem Release muß es sich noch nicht um ein fertiges Produkt handeln, es ist jedoch ein wichtiger Bestandteil auf dem Weg dorthin. Im Rational Unified Process werden zwei Arten von Releases unterschieden:

Was ist ein Release?

- Ein internes Release wird ausschließlich von der Entwicklungsmannschaft benutzt, zum Beispiel als Teil eines Meilensteines oder zu Demonstrationszwecken für einen Kunden oder Endanwender.
- Ein externes Release hingegen wird an den Endkunden ausgeliefert, hier sind also andere Qualitätsanforderungen zu setzen, als dies bei einem internen Release der Fall ist.

Die Major Milestones sind im Rational Unified Process mit separaten Namen versehen:

- Life-cycle Objective, im folgenden LCO-Meilenstein genannt
- Life-cycle Architecture, im folgenden mit LCA-Meilenstein bezeichnet
- Initial Operational Capability, im folgenden IOC-Meilenstein genannt
- Produktrelease

Die vier Major Milestones

Abbildung 14 zeigt die Verteilung der Major Milestones über das Projekt.

Abbildung 14:
Die Verteilung
der Major
Milestones über
das Projekt

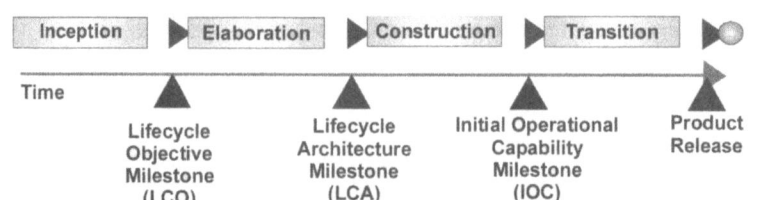

5.3.1
Der LCO-Meilenstein

Wie aus Abbildung 14 ersichtlich wird, beendet der LCO-Meilenstein die Konzeptualisierungsphase. Er wird erfolgreich abgeschlossen, wenn die folgenden Bedingungen eingetreten sind:

Prüfkriterien für den LCO

- Der Umfang des Projektes ist festgelegt und wird sowohl von Auftraggeber- als auch von Auftragnehmerseite akzeptiert.
- Das Projektbudget ist festgelegt.
- Der Zeitplan ist festgelegt.
- Die Use-Cases sind von allen Stakeholdern als korrekt und umfassend bestätigt worden.[4]
- Das Use-Case-Modell ist vom Grundgerüst her fertiggestellt.[5]
- Die bisherigen Kosten entsprechen den veranschlagten Kosten.
- Die Risikoliste ist von beiden Seiten akzeptiert.
- Der Prototyp (sofern einer entwickelt wurde) entspricht den Vorstellungen der Stakeholder.

An dieser Stelle sei noch einmal darauf hingewiesen, daß wenn dieser Meilenstein **nicht** erreicht wurde, das Projekt neu kalkuliert werden muß. Im Extremfall liegt hier auch ein Abbruchkriterium vor.

---

[4] ... und verstanden worden. Dies ist gleichzeitig ein Indiz dafür, daß alle Anforderungen an das zu entwickelnde System von beiden Seiten verstanden wurden.
[5] Üblicherweise ist ein Use-Case-Modell nach Beendigung der Konzeptualisierungsphase zu 10% bis 20% fertiggestellt.

5.3.2
Der LCA-Meilenstein

Der LCA-Meilenstein beendet die Entwurfsphase des Rational Unified Process. Hier stehen die folgenden Evaluierungskriterien zur Diskussion:

- Der Auftraggeber muß zustimmen, daß die bisherigen Ergebnisse mit dem anfangs erstellten Visionsdokument übereinstimmen.
- Die Architektur des zu erstellenden Systems muß stabil sein.
- Die signifikantesten Risiken, die in der Risikoliste aufgeführt wurden, müssen nachweislich durch den Entwurf eliminiert worden sein.[6]
- Das Use-Case-Modell sollte zu 80% fertiggestellt sein.
- Der Iterationsplan für die anschließende Konstruktionsphase muß deatilliert ausgearbeitet sein und nachweisen, daß die Planung hinsichtlich Zeit, Ressourcen und Kosten korrekt vorgenommen wurde.

Prüfkriterien für den LCA

Selbstverständlich gilt auch hier, daß die vorkalkulierten Kosten sowie der berechnete Zeitplan eingehalten sein müssen. Ebenso liegt auch hier wieder ein Abbruchkriterium vor, sofern erhebliche Abweichungen der Planung hinsichtlich der Realität festzustellen sind.

5.3.3
Der IOC-Meilenstein

Der IOC-Meilenstein beendet die Konstruktionsphase des Rational Unified Process. Hier wird überprüft, ob die folgenden Kriterien erfüllt worden sind:

- Das Produkt muß so stabil sein, daß es bereits beim Endanwender installiert werden kann.
- Das Produkt muß ausreichend dokumentiert sein (Benutzerhandbuch).
- Die Kosten müssen eingehalten sein.

Prüfkriterien für den IOC

---

[6] Wobei dies natürlich keine Sicherheit gibt, daß in den folgenden Phasen keine neuen signifikanten Risiken auftauchen können.

Der IOC bildet kein Abbruchkriterium

Der IOC-Meilenstein bildet kein Abbruchkriterium mehr! Dafür ist das Projekt zu weit fortgeschritten. Sind die Kriterien, die oben aufgeführt sind, nicht erfüllt, so wird eine zusätzliche Iteration eingefügt und dann das nächste Release mit denselben Evaluationskriterien gemessen.

Um am Ende der Konstruktionsphase bei diesem Meilenstein keine böse Überraschung zu erleben, wird nach jeder Iteration ein Release erstellt, daß mit den eingangs beschriebenen Minor Milestones überprüft wird. Man arbeitet sich also langsam aber zielstrebig, auf diesen Major Milestone hin und eliminiert dabei sämtliche Risiken.

5.3.4 Das Produktrelease

Auftragsentwicklung oder Standardprodukt

Der vierte und letzte Meilenstein des Rational Unified Process beinhaltet das Produktrelease. Dieses wird nach Abschluß der Übergangsphase erstellt. Hier ist jetzt zu unterscheiden, ob es sich bei dem zu erstellenden System um eine Auftragsentwicklung handelt – also um eine individuelle Kundenlösung – oder ob ein Produkt erstellt wurde, das nun in die Breite gehen soll. Diese beiden Fälle sollen im folgenden näher untersucht werden.

5.3.4.1 Produktrelease einer individuellen Lösung

Bei einer individuellen Lösung interessieren den Projektmanager im wesentlichen die folgenden zwei Kriterien:

- Der Endanwender muß sich in dem System wiederfinden, sprich das ausgelieferte Produkt muß sich so verhalten, wie der Endanwender das in dem Visionsdokument gefordert hat.
- Die Kosten des Projektes müssen kleiner oder gleich denen sein, die im Projektbudget vorgesehen waren.[7]

Zusätzlich kommen natürlich noch Schulungsaspekte hinzu. Ist die Anwendung von größerem Umfang, so muß dafür Sorge getragen werden, daß die Anwender einen Schulungsplan durchlaufen. Dieser muß von den unterschiedlichen Stakeholdern bereits frühzeitig er-

---

[7] Da Punktlandungen (also IST gleich Budget) sehr selten sind, sollte das *kleiner* angestrebt werden.

stellt worden sein (im Idealfall wird damit bereits in der Konzeptualisierungsphase begonnen).

Falls das neu entwickelte System ein beim Kunden bereits existierendes System ablösen soll, kommt ein weiterer Punkt hinzu, den der Projektleiter beachten muß: der Parallelbetrieb. Je nach Bedeutung des Systems ist es erforderlich, daß beim Kunden zunächst beide Systeme (also das existierende und die Neuentwicklung) parallel laufen. Erst wenn die Neuentwicklung vollständig vom Endanwender auf Tauglichkeit und Zuverlässigkeit überprüft wurde und sämtliche Altdaten des existierenden Systems in die Neuentwicklung überführt wurden[8], wird das existierende System endgültig abgelöst.

Parallelbetrieb bei Ablösung eines Altsystemes

5.3.4.2
Release eines Produktes, das großflächig verteilt wird

Bei einem derartigen Produkt handelt es sich in der Regel um eine Standardsoftware. Hier gibt es zum Beispiel keinen einzelnen Auftraggeber und so wird zum Beispiel das Visionsdokument hausintern erstellt. Natürlich orientiert sich dieses Visionsdokument an den Gegebenheiten und Anforderungen des Marktes.

Betrachtet man die Ausführungen in den vorherigen Kapiteln bezüglich sich ändernder Anforderungen, so ist hier festzustellen, daß sich „Änderungswünsche" des Marktes noch prägnanter auf den Software-Entwicklungsprozeß eines Standardproduktes auswirken, als das bei individuellen Entwicklungen der Fall ist, denn hier werden Änderungswünsche – wie abwegig sie auch immer sein mögen – nicht bezahlt. Entweder sie werden integriert, oder das Produkt läßt sich einfach nicht mehr verkaufen.

Änderungswünsche des Marktes sind noch prägnanter

Das hat natürlich auch Auswirkungen auf die Evaluationskriterien der Meilensteine. So muß zusätzlich zu den obigen Punkten, noch folgendes überprüft werden:

- Die Vertriebsteams müssen über das Produkt geschult worden sein.
- Falls das Produkt zusätzlich über Distributoren verkauft werden soll, müssen diese ebenfalls geschult worden sein.
- Das Marketing muß die entsprechenden vertriebsunterstützenden Aktivitäten eingeleitet haben. Im einzelnen wäre hier aufzuführen:

Marketing, Vertrieb und Distributoren berücksichtigen

---

[8] Diese Altdatenübernahme ist besonders bei Datenbankanwendungen von Bedeutung.

- Erstellung von Präsentationsfolien
- Erstellung einer Mediaplanung, also der Schaltung von Anzeigen und Fernsehspots[9]
- Erstellung einer Demoversion
- Erstellung einer attraktiven Verpackung
- Bereitstellung einer Agentur zur Produktion der CDs
- u.v.m.

Da ein Standardprodukt kontinuierlich weiterentwickelt wird, fallen hier zwei Meilensteine zusammen. So ist es durchaus sinnvoll, bereits in der Übergangsphase mit der Konzeptualisierungsphase für die nächste Version zu beginnen.

5.4 Konfigurationsmanagement

Software-Entwicklung ist ein prinzipiell dynamischer Prozeß von zunehmender Komplexität. Auf der Ebene der Entwicklungsteams nimmt diese Komplexität viele Formen an, wie zum Beispiel ein laufend wachsender Code-Umfang, Entwicklungsteams an verschiedenen Standorten, mehr Projekte mit gemeinsamen Softwarekomponenten sowie eine größere Anzahl von Portierungen und Produktreleases.

Der Druck verstärkt sich

Dazu kommt ein stetig anwachsender Druck, die Entwicklungsproduktivität zu verbessern und die „Time-to-Market" zu reduzieren. Dennoch verlassen sich viele Unternehmen weiterhin auf manuelle, größtenteils statische Tools, um diesen grundsätzlich veränderlichen Prozeß zu verwalten. Im folgenden soll die Bedeutung des Konfigurationsmanagements innerhalb des Rational Unified Process dargestellt werden. Dabei wird teilweise auf das Produkt ClearCase eingegangen, das laut der letzten IDC- und Ovum-Studie als Marktführer dargestellt wurde. Besonders wichtig im Bereich Konfigurationsmanagement sind laut Ovum und IDC die folgenden Eigenschaften:

Wichtige Eigenschaften des Konfigurationsmanagements

- Erhöhung der Team-Produktivität
- Verbesserung der individuellen Produktivität
- Schnellere Marktlancierung höherwertiger Softwareprodukte
- Vereinfachung der Softwarewartung

---

[9] Fernsehspots sind jedoch nur dann angebracht, wenn mit dem Softwareprodukt auch der Endverbraucher angesprochen werden soll.

- Garantie der Exaktheit eines Build und Versionskontrolle jedes einzelnen Software-Elementes
- Automatisierung von zeitraubenden, fehleranfälligen Software-Entwicklungsaufgaben
- Optimierte Auslastung von Hardware-Ressourcen
- Verbesserung der Projektkoordination
- Implementierung gut aufeinander abgestimmter Entwicklungstechniken
- Reduzierung von Tool- und Verwaltungsanforderungen
- Verbesserung der Software-Sicherheit inkl. kontrolliertem Wiederaufsetzen nach einem Systemabsturz
- Reduzierung von Schulungs- und Einführungskosten
- Effizientere Unterstützung heterogener Entwicklungsumgebungen

5.4.1
Die vier Funktionsbereiche des Konfigurationsmanagements

Obwohl es sich bei Konfigurationsmanagementprodukten meist um integrierte Systeme handelt, ist es hilfreich, die Features vier funktionalen Bereichen zuzuordnen.

vier funktionale Bereiche

5.4.1.1
Versionskontrolle

Konfigurationsmanagement geht weit über eine Sourcecode-Kontrolle hinaus, um jedes Objekt im Softwareentwicklungs-Lebenszyklus zu versionieren. Durch das Aufspüren jeder Veränderung in allen Dateien und Verzeichnissen sind komplette, kommentierte Versionshistorien notwendig von:

- Sourcecode
- Binärdateien
- Ausführbaren Programmen
- Dokumentationen
- Testreihen
- Bibliotheken
- Anwenderdefinierten Objekten

Was muß alles versioniert werden

Entwickler müssen jede vorherige Softwareversion unmittelbar identifizieren und den entsprechenden Zustand wiederherstellen können.

5.4.1.2
Workspace Management

Konfigurationsmanagement liefert Entwicklern die exakten Versionen von Dateien, die für eine bestimmte Aufgabe erforderlich sind, und schirmt diese gleichzeitig von der Komplexität der gesamten Entwicklungsumgebung ab. Alle Entwickler benötigen einen transparenten Zugang zu geeigneten Objektversionen, ohne ihre Windows- oder Unix-Entwicklungsumgebung verlassen zu müssen.

Views sind notwendig

Die dazu notwendigen Views helfen jedem Teammitglied effizienter zu arbeiten und halten das Gleichgewicht zwischen dem Zugang zu gemeinsam genutzten Ressourcen und der Abschirmung von destabilisierenden Veränderungen.

5.4.1.3
Build Management

Reduzierung von Generierungszeiten

Das Konfigurationsmanagement produziert automatisch eine detaillierte „Materialliste" (Bill of materials), die die Generierung von Softwaresystemen dokumentiert und alle Entwickler in die Lage versetzt, die Umgebung jedes „Build" vollständig und zuverlässig wiederherzustellen. Darüber hinaus werden die Generierungszeiten durch ein intelligentes Sharing bereits generierter Binärdateien sowie der parallelen Ausführung von Generierungsskripten reduziert.

5.4.1.4
Ablaufkontrolle

Innerhalb des Konfigurationsmanagements sind Werkzeuge für die Implementierung von projekt- und standortspezifischen Richtlinien notwendig, ohne spezielle Vorgehensweisen vorgeben zu müssen. Dabei sollten automatische Routinen konfigurierbar sein, um

Automatische Routinen zur Ablaufkontrolle

- Software-Änderungen zu überwachen,
- Änderungen durch nicht autorisiertes Personal zu verhindern,
- Teammitglieder über neu eintretende Ereignisse zu informieren und

- permanente Aufzeichnungen von Entwicklungsabläufen herzustellen.

5.4.2
Versionskontrolle

Heutzutage arbeiten Entwickler neben Sourcecodes mit unterschiedlichen Datenarten. Das Konfigurationsmanagement muß die Kontrolle über jedes Objekt im Software-Entwicklungs-Lebenszyklus haben und managed dabei das erforderliche „Controlled Sharing" in einer Multi-User-Umgebung.

Ein Kernkonzept des Konfigurationsmanagements ist der in Abbildung 15 dargestellte Versionsbaum, der Informationen in einem grafischen, hierarchischen Format ähnlich einem Verzeichnisbaum organisiert und präsentiert. In einer typischen Entwicklungsumgebung bestehen Versionsbäume zunächst nur aus einem einzigen Zweig (Branch), der eine lineare Entwicklung der Dateiversionen darstellt. Entwickler können mit Versionsbäumen

- die vorhandenen Entwicklungspfade identifizieren,
- neue Entwicklungs-Branches schaffen und
- bereits bestehende Branches zusammenführen.

Zweck von Versionsbäumen

Mit der Zeit führen Anwender typischerweise Subbranches ein, um somit:

- Fehlerbehebungen,
- Code-Reorganisationen und
- Test- und plattformspezifische Entwicklungen voneinander trennen zu können.

Man kann jede beliebige Anzahl von Versionen und Subbranches erzeugen und diese für einen einfacheren Zugriff benennen.

Abbildung 15: Ein Versionsbaum

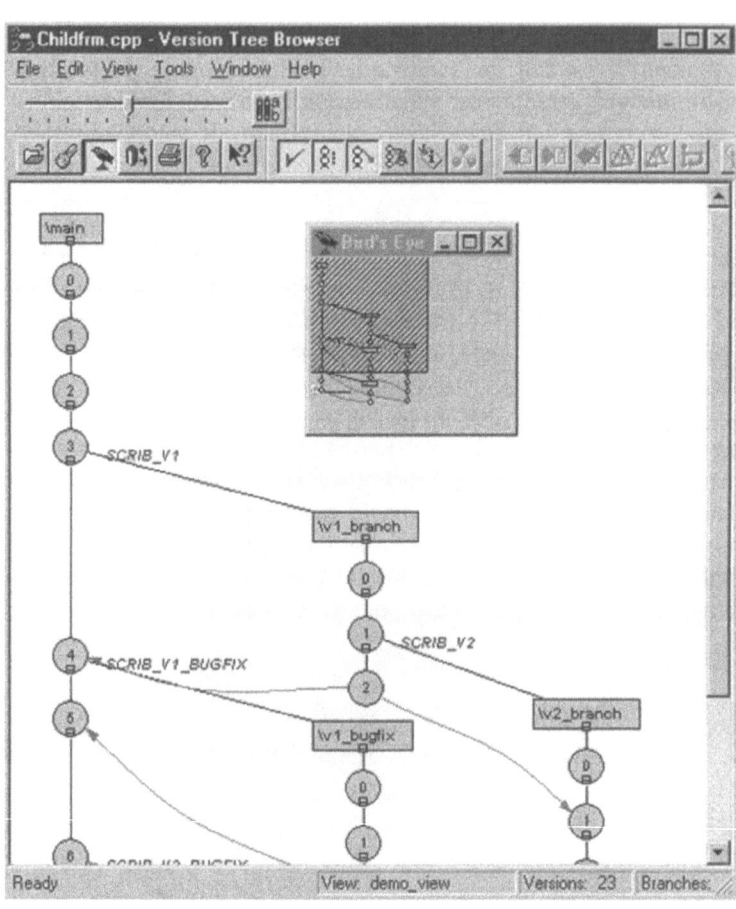

Das Versionieren von Verzeichnissen wird benötigt, um

Gründe zum Versionieren von Verzeichnissen

- Veränderungen von Dateien,
- Erzeugen von neuen Dateien,
- Umbenennen von Dateien,
- Erzeugen neuer Unterverzeichnisse und
- Verschieben von Dateien zwischen verschiedenen Verzeichnissen

zu erfassen. Das Konfigurationsmanagement bietet dazu eine vollständige Verzeichnis-Versionierung und unterstützt ebenfalls automatisierte Vergleiche sowie die Zusammenführung von Verzeichnissen. Diese Fähigkeit des Versionierens versetzt die Anwender in die Lage, alle Änderungen innerhalb eines speziellen Verzeichnisses zu identifizieren.

Das Konfigurationsmanagement kann somit eingesetzt werden, um unterschiedliche Versionen beliebiger Objekte im Software-Entwicklungs-Lebenszyklus zu verwalten, dazu zählen im einzelnen:

- Nicht-Textdateien
- Verzeichnisse und Tools
- Sourcecode
- Bibliotheken
- Compiler
- Anforderungsdokumente
- Design-Entwürfe
- Anwenderdokumentationen
- Binärdateien
- Testserien
- Datenbanken
- u.v.m.

Zu verwaltende Objekte

5.5 Neue Metriken durch den Rational Unified Process

Der Rational Unified Process hat einen erheblichen Einfluß auf die Aufwendungen, die für die jeweiligen Phasen der Software-Entwicklung notwendig sind. In Kapitel 1 wurde bereits erwähnt, daß die zu hohen und vor allem unkontrollierbaren Aufwendungen bei der Integration mit eine der Ursachen für die Softwarekrise sind.

Zur Erinnerung sollen noch einmal die Kennzahlen für einen herkömmlichen Prozeß in Tabelle 3 aufgelistet werden:

Unkontrollierbare Aufwendungen bei der Integration

Management	5%
Anforderungen	5%
Design	10%
Codierung und Einheitentest	30%
Integration und Test	**40% und mehr**
Verteilung	5%
Werkzeugausstattung	5%
Summe	100%

Tabelle 3: Aufwendungen für die Projektphasen bei herkömmlichen Projekten

Wie sieht diese Verteilung nun bei einem modernen Prozeß wie dem Rational Unified Process aus? Ziel war es, die 40% Aufwand, die in die Integration und den Integrationstest investiert wurden, deutlich zu reduzieren. Dies ist auch gelungen, indem die Integration im Rational Unified Process nicht mehr als „Big Bang" durchgeführt wird, sondern bereits sehr früh damit begonnen wurde. Zudem wurde mehr Aufwand in die frühen Phasen des Anforderungsmanagements, das in Kapitel 4 ausführlich beschrieben wurde, investiert. Die Auswirkungen sind Tabelle 4 zu entnehmen.

Tabelle 4: Aufwendungen für die Projektphasen bei modernen Projekten

Management	10%
Anforderungen	10%
Design	15%
Codierung und Einheitentest	25%
Integration und Test	25%
Verteilung	5%
Werkzeugausstattung	10%
Summe	100%

Doch auch hinsichtlich der Qualitätsverbesserung hat der Rational Unified Process gegenüber dem herkömmlichen Prozeß einige Veränderungen bewirkt. Tabelle 5 stellt die beiden Prozesse gegenüber:

Tabelle 5: Qualitätsverbesserung durch den Rational Unified Process

Faktor	Herkömmlicher Prozeß	Rational Unified Process
Mißverständnis von Anforderungen	Späte Entdeckung	Frühzeitige Auflösung
Risiken bei der Entwicklung	Unbekannt bis es zu spät war	Frühzeitige Erkennung
Kommerzielle Komponenten	Nahezu unbekannt	Verfügbar
Änderungsmanagement	Spät im Life-cycle und chaotisch	Früh im Life-cycle und koordiniert
Designfehler	Späte Entdeckung	Frühzeitige Entdeckung
Automatisierung	Meist manuell	Häufig genutzt
Ressourcenbedarf	Unvorhersehbar	Planbar
Zeitplan	Meist überschritten	Anpaßbar an Qualität, Performance und Technology
Performance-Messungen	Papierbasierte Analyse oder separate Simulation	Prototypen, frühes Performance Feedback

Faktor	Herkömmlicher Prozeß	Rational Unified Process
Fortschrittsmessungen	Dokumentenbasiert	Werkzeuggestützt

Wie sieht die Zukunft aus? Ziel der Autoren des Rational Unified Process ist es, zunehmend mehr Ausgeglichenheit über die einzelnen Phasen zu erreichen, so daß die Aufwendungen bei allen Projektphasen zwischen 10% und 20% liegen. Tabelle 6 zeigt eine mögliche Perspektive.

Management	10%
Anforderungen	10%
Design	15%
Codierung und Einheitentest	20%
Integration und Test	20%
Verteilung	15%
Werkzeugausstattung	10%
Summe	100%

Tabelle 6: Aufwendungen für die Projektphasen bei zukünftigen Projekten

5.6 Eine Erweiterung des Rational Unified Process

Der Rational Unified Process läßt noch einige Punkte des Projektmanagements offen. Zum Teil liegt dies daran, daß einige dieser Aspekte nicht in direktem Zusammenhang mit der Software-Entwicklung stehen. Zum anderen sind jedoch auch einige Aspekte etwas vage formuliert, so daß sie einer gewissen Präzisierung bedürfen.

In den folgenden Abschnitten soll daher eine Art Leitfaden gegeben werden, wie Sie als Projektleiter sich den Rational Unified Process ideal auf Ihre Bedürfnisse anpassen bzw. ergänzen können. (Einige kleinere Aspekte – wie zum Beispiel das Projekttagebuch – werden im weiteren Verlauf des Kapitels behandelt)

5.6.1 Eigene Best Practices

Der Rational Unified Process zieht seinen größten Vorteil aus den Best Practices, doch Best Practices entwickeln sich ständig weiter. Daher ist der Rational Unified Process ein lebender Prozeß, der kontinuierlich von Rational Software weiterentwickelt wird. Doch entstehen Best Practices nicht nur bei Rational Software – sie entstehen ebenso in *Ihrem* Hause durch *Ihre* Erfahrungen innerhalb *Ihrer* Softwareprojekte.

Daher ist es für Sie wichtig, Ihre Erfahrungen in dem Prozeß zu integrieren. Betrachten Sie nochmals die sechs Best Practices des Rational Unified Process:

Die sechs Best Practices
- Iterative Software-Entwicklung
- Anforderungsmanagement
- Verwendung komponentenbasierter Architekturen
- Visuelle Softwaremodellierung
- Prüfung der Softwarequalität.
- Kontrolliertes Änderungsmanagement

Hierbei handelt es sich nur um sogenannte Headlines. Wie können Sie nun diese Best Practices mit Leben füllen? In diesem Buch wurde bereits auf das Prinzip einer iterativen Software-Entwicklung eingegangen. Doch iterative Software-Entwicklung führt man nicht so einfach ein, wie man zum Beispiel einen Schalter umlegt. Auch für Sie als Projektleiter ist die Planung eines iterativen Projektes nicht einfach. Philippe Kruchten geht in Kapitel 6 ausführlich darauf ein.

Ihre eigenen Best Practices
Ziel dieses Abschnittes soll es nicht sein, daß Sie zusätzliche Best Practices versuchen zu finden. Ziel ist es vielmehr aufzuzeigen, wie Sie diese Best Practices auf Ihr Unternehmen adaptieren können, um sie dann um Ihre eigenen Best Practices zu erweitern. Gehen Sie dabei von hinten nach vorne vor – sehen Sie sich zuerst die Vorteile oder den Nutzen der jeweiligen Best Practices an und überlegen Sie sich, wie Sie mit Ihrem Projektteam diese für Ihr Projekt am besten ausnutzen können. Diese Vorgehensweise soll exemplarisch anhand der iterativen Software-Entwicklung vorgestellt werden.

Was sind die wesentlichen Vorteile der iterativen Software-Entwicklung? Der Rational Unified Process gibt darauf die folgende Antwort:

Vorteile der iterativen Software-Entwicklung
- Risiken können eher erkannt und eingedämmt werden.
- Änderungen können besser gemanagt werden.
- Es existiert ein höherer Grad der Wiederverwendung.
- Das Projektteam kann während des Projekts hinzulernen.

5.6.1.1
Best Practices zur Risikominimierung

Am Anfang dieses Kapitels wurde bereits auf das Thema Risikomanagement eingegangen und erläutert wie durch den iterativen Ansatz die Risiken innerhalb jeder Iteration eingedämmt werden können. Wesentliche Artefakte waren auf der einen Seite die Risikoliste und auf der anderen die Risikomatrix.

Wie können Sie nun davon für Ihr Projekt profitieren? Überlegen Sie sich, wann bei Ihrem letzten Projekt die Risiken von Ihnen erkannt wurden und wann sie eliminiert wurden. Sie werden bald feststellen, daß Sie Risiken sicherlich bereits sehr früh erkannt haben, aber mit der Eliminierung sehr spät begonnen haben. Im Regelfall erst bei der Integration, was natürlich ein viel zu später Zeitpunkt ist.

Machen Sie sich eine Art Checkliste mit den folgenden Punkten:

1. Vorfeldanalyse   *Checkliste hilft*
   - Wann wurde das Risiko erkannt?
   - Was wurde als Worst Case angenommen?
   - Was wurde als realistische Auswirkung angenommen?
2. Nachbetrachtung
   - Ist das Risiko eingetreten oder konnte es eliminiert werden?
   - Wenn das Risiko eliminiert wurde:
   - Wann ist es eliminiert worden, also wieviel Zeit lag zwischen Erkennen und Beseitigen?
   - Was hat die Eliminierung gekostet und wie wurde das Risiko beseitigt?
   - Was konnten Sie für Folgeprojekte daraus lernen?[10]
   - Wenn das Risiko eingetreten ist:
   - Wann ist es eingetreten?
   - Welche Kosten sind entstanden?
   - Haben die Kosten mit der Planung halbwegs übereingestimmt?
   - Wie hätten Sie das Eintreten nachträglich betrachtet verhindern können?[11]

---

[10] Dieser Punkt ist besonders wichtig und sollte ausführlich festgehalten werden, da es sich hier um *eigene* Best Practices handelt.
[11] Auch hierbei handelt es sich um Ihre eigenen Best Practices.

Input-Artefakt für Risikoliste und Risikomatrix	Auf Basis dieser Liste können Sie Ihre Vorgehensweise im nächsten Projekt zum Risikomanagement sehr gut planen. Sie dient also als Input-Artefakt für die Risikoliste und Risikomatrix.

5.6.1.2
Best Practices für das Anforderungsmanagement

Als nächstes soll betrachtet werden, inwieweit das Änderungsmanagement durch Verwendung eines iterativen Ansatzes besser in den Griff zu kriegen ist, als dies bei Ihrer vorherigen Vorgehensweise der Fall war. Kapitel 4 ist ja bereits ausführlich auf das Anforderungs- und Änderungsmanagement eingegangen. In Kapitel 1 wurde aufgezeigt, daß sich ändernde Anforderungen eine der wesentlichen Ursachen für die Softwarekrise sind. Sie als Projektleiter dürften hier schon einige schmerzhafte Erfahrungen gesammelt haben.

Kommunikation mit Auftraggeber nach jeder Iteration	Und genau darum geht es, wenn Sie Ihre eigenen Best Practices in den Rational Unified Process integrieren wollen. Die Tatsache, daß ein iterativer Ansatz bei sich ändernden Anforderungen die bessere Vorgehensweise ist, dürfte unumstritten sein, da hier eine wesentlich intensivere Kommunikation nach jeder Iteration mit dem Auftraggeber stattfindet. Wie schon beim Risikomanagement hilft Ihnen auch hier die Checkliste weiter. Die folgenden Kriterien sollten dabei berücksichtigt werden:
Wie war es beim letzten Projekt	• Wie viele Anforderungen blieben über die Projektzeit konstant?[12]

- Zu welchem Zeitpunkt kamen die Änderungen? Erstellen Sie hier eine Zeitskala, in der Sie die wesentlichen Änderungswünsche eintragen. Versuchen Sie dies bereits auf die vier Phasen des Rational Unified Process zu übertragen.
- In welcher Form (schriftlich als Text, als Diagramm, mündlich, E-mail etc.) trafen die Änderungswünsche bei Ihnen ein?
- Von wem kamen die Änderungswünsche? Machen Sie eine Aufstellung, aus der das Verhältnis zwischen Änderungswünschen, die vom Endanwender kamen, und solchen von den übrigen Stakeholdern kamen, ersichtlich wird.

---

[12] Ziel hierbei ist es, zu ermitteln wie das Verhältnis von Anforderungen zu sich ändernden Anforderungen ist. Dieses Verhältnis variiert sicherlich von Projekt zu Projekt. Wenn Sie jedoch für ein und denselben Kunden mehrere Projekte abwickeln, haben sie für Ihre Projektverhandlungen mit dem Auftraggeber eine signifikante Kennzahl!

- Welche Rückstellungen hatten Sie in Ihrem Projektbudget für solche Änderungswünsche und wie waren die tatsächlichen Kosten, die durch die Änderungswünsche verursacht wurden?
- Welche Taktiken hatten Sie angewendet, um Ihren Auftraggeber vom Änderungswunsch wieder abzubringen?
- Gab es Funktionalitäten, wo Sie bereits zu Projektbeginn absehen konnten, daß hier Änderungswünsche eintreffen können und wie haben Sie das in Ihrem Projekt berücksichtigt?[13]
- Hat sich ein Mitarbeiter Ihres Projektes dabei besonders geschickt angestellt, eventuell Änderungswünsche verhindert oder sehr gut die Auswirkungen der Änderung auf das restliche Projekt eingeschätzt? (Wenn ja haben Sie bereits Ihren Anforderungsgutachter gefunden!)

Potentieller Anforderungsgutachter

5.6.1.3
Best Practices bei der Wiederverwendung

Wiederverwendung ist das Schlagwort, durch das die Objektorientierung ihren Erfolg hatte. Genauso groß wie die anfängliche Euphorie war, genauso groß war die schnell einsetzende Enttäuschung, daß es Wiederverwendung nicht umsonst gibt. Objektorientierte Software zu entwickeln ist eine Sache, Komponenten zu entwickeln, die in weiteren Projekten zum Einsatz kommen, eine andere.

Wiederverwendung kostet Geld

Durch den Einsatz des Rational Unified Process wird die Wiederverwendung zwar erleichtert, sie wird jedoch keinesfalls „automatisch" hergestellt. Grady Booch befaßt sich seit einiger Zeit mit dem Thema Wiederverwendung und Komponenten, sein demnächst erscheinendes Buch wird darüber einigen Aufschluß geben.

Wenn Sie bisher noch nie Komponenten entwickelt haben und nun zum ersten Mal ein Projekt nach dem Rational Unified Process abwickeln, vergessen Sie alles über Wiederverwendung. Konzentrieren Sie sich auf Ihr erstes Projekt. Wenn Sie im Laufe der Konstruktionsphase entdecken, daß Sie das, was gerade entwickelt wird, vielleicht in einem anderen Projekt ebenfalls gebrauchen könnten, können Sie sich das irgendwo notieren – mehr nicht. Die Entwicklung von Komponenten verlangt wesentlich mehr Aufwand, als die von „normaler" Software. Diese Zeit haben Sie besonders in Ihrem ersten Projekt nicht!

Im ersten Projekt noch nicht auf Wiederverwendung achten

---

[13] Auch hierbei handelt es sich um eine eigene Best Practice, die Sie ausführlich dokumentieren sollten.

5.6.1.4
Best Practices bei der Teamqualifizierung

Die Verwendung des Rational Unified Process bietet Ihnen unterschiedliche Möglichkeiten Ihr Projektteam zu qualifizieren. Der iterative Ansatz ist eine davon. Ihr gesamtes Projektteam lernt durch die Anzahl der Iterationen während der Arbeit – so lautet der Ansatz des Rational Unified Process.

Mitarbeitern mit unterschiedlichen Schwerpunkten und unterschiedlichen Qualifikationen

Doch was bedeutet das für Sie als Projektleiter? In erster Linie haben Sie ein Projektteam, das sich aus Mitarbeitern mit unterschiedlichen Schwerpunkten und unterschiedlichen Qualifikationen zusammensetzt. Bei der Einführung eines neuen Prozesses kommen auf jeden von diesen neue Aufgaben und neue Verantwortlichkeiten zu. Um hier keine Fehler zu machen, sollten Sie die bewährte Checkliste wieder benutzen. Diese sollten Sie zum Teil zusammen mit Ihren Projektmitarbeitern erstellen. Die folgenden Kriterien gilt es zu überprüfen:

- Wer kann was am besten?
- Wer ist für welche Aufgabe *nicht* geeignet?[14]
- Wer hat wo am meisten Interesse?
- Wer kann eventuell einen neuen Prozeß nicht mehr umsetzen?
- Wer hat sich in bisherigen Projekten so beweisen können, daß er eventuell im Rational Unified Process eine Führungsrolle übernehmen könnte?
- Wer muß zunächst durch eine separate Schulung ausgebildet werden, bevor er qualifiziert genug ist, um die erste Iteration zu bearbeiten?

Einführungsplan als Basis

Im nächsten Schritt muß diese Kriterienliste in einen Einführungsplan umgesetzt werden. Erst dann kann das Team anfangen, im Projekt zu lernen.

5.6.2
Stakeholder

Der Begriff Stakeholder ist bereits des öfteren in diesem Buch aufgetaucht. Zu Erinnerung nochmals die Definition:

---

[14] Sozusagen als Ausschlußkriterium für die Besetzung von Workern.

Ein Stakeholder wird durch eine beliebige Person eines Unternehmens repräsentiert, die ein berechtigtes Interesse am Ergebnis des Projekts hat. Ein Stakeholder kann ein Endbenutzer, ein Entwickler, ein Projektmanager usw. sein.

Definition: Stakeholder

Im Original Rational Unified Process beschränkt sich die Definition eines Stakeholders auf den Satz: *An individual who is materially affected by the outcome of the system.* Die obige Definition beschreibt zwar, wer bzw. was ein Stakeholder **ist**, gibt jedoch keinerlei Aufschluß darüber, wer ein Stakeholder **sein muß**! Stimmen die „falschen" Personen einer Entscheidung im Projekt zu, so kann die anschließende Entwicklung zwar deren Bedürfnisse erfüllen, doch was nutzt das, wenn die „wahren" Entscheidungsträger nicht in die Entscheidungsfindung involviert wurden und nun zufrieden sind?[15]

Hierzulande hat sich die Institution des *Projektlenkungsausschusses* mittlerweile erfolgreich etablieren können. Alle Mitglieder dieses Projektlenkungsausschusses sind naturgemäß Stakeholder des Projektes. Die Eigenheiten des Projektes – wie zum Beispiel die Kritikalität oder die Investitionssumme – bestimmen, wie sich dieser Projektlenkungsausschuß zusammensetzt. Handelt es sich zum Beispiel um ein Projekt, in dem unternehmenskritische Prozesse geändert oder automatisiert werden sollen, ist ein Mitglied der Geschäftsleitung oder des Vorstandes (je nach Unternehmensorganisation) in diesem Projektlenkungsausschuß vertreten. Handelt es sich hingegen nur um ein Projekt, das den internen Bestellvorgang einer einzelnen Abteilung abdeckt, so wird sicherlich außer dem entsprechenden Abteilungsleiter kein weiterer „Hierarch" im Projektlenkungsausschuß sitzen.

Projektlenkungsausschuß als zusätzliches Gremium

Welche Bedeutung hat das nun für Sie als Projektleiter? Es ist sicherlich ein zusätzlicher Aufwand, wenn ein Projektlenkungsausschuß existiert, an den Sie berichten müssen. Doch – und das ist wesentlich wichtiger – es bedeutet für Sie in erster Linie eine zusätzliche Absicherung, besonders wenn Sie ein unternehmenskritisches Projekt leiten!

Sicherheit für den Projektleiter

---

[15] Je nach Projektsituation werden diese Entscheidungsträger schon alleine deshalb nicht zufrieden sein, weil sie nicht involviert wurden, unabhängig vom eigentlichen Inhalt der Entscheidung. Klassisches Beispiel für eine politische Verweigerung einer Abnahme!

5.6.3
Unterauftragnehmer-Management

Heutzutage werden eine Vielzahl von Projekten nicht mehr in einem direkten 1:1-Verhältnis zwischen Auftraggeber (AG) und Auftragnehmer (AN) abgewickelt, vielmehr liegt immer häufiger ein 1:n-Verhältnis vor. Das bedeutet, daß es einen Generalunternehmer und eine Reihe von Unterauftragnehmern gibt.

Generell sind dabei zwei Klassen von Unterauftragnehmern zu unterscheiden:

Unterschiedliche Unterauftragnehmer
- Unterauftragnehmer, die vom Auftraggeber vorgeschrieben werden, wo Sie also auf die Auswahl des Unternehmens keinen direkten Einfluß haben.
- Unterauftragnehmenr, die Sie selbst „an Bord nehmen", zu denen demzufolge Ihr Auftraggeber keinen direkten Bezug hat.

So einfach diese Unterscheidung ist, viele Projektmanager machen genau *den* Fehler, daß sie diese Unterscheidung nicht vornehmen. Und das ist ein großer Fehler – warum, das soll im folgenden dargestellt werden.

5.6.3.1
Vom Auftraggeber vorgegebener Unterauftragnehmer

Ein Unterauftragnehmer, der Ihnen vom Auftraggeber quasi vor die Nase gesetzt wird, hat in der Regel bereits längere und vor allem gut funktionierende Geschäftsbeziehungen zu Ihrem Auftraggeber. Unter Umständen war er bisher ausschließlich in direktem Kontakt mit Ihrem Auftraggeber und ist in Ihrem Projekt zum erstenmal als Unterauftragnehmer tätig – vielleicht weil das Projekt einen Umfang überschreitet, den Ihr Kunde diesem Unterauftragnehmer nicht mehr zutraute.

Als Generalunternehmer stehen Sie jetzt vor der folgenden Situation:

Vorgesetzter Unterauftragnehmer
- Sie müssen mit einem Unternehmen zusammenarbeiten, das nicht Sie sich ausgesucht haben, sondern das Ihr Auftraggeber Ihnen vorschreibt. Unter Umständen kennen Sie dieses Unternehmen gar nicht. Aber Ihr Auftraggeber sieht nur Sie als Gesamtverantwortlichen und macht auch nur Sie direkt für den Projekterfolg oder Mißerfolg verantwortlich.

- Ihr „Blind Date" ist in einer ähnlichen Situation: Er arbeitet zwar noch für den gleichen Endkunden – doch Sie sind als eine Art Zwischenlager ihm vor die Nase gesetzt worden. Plötzlich rechnet er nicht mehr mit seinem gewohnten (und natürlich auch vertrauten) Kunden ab – nein, Sie sind jetzt der Empfänger seiner Rechnungen. Er muß also eine funktionierende Geschäftsbeziehung gegen eine neue unbekannte Beziehung eintauschen – zumindest aus kaufmännischer Sicht.

  Auch für den Unterauftragnehmer ist es nicht leicht

- Auch Ihr Auftraggeber hat seine Probleme – unter Umständen kann die neue Konstellation nicht so funktionieren, wie er sich das vorgestellt hat. Daß er für einen erhöhten administrativen Aufwand bezahlen muß, ist ihm in der Regel klar. Doch ob sich diese monetären Mehraufwendungen auch in einem direkten qualitativen Mehrwert widerspiegeln, ist für Ihren Auftraggeber ein großer Unsicherheitsfaktor.

- Je nach unternehmerischem Schwerpunkt Ihres Unternehmens und des Unterauftragnehmers können hier eventuell technologische Welten aufeinander prallen, die nun innerhalb kürzester Zeit harmonisiert werden müssen – keine leichte Aufgabe, besonders unter Berücksichtigung der bisher aufgezählten Punkte.

  Technologische Unterschiede müssen bewältigt werden

Die folgenden Aktivitäten können eine gute Basis für die Zusammenarbeit schaffen:

- Wenn sowohl für Ihr Unternehmen als auch für den Unterauftragnehmer eine neue Technologie oder ein neues Werkzeug innerhalb des Projektes zum Einsatz kommen soll, versuchen Sie eine gemeinsame Schulung zu veranstalten.

- Integrieren Sie den Unterauftragnehmer in jede Projektbesprechung und zeigen Sie ihm damit, daß Sie die gleiche Achtung und Wertschätzung vor ihm haben, wie das offensichtlich ja auch Ihr Auftraggeber hat.

- Versuchen Sie von Ihrem Unterauftragnehmer zu lernen, er kennt den Kunden bereits – Sie in der Regel nicht! Wenn nicht ohnehin vom Auftraggeber so vorgesehen, integrieren Sie ihn im Projektmanagement (zum Beispiel im Projektlenkungsausschuß).

  Basis für eine gute Zusammenarbeit

5.6.3.2
Von Ihnen ausgewählte Unterauftragnehmer

Andere Situation — Wenn Sie einem Kunden ein Projekt anbieten und dabei von vornherein einen oder mehrere Unterauftragnehmer in die Projektabwicklung eingeplant haben, liegt eine völlig andere Situation vor, als sie in dem vorherigen Abschnitt beschrieben wurde. Jetzt haben Sie zu Recht die volle Verantwortung und der Auftraggeber wird Sie auch für jeden Fehler, der vom Unterauftragnehmer begangen wird, zur Rechenschaft ziehen.

Eventuelle Krisen im Vorfeld berücksichtigen — Daher ist es für Sie von Bedeutung, daß Sie bereits im Vorfeld der künftigen Zusammenarbeit mit dem von Ihnen ausgewählten Unterauftragnehmer schriftliche Regelungen für eventuelle Krisensituationen fixiert haben. Hier ist ein enger Zusammenhang zur Risikoliste herzustellen, die Sie für Ihr Projekt erstellt haben.

Es sind jedoch auch hier zwei wesentliche Fälle zu unterscheiden, die eintreten können:

- Unterauftragnehmer, mit denen Sie bereits erfolgreich andere Projekte abgewickelt haben.
- Unterauftragnehmer, mit denen Sie bisher noch nie zusammengearbeitet haben

Mehr Substanz für die Risikoliste — Auch hier sind so eine Art Best Practices festzustellen: Unterauftragnehmer, mit denen Sie schon zusammengearbeitet haben, kennen Sie sowohl hinsichtlich der Stärken und Schwächen. Sie wissen worauf Sie zu achten haben und worauf Sie sich verlassen können. Die Risikoliste wird also mit wesentlich mehr Substanz aufgebaut.

Anders verhält es sich in der zweiten Situation. Hier kennen Sie den Unterauftragnehmer allenfalls von seinem „Marktruf". Sehr wahrscheinlich haben Sie auch auf Basis dieses Marktrufes den Unterauftragnehmer ausgewählt. Hier ist die Risikoliste von wesentlich größerer Unschärfe. Sie muß nach jeder Iteration gründlichst überarbeitet werden, denn die wahren Stärken und Schwächen Ihres Unterauftragnehmers lernen Sie erst jetzt im Projektverlauf genauer kennen.

5.6.3.3
Die Auswahl des Unterauftragnehmers

Wenn Sie vom Auftraggeber keinen Unterauftragnehmer vorgesetzt bekommen, haben Sie freie Auswahl auf dem Markt. Wesentliches Auswahlkriterium für die Selektion des Unterauftragnehmers ist dabei der *Grund, warum* Sie einen Unterauftragnehmer benötigen. Hier können unterschiedliche Gründe vorliegen:

- In Ihrem Projekt wird eine bestimmte Technologie erwartet, die Sie jedoch nicht unterstützen.
- In Ihrem Projekt wird zusätzlich eine bestimmte Hardware erwartet, Sie benötigen also einen Hardwarelieferanten.[16]
- Sie haben nicht genügend Ressourcen frei und müssen auf zusätzliche Manpower eines Unterauftragnehmers zurückgreifen.
- Ihr Auftraggeber verlangt, daß die Qualitätssicherung oder die Geschäftsprozeßmodellierung des Projektes von einem externen Unternehmen vorgenommen wird, dessen Auswahl jedoch Ihnen überlassen bleibt.

Wofür braucht man Unterauftragnehmer?

Diese Kriterien engen den Kreis der zur Verfügung stehenden Kandidaten automatisch ein. Findet sich dabei kein Unterauftragnehmer, mit denen Sie schon mal kooperiert haben, gibt es einige Richtlinien, anhand derer der optimale Kandidat gefunden werden kann:

- Welche Referenzliste hat der Unterauftragnehmer? Wenden Sie sich dabei nicht an den Endkunden, sondern an den ehemaligen Generalunternehmer! Rufen Sie ihn an und fragen nach Stärken und Schwächen, damit haben Sie eine Basis für die Risikoliste.
- Gibt es über die Projektlaufzeit hinaus weitere potentielle Zusammenarbeitsfelder? Ist zum Beispiel die Technologie eine Technologie, die Sie ohnehin dringend benötigen? Wollen Sie vielleicht ohnehin expandieren und finden auf dem Arbeitsmarkt keine passenden Ressourcen? Eventuell ergibt sich hier eine völlig neue Alternative: der Aufkauf des Unterauftragnehmers.
- Die besten Informationen über einen potentiellen Unterauftragnehmer stammen natürlich von den Mitarbeitern oder ehemaligen Mitarbeitern dieses Unterauftragnehmers. Überprüfen Sie Ihre eigenen Mitarbeiter, bei dem derzeitig festzustellenden Jobhopping in der IT-Branche ist es durchaus wahrscheinlich, daß der ein oder andere Mitarbeiter Ihres Unternehmens in seiner Vergangenheit bei dem Unterauftragnehmer beschäftigt war.

Richtlinien zur Kandidatenauswahl

warum nicht gleich kaufen?

---

[16] Hier liegt wiederum eine besondere Situation vor, da in diesem Fall klare, von einander getrennte Zuständigkeiten im Projekt existieren. Sicherlich kann es immer noch zu Problemen kommen (verträgt sich die Hardware mit der Software), diese können jetzt jedoch in der Risikoliste klar herausgearbeitet werden, womit die Planung des Projektes wesentlich fundierter wird.

5.6 Eine Erweiterung des Rational Unified Process

Die wesentlichen Kriterien können über eine derartige Checkliste überprüft werden. Was dann noch fehlt, ist eigentlich das wichtigste Zusammenarbeitskriterium – und das läßt sich leider nicht über eine derartige Checkliste überprüfen: Die Chemie zwischen Generalunternehmer und Unterauftragnehmer muß stimmen, das heißt:

Auf die Chemie kommt es an

- Passen die Unternehmenskulturen zusammen
- Paßt die Altersstruktur des Projektteams zusammen
- Paßt die Einstellung zum Projekt zusammen

Diese Erfahrungen können zum Teil nur im Projekt gesammelt werden, daher bleibt immer ein Restrisiko offen. Um so bedeutender wird die Sorgfältigkeit, mit der die Risikoliste erstellt und gepflegt werden muß.

5.7 Weitere Gesichtspunkte des Projektmanagements

Der Rational Unified Process betrachtet das Projektmanagement hauptsächlich von der Seite der Software-Entwicklung. Doch Projektmanagement hat noch eine Vielzahl anderer Gesichter, die von dem Rational Unified Process nur oberflächlich abgedeckt werden. Für eine erfolgreiche Projektabwicklung spielen diese Gesichtspunkte jedoch eine ebenso wichtige Rolle.

Projektmanagement hat viele Gesichter

In den folgenden beiden Abschnitten sollen daher zwei dieser Gesichtspunkte beleuchtet werden, einerseits das Projekttagebuch und andererseits die Anforderungen, die an Projektleiter gestellt werden, also eine Auflistung von Kriterien, die ein guter Projektleiter erfüllen sollte. Dabei wird auch auf die „Bedürfnisse" von Projektleitern eingegangen, die diese an das Unternehmen haben, bei dem sie beschäftigt sind.

5.7.1 Das Projekttagebuch

Die Erfahrung hat gezeigt, daß ein gutes altes Kochrezept von Großmutter immer noch eines der nützlichsten Hilfsmittel für einen Projektleiter ist: Das Projekttagebuch – ein Artefakt, das für jedes Projekt erstellt und gepflegt werden soll. Dieses wird in regelmäßigen Abständen vom Projektleiter geführt, alle Eintragungen werden vom Kunden gegengezeichnet. Was im ersten Moment nach Aufwand und Diskussionsbedarf klingt, wird sich im Verlaufe des Projektes als wertvolles Instrument zur Klärung auftretender Streitigkeiten herausstellen.

Besonders bei größeren Projekten, die über mehrere Jahre laufen, hat sich dieses Projekttagebuch bewährt. Schließlich sind gewisse Projektsituationen sowohl dem Auftraggeber als auch dem Auftragnehmer einige Zeit in Erinnerung – doch im Laufe der Jahre verschwimmen diese Erinnerung. Es muß noch nicht einmal böse Absicht dahinter liegen, wenn plötzlich Tatsachen verdreht sind. Hier ist das von beiden Seiten abgezeichnete Tagebuch eine gute Gedächtnisstütze.

Projekttagebuch ist besonders für größere Projekte geeignet

Wie ist ein solches Projekttagebuch zu führen? Hier gibt es mehrere Richtlinien:

- In der Kürze liegt die Würze: Wie bereits eingangs erwähnt, haben textuelle Beschreibungen die Eigenschaft, daß sie falsch interpretiert werden können. Daher sollten Sie sich hier auf klare Fakten beschränken, die in Form von Stichpunkten festgehalten werden sollen.

Richtlinien für ein Projekttagebuch

- Zahlen sind hingegen nicht mißinterpretierbar, daher sollten Sie versuchen, möglichst viele Dinge in Zahlen auszudrücken, wie zum Beispiel:

- Anzahl der Tage, die durch ein Verschulden des Auftraggebers zusätzlich im Projekt investiert wurden.
- Zusätzliche Kosten, die durch eine Anschaffung von weiterer – im Vorfeld nicht eingeplanter – Hardware entstanden sind.
- Anzahl der Tage, die sich das Projekt verzögert hat, weil vom Auftraggeber versprochene Informationen nicht rechtzeitig bereitgestellt wurden.
- Als ideales Werkzeug zum Führen dieses Projekttagebuches bietet sich eine simple Excel-Liste an.

5.7.2
Anforderungen an Projektleiter

Der Rational Unified Process macht nur wenige Angaben darüber, welche Eigenschaften ein Worker haben muß, um einen idealen Projektleiter abzugeben. Doch sollten die bisherigen Angaben darüber ausreichend Aufschluß gegeben haben. Trotzdem soll an dieser Stelle zunächst darauf eingegangen werden, welche Kriterien **nicht**

Nicht jeder ist geeignet

dafür ausschlaggebend sein sollten, wer zum Projektleiter ernannt wird.

Ich gehe deshalb explizit darauf ein, weil ich in meiner bisherigen Laufbahn schon viel zu oft miterlebt habe, daß genau die jetzt aufgeführten „Nichtkriterien" als Kriterien herangezogen wurden.

5.7.2.1
„Nichtkriterien" für Projektleiterqualifikationen

Dauer der Firmenzugehörigkeit

- *Dauer der Firmenzugehörigkeit* – Nur weil Mitarbeiter A schon seit Jahren in der Firma ist und noch nie Projektleiter war, stellt dies keinen Grund dar, ihn zum Projektleiter zu ernennen. Genau das Gegenteil ist der Fall, es wird schon Gründe geben, warum er bisher noch kein Projektleiter war bzw. seit Jahren die gleiche Position bekleidet: Er ist offensichtlich nicht dazu in der Lage, eine Führungsposition zu bekleiden. Und Projektleiter ist eine Position, die Führungsqualitäten verlangt (siehe auch unten).

Ersteller des Angebotes

- *Ersteller des Angebotes* – Besonders bei Dienstleistungsunternehmen kommt es häufig vor, daß derjenige Mitarbeiter, der das Angebot geschrieben hat, nach der Zuteilung des Auftrages automatisch zum Projektleiter wird. Ein Proposalmanager hat in der Regel vertriebstechnische Fähigkeiten – deshalb wurde auch das Angebot gewonnen, aber ob er damit auch die Fähigkeit zur Projektleitung hat, steht auf einem anderen Blatt. Meist ist genau das Gegenteil der Fall!

Verhältnis zum Auftraggeber

- *Gutes (privates) Verhältnis zum Auftraggeber* – Projektmanagement bedeutet zu 60-80% Krisenmanagement, egal ob intern, innerhalb des Projektteams oder zum Vorgesetzten, oder extern, zum Auftraggeber. Ein enges Verhältnis wirkt hier eher kontraproduktiv – so sinnvoll eine derartige Beziehung für Vertriebsmitarbeiter ist, so schädlich ist sie für Projektleiter. Die Projekte, wo alles reibungslos abläuft, gibt es nicht mehr (gab es sie jemals?), Schönwetterpiloten gibt es genug innerhalb jedes Unternehmens – gesucht sind die echten Krisenmanager.

5.7.2.2
Kriterien zur Projektleiterqualifikation

Nachdem nun aufgezeigt wurde, wer **nicht** zur Projektleitung geeignet ist, soll nun auf die Fähigkeiten bzw. Voraussetzungen eingegangen werden, die zur Projektleitung notwendig sind. Sie lassen sich durchaus vergleichen mit den Kriterien, die für Führungskräfte angelegt werden.

- *Hartnäckigkeit*: Ein Projektleiter muß ein gewisses Durchhaltungsvermögen besitzen, auch wenn es unangenehm wird. Hier unterscheidet sich ganz offensichtlich der Manager vom Schönwetterpiloten. — Hartnäckigkeit
- *Selbstbewußtsein*: Ein Projektleiter, der sowohl vom Projekt als auch von seiner eigenen Rolle in dem Projekt und natürlich vom eigenen Unternehmen nicht hundertprozentig überzeugt ist, wird spätestens nach der zweiten oder dritten Krisensituation scheitern. — Selbstbewußtsein
- *Delegationsvermögen*: Ein guter Projektleiter zeichnet sich nicht dadurch aus, daß er nahezu jede Aufgabe innerhalb des Projektes selber lösen kann. Seine Qualität als Projektleiter wird vielmehr dadurch bewiesen, daß er weiß, wer aus seinem Projektteam die Aufgabe am *besten* lösen kann und diesen Mitarbeiter dementsprechend einteilt. Damit einher geht die Fähigkeit, Vertrauen zu seinem Projektteam zu entwickeln. Projektleiter, die typischerweise in jede Aktivität involviert sein wollen, sind keine Projektleiter, die an allem und jedem Interesse haben, sondern Projektleiter, die ein notorisches Mißtrauen gegenüber ihrem Team haben. Dieses Mißtrauen wirkt sich ziemlich schnell psychologisch auf das gesamte Team aus – wie es dann mit dem Projekterfolg aussieht, braucht wohl hier nicht mehr näher ausgeführt zu werden. — Delegationsvermögen
- *Sicheres Auftreten*: Ein Projektleiter steht immer im Rampenlicht – egal ob intern oder extern. Er übt damit automatisch für sein Team eine Vorbildfunktion aus und ist dabei gleichzeitig das Aushängeschild des Unternehmens. Das sind Anforderungen bzw. Herausforderungen, denen nicht jeder gewachsen ist. Neben den ohnehin schon vorhandenen Erfolgsdruck im Unternehmen gesellt sich noch ein schleichender Psychodruck. — Sicheres Auftreten

5.7.2.3
Das Prinzip des Mentors

Oft kommt es vor, daß innerhalb des Unternehmens bereits alle Personen, die obige Voraussetzungen erfüllen, bereits mit der Leitung von laufenden Projekten betraut sind. Plötzlich steht ein neues Projekt vor der Tür und sofort stellt sich die Frage, wer dieses Projekt nun leiten soll.

Unter Umständen auf externe Hilfe zurückgreifen

Hier gilt die Faustregel: Bevor eine unqualifizierte Person als Projektleiter ernannt wird, wo das Scheitern des Projektes bereits im Vorfeld abzusehen ist, sollte lieber auf externe Unterstützung zurückgegriffen werden, auch wenn dies vom ursprünglichen Budget nicht vorgesehen war. Doch lassen sich solche prikären Situationen auch umgehen – durch Verwendung des Prinzip des Mentors, was im folgenden näher beschrieben werden soll.

Die derzeitige Situation auf dem Arbeitsmarkt – und ich gehe davon aus, daß die Situation auf dem Arbeitsmarkt nach Erscheinen dieses Buches immer noch die selbe sein wird – erzwingt Unternehmen der Informationstechnik zur Selbsthilfe. Das Angebot an qualifizierten Kräften kann die Nachfrage maximal zu 30% abdecken. Anders ausgedrückt: Auf 10 offene Stellen kommen maximal drei passende Bewerber.

Doch betrachtet man diese Problematik global, so stellt man fest, daß hier ein Teufelskreis vorliegt. Die qualifizierten Bewerber sind nicht arbeitslos und warten auf irgendein Angebot, sie bekleiden vielmehr Schlüsselpositionen in anderen Unternehmen. Das bedeutet, daß wenn sie ein offenes Loch im Unternehmen A stopfen, automatisch ein neues in ihrem bisherigen Unternehmen aufreißen. Viele Unternehmen versuchen sich dadurch abzusichern, daß sie Spitzengehälter deutlich über 200 TDM für fähige Projektleiter bezahlen, nur um sie monetär an die Firma zu binden. Ob dieser Ansatz von Erfolg gekrönt ist, sei zu bezweifeln. Schließlich muß dieses Gehalt über das Projekt wieder erarbeitet werden.

Das Mentorenprinzip als Alternative

Daher gehen immer mehr Unternehmen nach dem Mentorenprinzip vor. Hier erhält ein gestandener Projektleiter einen Assistenten zur Seite gestellt – dieser ist jedoch keineswegs nur für die administrativen „Drecksarbeiten" im Projektleitergeschäft verantwortlich. Vielmehr soll er langsam auf seine eigene Projektleiterstellung vorbereitet werden.

Er durchläuft also eine Art Praxisschule. Der große Unterschied zum „echten" Job ist, daß er nicht die Last der Verantwortung zu tragen hat – zumindest nicht von Anfang an. Er wird im Laufe des Projektes sicherlich mehr und mehr an eigenen Verantwortungsbereichen zugeteilt bekommen, doch primär soll er in dem Projekt lernen.

Erst Mehraufwand – dann Entlastung

Für den Projektleiter bedeutet das natürlich einen nicht zu unterschätzenden Mehraufwand. Er muß sich quasi tagsüber um das Projekt kümmern und dann in Reviews seinen Assistenten qualifizieren. Trotzdem hört man keinerlei Klagen von diesen Projektleitern – sie wissen, daß hier ein Potential entsteht, was irgendwann – und zwar in absehbarer Zeit – zu ihrer eigenen Entlastung beitragen wird. Ich kann mich noch an Zeiten erinnern, wo ich zwei mehrjährige Großprojekte gleichzeitig geleitet hatte (in Ermangelung eines zusätzlichen Projektleiters), wäre mein damaliges Unternehmen dem Prinzip des Mentors gefolgt, wäre eine derartige Situation gar nicht erst entstanden.

Die geradezu logische Konsequenz war damals meine Kündigung, was wiederum den Verlust eines der beiden Großprojekte zur Folge hatte. Kurz darauf kündigte mein Nachfolger, was den Verlust des zweiten Großprojektes bewirkte und letztendlich die betriebsbedingte Auflösung des gesamten Bereiches verursachte. Ich führe dieses Beispiel hier deshalb auf, um aufzuzeigen, welche Konsequenzen für Unternehmen entstehen können, die am falschen Ende sparen.

Ferner soll dieses Beispiel auch die Erpreßbarkeit aufzeigen, der heutzutage viele Unternehmen unterliegen – mein Nachfolger hätte sicherlich eine 30-40% Gehaltssteigerung „rauspressen" können – der Verlust des zweiten Großprojektes war offensichtlich gewesen. Pikanterweise wanderte das Großprojekt zu dem gleichen Unternehmen, zu dem sowohl ich als auch mein Nachfolger gewechselt hatten, alle weiteren Folgeprojekte – die bereits zum damaligen Stadium abzusehen waren – ebenfalls!

Erpressungen entgegenwirken

Zusammenfassend lassen sich die folgenden Vorteile des Mentorenprinzips festhalten:

- Qualifizierte Projektleiter werden langfristig entlastet und können sich besser auf ihre Projekte konzentrieren.
- Existierende Mitarbeiter werden zu potentiellen Projektleitern qualifiziert, ohne daß sie für teures Geld eingekauft werden müssen. Das Unternehmen kann also seinen eigenen Nachwuchs „erzeugen".
- Das Unternehmen sichert sich gegenüber Erpressungen der eigenen Mitarbeiter ab.

Vorteile des Mentorenprinzips

Projektleiter sind potentielle Führungskräfte – durch das Mentorenprinzip kann eine komplette Führungsriege durch den eigenen Nachwuchs etabliert werden.

5.8 Zusammenfassung

In diesem Kapitel wurde der Projektmanagement-Workflow des Rational Unified Process ausführlich behandelt, er besteht aus den folgenden Teilaktivitäten:

Teilaktivitäten des Projektmanagement-Workflows

- Die Initialisierung eines neuen Projektes
- Die Festlegung des Projektumfangs und der Projektrisiken
- Die Entwicklung eines Software-Development-Planes
- Die Planung der Iterationen
- Das Managen der Iterationen
- Das Monitoring und Controlling des Projektes
- Das Close-out einer Phase
- Das Close-out eines Projektes

Dabei wurde insbesonders auf die Bedeutung des Risikomanagements eingegangen. Wie auch bei bisherigen Prozeßmodellen bilden Meilensteine das wesentliche Mittel zur Messung des Projektfortschrittes.

Im Rational Unified Process existiert nach jeder Phase ein Major Milestone. Zu unterscheiden sind:

Major Milestones des Rational Unified Process

- Der LCO-Meilenstein, der die Konzeptualisierungsphase beendet
- Der LCA-Meilenstein, der die Entwurfsphase beendet
- Der IOC-Meilenstein, der die Konstruktionsphase beendet
- Das Produktrelease, das die Übergangsphase beendet

Zusätzlich sieht der Rational Unified Process vor, daß sogenannte Minor Milestones nach jeder Iteration den Projektfortschritt messen, dabei muß nach jeder Iteration ein vollständiges Release vorliegen.

Im weiteren Verlauf dieses Kapitels wurde auf die neuen Metriken eingegangen, die die Verwendung des Rational Unified Process zuläßt, insbesondere hinsichtlich der kürzen Integrationszeiten.

Ein weiterer Schwerpunkt des Kapitels war der Hinweis, inwieweit der Rational Unified Process um die eigenen Best Practices erweitert werden muß, um den gewünschten Erfolg sicherzustellen.

Schließlich wurde noch auf die Anforderungen eingegangen, die ein Projektleiter erfüllen muß, und auf das Mentorenprinzip, das Unternehmen die folgenden Vorteile bringt:

Vorteile des Mentorenprinzips

- Qualifizierte Projektleiter werden langfristig entlastet und können sich besser auf ihre Projekte konzentrieren.
- Existierende Mitarbeiter werden zu potentiellen Projektleitern qualifiziert, ohne daß sie für teures Geld eingekauft werden müssen. Das Unternehmen kann also seinen eigenen Nachwuchs „erzeugen".

- Das Unternehmen sichert sich gegenüber Erpressungen der eigenen Mitarbeiter ab.

Im nächsten Kapitel wird Philippe Kruchten die Anforderungen herausstellen, die durch die Verwendung eines iterativen Ansatzes an einen Projektleiter gestellt werden.

6 Vom Wasserfall zum iterativen Lifecycle – ein harter Weg für Projektmanager

Philippe Kruchten mit Unterstützung von John Smith, Joe Marasco, Dean Leffingwell[1]

6.1 Einführung

Auch wenn der Rational Unified Process einen iterativen oder auch spiralmäßigen Ansatz hervorhebt und eine Vielzahl von Vorteilen dadurch verspricht, sollte niemals auch nur der Gedanke aufkommen, daß es sich bei der iterativen Software-Entwicklung um ein magisches Wunder handelt, das alle Probleme und Schwierigkeiten der Software-Entwicklung löst, die in Kapitel 1 beschrieben sind. Projekte können nicht einfacher aufgesetzt werden, nur weil sie iterativ abgewickelt werden.

iterative Software-Entwicklung ist kein magisches Wunder

Für den Projektleiter besteht sogar eine noch wesentlich größere Herausforderung, besonders in seinem/ihren ersten Projekt, das mit dem Rational Unified Process abgewickelt wird.

In diesem Kapitel werden einige der Herausforderungen aus Sicht des Projektleiters dargestellt. Ebenfalls wird auf einige typische Fehlerquellen oder Fallen eingegangen, die aus der Erfahrung der Autoren stammen, die in diversen Consultingprojekten gesammelt werden konnten.

Herausforderungen aus Sicht des Projektleiters

---

[1] Philippe Kruchten, John Smith, Joe Marasco und Dean Leffingwell sind ebenfalls Mitarbeiter von Rational Software.

6.2 Höherer Planungsaufwand

Besser vorhersagbares Ergebnis

Iterative Software-Entwicklung bedeutet nicht, daß weniger Aufwand investiert werden muß oder daß die Projektpläne sich verkürzen. Der wesentliche Vorteil der iterativen Software-Entwicklung unter Verwendung des Rational Unified Process ist vielmehr darin zu sehen, daß das Ergebnis – also das zu implementierende Softwaresystem – besser vorhersagbar ist und der Projektplan genauer erstellt werden kann.

Der Rational Unified Process erzeugt qualitativ höherwertige Produkte, die die Bedürfnisse der Endanwender besser widerspiegeln, da sowohl die Anforderungen als auch das Design und die Implementierung im Laufe des Projektes immer weiterentwickelt werden.

Mehr Verantwortung für den Projektleiter

Doch dadurch verlangt die iterative Software-Entwicklung auch einen höheren Planungsaufwand und legt damit zugleich mehr Verantwortung auf die Schultern des Projektmanagers. So muß zunächst ein Phasenplan konzipiert und für jede Iteration zusätzlich ein detaillierter Plan erstellt werden[2]. Auch Planungen hinsichtlich der Architektur müssen bereits zu einem frühen Zeitpunkt wesentlich detaillierter vorgenommen werden. Auch die unterschiedlichen Artefakte wie:

Artefakte müssen modifiziert werden

- Pläne
- Dokumente
- Modelle
- Code

müssen immer wieder modifiziert, geprüft und bestätigt werden. Die taktischen Änderungen innerhalb des Projektes und die Änderungen hinsichtlich des Umfang des Projektes erfordern ebenfalls Um- bzw. Neuplanungen vom Projektmanager. Auch die Struktur des Entwicklungsteams muß von Iteration zu Iteration angepaßt werden.

Für den Projektleiter bedeutet dies alles in allem zwar einen erhöhten Planungsaufwand, setzt ihn jedoch gleichzeitig in die Lage, einen guten Überblick über sein Projekt auf jeweils aktuellem Stand zu haben. In Anbetracht der Tatsache, daß mangelnder Überblick und mangelnde Aktualität eine der häufigsten Ursachen für Projekt-

---

[2] Mehr dazu ist Kapitel 5 zu entnehmen

probleme sind, wird der erhöhte Planungsaufwand jedoch gerne in Kauf genommen.[3]

1. Fehlerquelle:
Zu detaillierte Planung bis zum Ende des Projektes

Es ist ein vergeblicher Versuch, einen detaillierten Plan bis zum Ende eines Projektes vorzunehmen. Dieses Vorhaben könnte höchstens hinsichtlich der benötigten Ressourcen und des Zeitplanes sinnvoll sein. Ansonsten ist ein derartiger Plan jedoch schon obsolet, bevor die erste Iteration abgeschlossen wurde.

Zunächst einmal sollte eine solide Architektur existieren. Des weiteren muß der Projektleiter die Anforderungen im Griff haben.[4] Vorher sollte man erst gar nicht versuchen, einen detaillierten Plan aufzustellen.

Ein Projekt kann nicht bis zum Ende durchgeplant werden

6.3
Nacharbeiten bereits im Vorfeld erkennen

Beim Wasserfallmodell fallen Nacharbeiten bzw. Änderungen erst gegen Ende des Projektes an, als Konsequenz immer wiederkehrender und nicht geplanter Fehler, die durch die erst am Ende des Projekt stattfindenden Tests und die zu späte Gesamtintegration verursacht werden.

Hinzu kommt, daß eine Vielzahl von Fehlern, die bereits im Design begangen wurden, sich in der Implementierung auswirkten und dort nur notdürftig ausgebessert wurden, so daß sie Folgefehler produzierten.

Fehler pflanzen sich fort

Hingegen wird bei einem iterativen Prozeß wie dem Rational Unified Process bereits im Vorfeld definiert, daß ein gewisser Umfang an Nacharbeiten notwendig sein wird. Doch diese Nacharbeiten fallen bereits sehr früh an. Werden zum Beispiel bereits beim Architekturprototyp Fehler entdeckt, so müssen diese auch in der Iteration behoben werden, wo sie entdeckt wurden. Das erhöht zwar den Aufwand innerhalb der frühen Iterationen, hat aber den Vorteil, daß die spätere Implementierung auf einer wesentlich stabileren Architektur aufsetzt. Dies wiederum bewirkt, daß sich die vom Wasserfallmodell her bekannten hohen Aufwände gegen Ende des Projektes bei der Verwendung des Rational Unified Process deutlich reduzie-

---

[3] Vergleiche auch Kapitel 1, Ursachen der Softwarekrise.
[4] Die meisten Anforderungen konkretisieren sich ohnehin erst nach dem in Kapitel 5 beschriebenen LCA-Meilenstein.

ren. Bei Inkaufnahme der höheren Aufwendungen für Änderungen werden also die folgenden Vorteile erzielt:

Vielzahl von Vorteilen

- Die Auswirkungen von Änderungen können kontrolliert werden und bleiben somit in einem akzeptablen Rahmen.
- Die Architektur stabilisiert sich bereits zu einem sehr frühen Zeitpunkt.
- Schwere Fehler werden rechtzeitig erkannt und behoben.

```
2. Fehlerquelle:
Das Projekt könnte dem Projektleiter aus den Hän-
den gleiten
```

Nach dem LCA-Meilenstein wird es besser

Natürlich bedeutet iterative Software-Entwicklung nicht, daß alles in jeder Iteration überarbeitet werden muß. Vielmehr wird die Anzahl von Fehlern sich deutlich vermindern, spätestens nachdem die Architektur nach dem LCA-Meilenstein fertiggestellt ist. Entwickler wollen oft die iterative Software-Entwicklung dazu benutzen, alles zu vergolden: Eine noch bessere Technik einzuführen, alles mögliche wieder neu zu implementieren usw.

Hier muß der Projektleiter darüber wachen, daß nicht Artefakte, die grundsätzlich in Ordnung sind, auf diese Weise vergoldet werden. Ferner muß der Projektleiter beachten, daß innerhalb eines iertiven Prozesses oft neue Mitarbeiter in einer nächsten Iteration in das Projektteam integriert werden. Das kann – muß jedoch nicht – zur Folge haben, daß von den neuen Mitarbeitern versucht wird, neue Ideen in das Projekt zu bringen. Dies ist zwar grundsätzlich nicht falsch, hat jedoch dann negative Seiten, wenn bereits abgeschlossene und funktionierende Artefakte neu bearbeitet werden. Hier liegt es am Projektleiter, solchen Tendenzen entgegenzuwirken.

Auch der Kunde will von den Vorteilen profitieren

Ebenso können von Kundenseite Bestrebungen aufkommen, die Vorteile einer iterativen Software-Entwicklung in der Richtung auszunutzen, daß Änderungswunsch auf Änderungswunsch eintrifft mit der Begründung: „Das könnt Ihr ja in der nächsten Iteration umsetzen". Dadurch kommt das Projekt nie zu Ende, Kapitel 4 hat hier für den Projektleiter einige Tips bereitgehalten.

perfect is the enemy of good

Der Projektleiter ist hier klar gefordert, durchzugreifen und Prioritäten festzusetzen, ansonsten besteht die Gefahr, daß ihm das Projekt aus den Händen gleitet. Nach dem LCA-Meilenstein sind die Anforderungen fixiert, solange keine Änderungen am Zeitplan und Budget vorgenommen wurden, gilt: Jede Änderungen zieht Kosten nach sich: Wird also etwas hinzugenommen, muß auf der anderen Seite etwas herausgenommen werden. Ferner sollte jeder Projektleiter den Spruch beherzigen: „perfect is the enemy of good".

3. Fehlerquelle:
Anfangen, und erst später festlegen, wo es hingehen soll

Iterative Entwicklung bedeutet keineswegs Fuzzy-Entwicklung. Es ist nicht Sinn und Zweck der Projektleitung, irgend etwas entwickeln und anschließend codieren zu lassen, nur um die Teammitglieder mit irgend etwas zu beschäftigen, und dann auch noch darauf zu hoffen, daß aus dieser Codierung sich plötzlich klare Ziele entpuppen.

Ihre Aufgabe als Projektleiter besteht darin, klare Ziele zu definieren, diese festzuhalten und von allen beteiligten Seiten bestätigen zu lassen. Anschließend müssen diese verfeinert und ausgebaut und wiederum von allen betroffenen Seiten bestätigt werden. Die positive Seite der iterativen Entwicklung mit dem Rational Unified Process ist, daß nicht alle Anforderungen festgelegt sein müssen, bevor mit dem Design, der Implementierung, dem Test und der Integration begonnen wird. Dies darf jedoch nicht dazu führen, daß Sie als Projektleiter gar nichts mehr festlegen und munter mit dem Projekt loslegen.

Klare Ziele sind zu definieren

4. Fehlerquelle:
Opfer des eigenen Erfolges zu werden

Ein interessantes Risiko, das gegen Ende eines iterativen Projektes auftritt, ist, daß alle Beteiligten völlig verunsichert sind. Das beginnt beim Verzweifeln, daß niemals auch nur irgend etwas ausgeliefert wird, bis hin zur Überzeugung, daß das Projekt mit großem Gewinn abgeschlossen wird. So ist am Montag noch jeder sicher, daß alles ausgeliefert werden kann, am Dienstag hingegen glaubt jeder, daß nichts zur Auslieferung fertig wird.

Hier sind Sie als Projektleiter gefordert, einerseits festzulegen, daß überhaupt ausgeliefert wird, auch wenn Ihr halbes Team dabei ein schlechtes Gefühl hat, andererseits aber auch eine Auslieferung zu stoppen, wenn Sie selbst den Eindruck haben, daß das Produkt die gesetzten Anforderungen nicht erfüllt und spätestens nach den ersten Testläufen beim Endbenutzer Ihnen ohnehin wieder zurückgegeben wird.

Projektleiter entscheidet, wann ausgeliefert wird

Wenn Sie hingegen nur ausliefern wollen, wenn alle von der Qualität überzeugt sind und nur 110% Zielerreichung vor Augen haben, werden Sie zum Opfer Ihres eigenen Erfolges.

6.3 Nacharbeiten bereits im Vorfeld erkennen

6.4
Die Software zuerst

Bei dem Ansatz nach dem Wasserfallmodell liegt ein erheblicher Schwerpunkt auf dem

- Ausformulieren,
- Vervollständigen,
- Vebessern und
- Bestätigen

Software-Spezifikationen

von Software-Spezifikationen. Hingegen steht bei einem iterativen Ansatz nach dem Rational Unified Process die Entwicklung der Software im Vordergrund. Hier liegt der Fokus und die gesamte Aufmerksamkeit eindeutig auf dem Softwareprodukt, wobei sich die Spezifikationen dann parallel zur Software weiterentwickeln.

Dieser strikte Fokus auf die Software hat natürlich auch einige Auswirkungen auf die Teammitglieder. Sehen wir uns zum Beispiel die Tester an. Bei einem Wasserfallmodell „dürfen" diese die Vollständigkeit und die Stabilität der Spezifikationen testen und zwar zu einem Zeitpunkt, wo diese bereits nahezu fertiggestellt sind.

Im Gegensatz dazu werden bei einem iterativen Prozeß Tester sofort in den Prozeß integriert, indem Sie Anforderungen und Spezifikationen[5], die sich weiterentwickeln, testen.

5. Fehlerquelle:
Fokus auf dem falschen Artefakt zu haben

Das Endprodukt ist entscheidend

„Ich bin hier der Projektmanager, also konzentriere ich mich darauf, die besten Management-Artefakte zu produzieren. Sie sind der Schlüssel zu allen weiteren Artefakten." Diese Aussage ist nicht ganz richtig. Auch wenn gutes Management die Basis für den Erfolg ist, so muß der Projektmanager sich stets vergewissern, daß das Endprodukt das beste Artefakt ist, das produziert wird.

Projektmanagement bedeutet nicht, daß Sie zwar am Ende das gesamte Projekt in den Sand gesetzt haben, jedoch die besten Managementartefakte erstellt hatten. Ebenso wenig hilft es Ihnen, wenn Sie aus schlechten Erfahrungen, die Sie in einem vorherigen Projekt beim Anforderungsmanagement gesammelt haben, sich nun zunehmend auf die Erstellung von Anforderungsartefakten konzentrieren.

---

[5] Diese liegen bei der Verwendung des Rational Unified Process in Form von Use-Cases vor.

Das Ganze macht keinerlei Sinn, wenn dann das fertige Produkt instabil, fehlerbehaftet und nicht performant genug ist.

6.5 Schwerwiegende Probleme frühzeitig lösen

Beim Wasserfallmodell werden viele der schwerwiegenden Probleme, besonders zu erwähnen wären hier:

- Risiken,
- unbekanntes Verhalten und
- kritische Funktionalitäten

Schwerwiegende Probleme

bei der Planung des Projektes auf die spätere Integrationsphase verschoben. Dadurch wird natürlich die erste Hälfte des Projektes zu einem relativ bequemen Vorhaben, die eigentlichen Schwierigkeiten werden nur auf dem Papier behandelt und die erforderlichen Stakeholder[6] werden kaum in diesen Prozeß involviert. Ferner werden dabei die folgenden Fehler begangen:

- Hardwareplattformen werden nicht berücksichtigt.
- Die Endanwender werden nicht berücksichtigt.
- Die letztendliche Umgebung wird nicht berücksichtigt.

Und dann kommt irgendwann der Moment, wo das Projekt in die „Hölle der Integration" eintritt, und das Projekt wird unweigerlich scheitern.

Hölle der Integration

Bei der Verwendung des Rational Unified Process und dem iterativen Ansatz hingegen liegt der Schwerpunkt der Planung von Anfang an bei der Betrachtung der Risiken und Unbekannten. Damit werden die Schwierigkeiten eines Projektes von Beginn an mit in die Projektabwicklung einbezogen. So werden schwerwiegende Probleme oder auch technischen Schwierigkeiten direkt gelöst und nicht nach hinten verschoben. Oder anders ausgedrückt: In einem iterativen Projekt können Sie nicht sehr lange jemanden anlügen (weder sich selbst noch die Stakeholder).

Eine anschauliches Beispiel stammt von Joe Marasco: In einem Universitätsstudiengang verwendet der Professor in der ersten Hälfte des Semesters ausschließlich Basiskonzepte und einfache Grundlagen, um den Studenten den Eindruck zu vermitteln, daß es sich um ein einfaches, leicht zu bewältigendes Semester handelt. Die Stu-

Ein gutes Beispiel

---

[6] Vor allem Tester werden hier selten involviert.

denten erzielen gute Zwischenergebnisse mit einem verhältnismäßig geringem Aufwand. Doch plötzlich integriert der Professor kurz vor Ende des Semesters alle wirklich komplizierten Inhalte in seine Vorlesung. Die meisten Studenten schaffen diesen Umschwung natürlich nicht und verfehlen das Semesterziel.

Ein guter Professor würde 60 Prozent des schwierigen Lehrstoffes bereits in die erste Semesterhälfte integrieren und versuchen, einige der wirklich kritischen Aspekte bereits dort abzuhandeln.

6. Fehlerquelle:
Den Kopf in den Sand zu stecken

Als Projektleiter könnten Sie in die Versuchung geraten zu sagen: „Das ist ein delikates Problem, ein Problem, wofür wir viel Zeit verwenden sollten, um darüber nachzudenken. Also laßt es uns etwas weiter nach hinten verschieben, dann haben wir die erforderliche Zeit, das Problem zu überdenken."

Schnelle Lösungen und hastige Entscheidungen sind kritisch

Das Projekt wird sich dann nur noch auf die „simplen" Eigenschaften des Projektes beschränken und den wirklich delikaten Problemen nur wenig Aufmerksamkeit schenken. Wenn es dann aber letztendlich doch zu dem Punkt kommt, wo nun eine Lösung benötigt wird, werden plötzlich schnelle Lösungen entwickelt und hastige Entscheidungen getroffen oder das Projekt scheitert gar.

Jetzt wollen Sie auf einmal genau umgekehrt handeln: Die delikaten Probleme sofort lösen. Ich habe dazu eine ganz bestimmte Einstellung: „Wenn ein Projekt aus bestimmten Gründen scheitern muß, lassen Sie es so schnell wie möglich scheitern, bevor zu viel Zeit und Geld in dieses Projekt investiert wird."

7. Fehlerquelle:
Risiken zu vergessen

Risiken holen einen immer wieder ein

Als Projektleiter gehört es zu Ihren Aufgaben, die in Kapitel 5 beschriebene Risikoanalyse zu Beginn der Konzeptualisierungsphase durchzuführen und die Ergebnisse für die weitere Planung zu verwenden. Häufig wird dann jedoch der Fehler begangen, daß die Risiken vergessen werden, die im Anschluß – also im weiteren Verlauf des Projektes – auftauchen. Doch diese kommen irgendwann wieder zum Voschein.

Die ursprünglich erzeugte Risikoliste ist immer nur vorläufig. Sobald das Entwicklungsteam mit der ersten Erstellung von Software beginnt, werden eine Reihe weiterer Risiken auftauchen, die berücksichtigt werden müssen.

6.6 Überschneidungen von Lifecycle-Modellen

Der Projektmanager eines iterativen Software-Entwicklungsprojektes stößt häufig auf Überschneidungen mit seiner Umgebung bzw. anderen Organisationseinheiten wie:

- Topmanagement,
- Kunden und
- Unterauftragnehmern,

die den eigentlichen Hintergrund eines iterativen Software-Entwicklungsprojektes nicht verstanden haben.[7] Es werden vollständige Artefakte, die nicht mehr verändert werden dürfen, an jedem Major Milestone[8] erwartet. Ferner fehlt das Verständnis für:

Der iterative Ansatz muß von allen verstanden sein

- Die Notwendigkeit des Reviews von Anforderungen in immer wiederkehrenden Schritten
- Nacharbeiten nach jeder Iteration durchführen zu müssen
- Einen – vielleicht sogar unstabilen – Architekturprototyp

Unter Umständen werden Iterationen als Unsicherheit empfunden, in denen mehr oder weniger nur mit neuen Technologien experimentiert wird. Auch die Erstellung von Software, bevor die Spezifikationen fertiggestellt sind, wird sehr kritisch betrachtet und häufig taucht der Vorwurf auf, man würde Wegwerf-Code testen.

Viele Vorurteile, die entkräftet werden müssen

Um dem entgegenzuwirken, sollten Sie als Projektleiter Ihre Intensionen und Pläne von Anfang an für alle Stakeholder klar und deutlich sichtbar machen. Denn wenn der iterative Ansatz nur in Ihrem Kopf und in Ihrem Team existiert und verstanden ist, können Sie im weiteren Projektverlauf in eine Reihe von Schwierigkeiten geraten.

Ferner müssen Sie als Projektleiter Ihr Team von externen Attacken und vor allem politischen Aktivitäten bewahren. Die Außenwelt darf keinen Einfluß auf das Team haben, als Projektleiter ist es Ihre Aufgabe, hier notfalls als Puffer zu wirken.

Projektleiter ist auch ein Puffer nach außen

---

[7] Bzw. die diesen Prozeß noch nicht in ihrem eigenen Umfeld adoptiert haben.
[8] Siehe auch Kapitel 5, wo auf die Bedeutung von Meilensteinen eingegangen wird.

8. Fehlerquelle:
Verschiedene Gruppen, die nach eigenen Zeitplänen arbeiten

Für Sie als Projektleiter wird die Leitung und Übersicht über das Projekt wesentlich vereinfacht, wenn alle Gruppen (oder Teams oder Unterauftragnehmer) nach dem gleichen Phasenplan und den gleichen Iterationsplänen arbeiten.

Optimierung bedeutet nicht immer Zeiteinsparnis

Oft sehen Projektleiter einige Zeitoptimierungsmöglichkeiten, indem für jedes individuelle Team ein eigener (optimierter) Zeitplan erstellt wird. Das endet meist darin, das letztendlich für jedes Team individuelle Iterationspläne existieren. Doch was passiert am Ende? Alle erwarteten Vorteile verpuffen wie eine Seifenblase, weil alle Teams hinsichtlich des Teams, das als letztes Team fertig wird, synchronisiert werden müssen. Daher sollten Sie als Projektleiter soweit wie möglich nur nach einheitlichen Plänen für alle Teams arbeiten.

9. Fehlerquelle:
Festpreisangebot während der Konzeptualisierungsphase zu unterbreiten

Frühestens am Ende der Entwurfsphase

Eine Vielzahl von Projekten kommen viel zu früh in den Status von Vertragsverhandlungen (manche zum Beispiel schon in der Mitte der Konzeptualisierungsphase). Bei einer iterativen Software-Entwicklung ist der beste Zeitpunkt zur Durchführung solcher Verhandlungen für alle beteiligten Seiten der LCA-Meilenstein – also das Ende der Entwurfsphase.

Hier liegt dann kein Geheimrezept mehr vor: Es bedarf lediglich geschickter Verhandlungen und eventuell auch „Erziehungen" der Stakeholder, wobei die Vorteile der iterativen Software-Entwicklung aufgezeigt werden müssen. Eventuell empfiehlt sich auch ein zweistufiger Angebotsprozeß.

6.7
Die Darstellung des Fortschrittes ist schwieriger

Bedingt durch die Tatsache, daß Artefakte nicht sofort fertiggestellt und dann unveränderbar sind, sondern kontinuierlich durch Überarbeitungen wachsen, ist es für Sie als Projektleiter natürlich auch wesentlich schwieriger, den Fortschritt des Projektes darzustellen, als dies beim Wasserfallmodell der Fall war.

Angenommen ein Artefakt hat innerhalb eines Systems einen bestimmten Wert. Wenn Sie nun als Projektleiter bereits nach der ersten Iteration dieses Artefakt soweit bearbeitet haben, daß es die Zustimmung[9] der Stakeholder findet, können Sie einen gewissen Projektfortschritt nachweisen.

Doch wenn dies erst nach der zweiten oder dritten Iteration der Fall ist, wird die Messung des Projektfortschrittes relativ schwierig. Wenn also der Fertigstellungsgrad von Artefakten als Ansatz zur Messung des Projektfortschrittes gewählt wird, müssen Artefakte in einzelne Teile zerlegt werden. Ein Beispiel:

- Initialisierung (40 Prozent)
- Erste Überarbeitung (25 Prozent)
- Zweite Überarbeitung (20 Prozent)
- Fertigstellung (15 Prozent)

Beispiel zur Messung des Projektfortschrittes anhand der Artefakte

Damit haben Sie als Projektleiter ein Instrument zur Verfügung, um den Projektfortschritt zu messen, ohne daß alle Artefakte jeweils fertiggestellt sein müssen.

Eine Alternative zu diesem Ansatz wäre, den Projektfortschritt anhand von Iterationen zu messen. Das bedeutet konkret, daß die Evaluationskriterien den Projektfortschritt bestimmen. In diesem Fall würden die zwischenzeitlichen Tracking-Punkte (üblicherweise monatlich), die in den Statusmessungen berücksichtigt werden, anhand des Iterationsplanes aufgebaut werden. Dies erfordert ein detaillierteres Betrachten der Artefakte, als es bei den traditionellen Anforderungsspezifikationen bzw. Designspezifikationen der Fall ist, da jetzt vollständige Use-Cases, Test-Cases usw. Gegenstand der Messungen sind.

Projektfortschritt anhand von Iterationen zu messen

Man kann diese ganze Thematik auch von der positiven Seite aus betrachten. Durch den iterativen Prozeß kommt sehr schnell ablauffähige Software zustande. Als Projektleiter haben Sie natürlich auch die Möglichkeit, die bereits fertiggestellten und ablauffähigen Softwaremodule zu nutzen, um den Projektfortschritt darzustellen. Dies wirkt auf die Stakeholder natürlich wesentlich eindrucksvoller als Hunderte von Prüfprotokollen und anderen Dokumenten.

Von der positiven Seite aus betrachten

---

[9] Die Zustimmung wird in erster Linie dadurch erreicht, daß das Artefakt einen gewissen Grad an Stabilität erreicht.

6.7 Die Darstellung des Fortschrittes ist schwieriger

6.8 Entscheidung über Anzahl, Dauer und Inhalt von Iterationen

Was soll eigentlich zuerst gemacht werden – also womit soll im Projekt begonnen werden? Projektleiter, die zum ersten Mal einen iterativen Software-Entwicklungsprozeß umsetzen sollen, tun sich oft recht schwer, den Inhalt, die Länge und die Anzahl von Iterationen zu bestimmen.

Am Anfang wird diese Planung bestimmt durch:

Kriterien für die erste Iteration

- die Risiken,
- die zu verwendende Technik,
- die Kritikalität der Funktionalitäten sowie
- der Kritikalität der übrigen Eigenschaften

Unterschiedliche Schwerpunkte

des zu erstellenden Systems. Generell stellt der Rational Unified Process Richtlinien zur Verfügung, die die Anzahl und die Länge der Iterationen definieren. Darauf wurde bereits ausführlich in Kapitel 5 eingegangen. Diese Kriterien entwickeln sich über den Lifecycle des gesamten Projektes: Innerhalb der Konstruktionsphase orientiert sich die Planung hauptsächlich anhand fertigzustellender Funktionalitäten oder fertigzustellender Subsysteme. Hingegen liegt in der Übergangsphase der Schwerpunkt der Planung bei der Problembeseitigung, dem Erreichen der Stabilität und Robustheit sowie bei Performanceaspekten.

```
10. Fehlerquelle:
zu viele Inhalte in die erste Iteration zu legen
```

Gerade bei Projektleitern, die zum ersten Mal ein Projekt nach dem Rational Unified Process abwickeln, besteht eine Tendenz, zu viele Inhalte bereits in die erste Iteration zu packen. Zusätzlich wird vergessen, daß:

Dinge, die oft vergessen werden

- das Entwicklungsteam zunächst hinsichtlich des Rational Unified Process geschult werden muß,
- eventuell neue Techniken erlernt werden müssen und
- neue Werkzeuge eingeführt werden müssen.

Oft ist auch für die meisten Entwickler das eigentliche Umfeld völlig neu. Das führt dann dazu, daß die erste Iteration völlig überladen ist, was den iterativen Ansatz ad absurdum führt.

Im schlimmsten Fall kann dies auch zum Abbruch der Iteration führen. Dies ist dann der Fall, wenn nichts mehr umgesetzt werden kann und nahezu alle Vorteile der iterativen Entwicklung verloren gegangen sind.

Abbruch der Iteration möglich

11. Fehlerquelle:
Zu viele Iterationen zu planen

Die wichtigste Grundregel für iterative Projekte ist, daß das Projekt nicht die täglich oder wöchentlich durchgeführten Builds durch die Anzahl der Iterationen behindern darf. Da sehr oft ein Overhead in der Planung, dem Monitoring und dem Messen einer Iteration exitiert, sollte besonders ein Unternehmen bzw. ein Projektteam, das unerfahren mit iterativen Prozessen ist, gerade im ersten Projekt sich hüten, zu viele Iterationen durchzuführen.

Wichtige Grundregel

Auch die Dauer einer Iteration sollte gewisse Kriterien erfüllen, im einzelnen wäre hier aufzuführen:

- Größe des Unternehmens
- Abhängigkeit der geografischen Verteilung
- Anzahl der ansonsten in das Projekt involvierten Unternehmen

Kriterien für die Dauer einer Iteration

12. Fehlerquelle:
Sich überschneidende Iterationen zu planen

Eine weitere Fehlerquelle für einen unerfahrenen Projektleiter ergibt sich daraus, daß die Planung der Iterationen eine zu große Überschneidung aufweist. Sicherlich muß die nächste Iteration bereits zu einem Zeitpunkt vorgenommen werden, wo die aktuelle Iteration erst zur Hälfte abgewickelt ist. Trotzdem sollte man nicht versuchen, eine zu große Überschneidung von Aktivitäten wie:

Zu große Überschneidungen sind gefährlich

- Beginn einer detaillierten Analyse,
- Design der nächsten Aktivität,
- Implementierung der nächsten Aktivität

vorzunehmen, auch wenn dies in einem Gantt-Diagramm gut aussieht. Zu groß sind die Nachteile, die dadurch entstehen, daß in der nächsten Iteration nicht aus den Erfahrungen der vorherigen Iteration (lessons learned) gelernt werden kann.

6.8 Entscheidung über Anzahl, Dauer und Inhalt von Iterationen

Abbildung 1:
Einige Aspekte
von Iterationen

Wenn die Teams nicht koordiniert sind, entsteht Chaos:

Wenn die erste Iteration zu lang ist, entsteht Panik:

Wenn die Iterationen zu sehr überlappen, kann kein Feedback erfolgen:

Weitere Probleme sich überschneidender Iterationen

Doch es können auch noch weitere Probleme auftauchen, wenn sich Iterationen zu sehr überschneiden:

- Einige Mitarbeiter könnten dazu verleitet werden, ihre ihnen zugeteilten Arbeiten nicht vollständig abzuarbeiten, schließlich hat die nächste Iteration ja schon begonnen.
- Die Motivation bei den Mitarbeitern, Problemen wirklich auf den Grund zu gehen, sinkt, vielleicht wird dies ja die nächste Iteration, die bereits begonnen hat, erbringen.

Die Mitarbeiter nicht vergessen

- Wertvolles Feedback aus einer vorherigen Iteration wird von den Mitarbeitern für die aktuellen Iterartionen abgelehnt, um es erst in der nächsten Iteration in die Überlegungen mit einzubeziehen.

- Einige Teile der Software könnten noch nicht so weit sein, um die Arbeiten, die weitergeleitet wurden, schon zu unterstützen.

Natürlich ist es möglich, einen Teil der Ressourcen einzuteilen, um einige Arbeiten unabhängig von der aktuellen Iteration durchzuführen, doch dies sollte nur von minimalen Umfang sein und auch eine Ausnahme bleiben. Verursacht wird eine derartige Situation meist dadurch, daß oft in Unternehmen nur wenige Mitarbeiter mit einem bestimmten Wissen ausgestattet sind, die solche Aufgaben wahrnehmen können.

Ein anderer Grund könnte natürlich auch sein, daß ein Unternehmen seine Mitarbeiter sehr stark spezialisiert hat, zum Beispiel: Joe ist ein Analytiker und für alles andere ist er nicht ausgebildet bzw. andere Dinge mag er nicht tun. Er möchte weder in das Design noch in die Implementierung, noch in das Testen involviert werden.

Zu starke Spezialisierung ist sinnlos

Im schlimmsten Fall sieht es so aus, daß alle Iterationen so angeordnet sind, daß sie sich zu einem bestimmten Zeitpunkt überlappen, um alle Mitarbeiter des Unternehmens auszulasten. Dabei gehen natürlich sämtlichen Feedback-Erfahrungen, die in vorherigen Iterationen gesammelt wurden, verloren.

Feedback-Erfahrungen gehen verloren

Abbildung 1 faßt die unterschiedlichen Problematiken, die durch Iterationen für einen unerfahrenen Projektleiter auftauchen können, zusammen.

6.9 Ein guter Projektmanager *und* eine guter Architekt

Um ein Software-Entwicklungsprojekt erfolgreich zum Abschluß zu bringen, bedarf es sowohl eines guten Projektmanagers als auch eines guten Architekten. Die besten Managemententscheidungen sowie die besten geplanten Iterationen sind wenig wert, wenn die Architektur nicht stabil und robust ist, also der Architekt einen schlechten Job gemacht hat. Doch ebenso wird auch eine außergewöhnlich gute Struktur einem Projekt nicht zum Erfolg verhelfen, wenn das Projekt schlecht gemanagt wird.

Beides in einer Person geht nicht

Es ist hier also ein Balanceact gefordert, der alleinige Fokus auf das Projektmanagement hilft dem Projektleiter nur wenig.

```
13. Fehlerquelle:
Verwendung derselben Person als Projektmanager und
als Architekt
```

Nur bei kleineren Projekten sinnvoll

Ein und dieselbe Person innerhalb eines Projektes sowohl als Architekt als auch als Projektmanager einzusetzen funktioniert bei kleineren Projekten – also solchen, wo nur fünf bis zehn Mitarbeiter beschäftigt sind. Für alle anderen Arten von Projekten, wo der Projektleiter und der Architekt von einer Person wahrgenommen werden, gilt, daß sie zu einem bestimmten Ergebnis kommen: Sie besitzen eine schlechte Architektur und werden unzureichend gemanagt.

Hier für gibt es zwei Gründe:

1. Zur perfekten Ausübung dieser beiden Tätigkeiten sind unterschiedliche Fähigkeiten notwendig.
2. Jede dieser beiden Tätigkeiten erfordert einen 100%-igen Einsatz, der sich nicht durch eine einzelne Person wahrnehmen läßt, auch nicht durch eine 80-Stunden-Woche.[10]

Gute Kommunikation ist entscheidend

Somit muß die optimale Lösung anders aussehen. Der Projektmanager und der Architekt müssen sich gut verstehen, das ist die Grundvoraussetzung. Und sie müssen tagtäglich miteinander kommunizieren und als Ergebnis jeder Diskussion mit unterschiedlichen Ansichten mit einem Kompromiß herauskommen, den beide akzeptieren können,.

Dies ist vergleichbar mit einem Regisseur und dem Produzenten eines Filmes, beide haben das gleiche Ziel, doch sie sind für völlig unterschiedliche Bereiche zuständig.

Oft werden in Unternehmen die unterschiedlichsten Gründe genannt, warum der Projektmanager auch gleichzeitig die Rolle des Architekten wahrnimmt. Am häufigsten sind folgende zu hören:

Fadenscheinige Gründe

- Gewohnheit: Das haben wir schon immer so gemacht.
- Mißtrauen: Der kann das doch eh nicht.
- Ego der jeweiligen Person: Das kann nur ich.
- Ressourcenknappheit in gerade laufenden Software-Entwicklungsprojekten.
- Sonst kann es eh keiner.

Doch keines der Projekte, die derart abgewickelt wurden, konnten den gewünschten Erfolg verzeichnen.

---

[10] Diese haben Projektleiter ohne daß sie sich als Architekt betätigen.

6.10 Zusammenfassung

Im jetzigen Stadium könnten Sie als Leser geneigt sein, zu sagen: „Oh Gott – so viele Probleme, die die Verwendung eines iterativen Ansatzes zur Software-Entwicklung haben kann, so viele Fallen in die ich reintreten kann, soll ich da überhaupt den Rational Unified Process in meinem Unternehmen einführen?

Soll ich oder soll ich nicht?

Doch hatte dieses Kapitel keineswegs das Ziel, Sie zu entmutigen. Vielmehr sollte hier aufgezeigt werden, daß iterative Projekte anders abzuwickeln sind, als wenn sie nach dem Wasserfallmodell bearbeitet werden, und daß für Sie als Projektleiter zwar in der einen oder anderen Phase mehr Arbeit ansteht, jedoch die Vorteile, die der Einsatz des Rational Unified Process in sich birgt, den Mehraufwand lohnen.

Besonders sollten Sie die verschiedenen Fallen berücksichtigen, die in diesem Kapitel als typische Fehlerquellen aufgelistet wurden. Im einzelnen sind dies noch einmal:

1. Zu detaillierte Planung bis zum Ende des Projektes
2. Das Projekt könnte dem Projektleiter aus den Händen gleiten
3. Anfangen und erst später festlegen, wo es eigentlich hingehen soll
4. Opfer des eigenen Erfolges zu werden
5. Fokus auf dem falschen Artefakt zu haben
6. Den Kopf in den Sand zu stecken
7. Risiken zu vergessen
8. Verschiedene Gruppen, die nach eigenen Zeitplänen arbeiten
9. Festpreisangebot während der Konzeptualisierungsphase zu unterbreiten
10. Zu viele Inhalte in die erste Iteration zu legen
11. Zu viele Itertionen zu planen
12. Iterationen zu planen, die sich zu sehr überschneiden
13. Ein und dieselbe Person als Projektmanager und als Architekt einzusetzen

Zusammenfassung der Fehlerquellen

Wenn Sie diese typischen Fehlerquellen bei Ihrer Projektabwicklung nach dem Rational Unified Process berücksichtigen, so werden Sie sicherlich mit Erfolg Ihr erstes iteratives Projekt beenden.

7 Weitere Aspekte des Projektmanagements mit dem Rational Unified Process

Von Chris Brandt

7.1 Projektmanagement als Disziplin

Projektmanagement wird in anderen Ingenieursfeldern bereits seit Jahrzehnten erfolgreich als eigene Disziplin angesehen und praktiziert. In der Baubranche haben sich zum Beispiel sogenannte Projektsteuerer etabliert, die nicht selbst Bauleistungen erbringen, sondern lediglich den Ablauf der Projekte steuern – also managen. Lediglich die IT-Branche beruft sich immer wieder darauf, daß in der EDV alles anders sei als in anderen Branchen und daß deswegen Projektmanagement nicht funktioniere.

Projektmanagement in anderen Ingenieursfeldern

Der Rational Unified Process stelle ein Framework zur Verfügung, das es möglich macht, die Aufgaben des Projektmanagements genau zu definieren und in überschaubare Pakete zu teilen. Dadurch wird eine Struktur geschaffen, die das Projektmanagement wesentlich unterstützt. Wenn wir dann noch den Realitäten ins Auge schauen und zugeben, daß Projektmanagement zwar schwierig und anstrengend, aber – trotz aller Eigenheiten unserer Branche – machbar ist, steht einem Erfolg unserer nächsten Projekte nichts im Wege.

Projektmanagement ist machbar

7.2 Elemente erfolgreichen Projektmanagements

Ganz unabhängig davon, welches konkrete Prozeßmodell Sie zur Durchführung Ihrer Software-Entwicklung verwenden, gibt es eine Handvoll Prinzipien, die sich über die Jahre bewährt haben: die „Best Practices" des Projektmanagements.

„Best Practices" des Projektmanagements
- Planung
- Kontinuierlicher Soll/Ist-Vergleich
- Feedbackschleifen
- Sukzessive Verfeinerung
- Management by Commitment
- Werkzeugunterstützung

Diese Prinzipien haben sich in den Jahrzehnten, in denen seit der Industrialisierung Projekte überall auf der Welt durchgeführt wurden, herauskristallisiert. Sie *garantieren* nicht, daß das Projekt ein Erfolg wird, sondern sind *notwendige Voraussetzungen*, um die Projektziele nicht nur durch schieres Glück oder übermenschliche Anstrengungen der Projektbeteiligten zu erreichen.

7.2.1 Planung

Planung führt häufig ein Schattendasein

Planung als eigene Aktivität führt in Softwareprojekten häufig ein Schattendasein. Das gilt nicht nur für die auf Kosten, Termine und Qualitäten bezogene Projektplanung, die hier unser Hauptaugenmerk ist. Die auf die Implementierung bezogene Planung (das Design) wird häufig ebenso sträflich vernachlässigt, obwohl inzwischen eigentlich niemand mehr ernsthaft der Meinung ist, man solle das Design weglassen und gleich mit der Implementierung anfangen.

Der Grund für diese Konzentration der Aufmerksamkeit auf die späten Aktivitäten in einem Projekt liegt wohl in dem hohen Druck, der üblicherweise auf Projekten lastet, schnell sichtbare Ergebnisse zu produzieren, und daran, daß bei Planung und Design bestenfalls ausdruckbare Modelle entstehen, aber nichts, was ein typischer Endbenutzer verwerten oder auch nur lesen könnte.

7.2.1.1
Warum planen?

Warum planen wir denn dann? Auch Ihnen wird es schon passiert sein, daß Mitarbeiter oder andere Projektbeteiligte vorgeschlagen haben, keinen Aufwand in eine Planung zu stecken, da Software-Entwicklung eine Kunst sei und halt so lange dauere wie sie dauert, und man würde es dann schon merken, wenn das Produkt fertig sei.

Die Frage, warum diese Ansicht auch nach dreißig Jahren Software-Engineering nicht ausstirbt – so spannend ihre Beantwortung auch ist, soll uns hier nicht beschäftigen. Betrachten wir lieber, welche Vorteile für ein Projekt aus einer ordentlichen Planung entstehen.

Erst eine ausreichend detaillierte Planung macht es möglich, den Ablauf des Projekts mit anderen Projektbeteiligten zu koordinieren.

Vorteile durch eine ordentliche Planung

Das gilt sowohl für das ganze Projekt als auch für jede einzelne Tätigkeit innerhalb des Projektes. So muß der Projektleiter die Betatester informieren, wann sie Zeit für ihren Test reservieren müssen; der einzelne Entwickler muß seinen Kollegen sagen können, wann die von ihm entwickelte Funktion zur weiteren Verwendung zur Verfügung steht.

Nur wenn im vorhinein geplant wird, kann über Alternativen in der Ausführung entschieden werden.

Wenn für jedes Modul eines projektierten Produktes im Rahmen der Planung ein Aufwand geschätzt wird und sich herausstellt, daß Budget oder gesteckter Terminrahmen nicht ausreichen, können die Projektbeteiligten gemeinsam entscheiden, welche Funktionalität entfällt, statt einfach aufzuhören, wenn Geld oder Zeit ausgeht.

Entscheidungen fundiert treffen

Allein die Existenz einer Planung für eine Aktivität erhöht die Wahrscheinlichkeit, daß diese Aktivität auch im gesteckten Rahmen beendet wird.

Die Existenz alleine kann schon reichen

Dieses Phänomen darf nicht unterschätzt werden. Es ist einer der vielen Faktoren, die Projektmanagement zu einer psychologischen Disziplin machen. Es ist tatsächlich so, daß sich allein dadurch, daß ein Team oder ein einzelner Mitarbeiter sich im Rahmen einer Planung mit dem auseinandersetzt, was der Reihe nach zur Erreichung des jeweiligen Ziels getan werden muß, viel zielstrebiger auf eben dieses Ziel hingearbeitet wird.

Projektmanagement ist eine psychologische Disziplin

    Existiert keine Planung, kann es leicht sein, daß sich die Beteiligten „in die Tasche lügen", das Ziel ja auf jeden Fall erreichen zu können. Dadurch, daß eine Planung existiert, werden im Laufe der Aktivität viele Detailentscheidungen, die sonst vielleicht das Erreichen des jeweiligen Ziels erschwert hätten – bewußt oder unbewußt, mit der Planung verglichen und darauf hin überprüft, ob sie die Beteiligten dem Ziel näher bringen.

Planung als Grundlage	`Die Existenz einer Planung ist die Voraussetzung für die weiteren Aktivitäten des Projektmanagements.`

Die Planung legt den Sollzustand fest, der dann im Laufe des Projekts mit dem Istzustand verglichen wird.

Eine gute Planung – im Großen wie im Kleinen – ist für ein erfolgreiches Projekt so wichtig, daß wir folgende Regel festlegen:

Regel zum Planungsumfang	*Es darf keine Aktivität in einem Projekt geben, deren Durchführung nicht zuvor geplant wurde.*

Diese Regel ist auch so dogmatisch zu verstehen, wie sie klingt. Da nur Aktivitäten gemanagt werden können, für die Klarheit darüber herrscht, was überhaupt getan werden soll, ist sie eine Folge des Anspruchs, Projekte geordnet managen zu können.

7.2.1.2
Wann planen?

Die oben formulierte Regel erinnert stark an den Anspruch des Wasserfallmodells, daß zuerst für alles ein Design erstellt werden soll, bevor mit der Implementation begonnen werden kann. Bitte beachten Sie, daß in der oben genannten Regel keinerlei Aussage darüber gemacht wird, *wann* geplant werden soll.

Nicht alles ist planbar	Wenn uns die letzten dreißig Jahre Software-Engineering etwas gezeigt haben, dann, daß kein nichttriviales Projekt von vornherein komplett planbar ist. Es werden immer Umstände auftreten, die selbst bei intensiver Betrachtung am Anfang des Projektes nicht absehbar waren. Wie gehen wir nun mit diesen Unwägbarkeiten um, wenn wir doch den Anspruch haben, alle Aktivitäten in unserem Projekt zu planen?

Es gilt folgende Regel:

Regel zum Planungszeitpunkt	*Der Abstand zwischen der Planung und der Durchführung der Aktivität soll den Erfordernissen angepasst werden.*

Versuchen Sie immer so weit im voraus zu planen wie möglich. Aber schaffen Sie keine Makulatur, indem Sie eine Planungszuverlässigkeit für Jahre in die Zukunft vorspiegeln. Wie weit sie voraus planen können, wird von der Reife der Entwicklungsprozesse in Ihrer Organisation abhängen. Der Rational Unified Process stellt hier ein Framework zu Verfügung, das es Ihnen erlaubt, Ihre Planungsspanne schrittweise zu erhöhen. Dieses Framework wurde bereits in Kapitel 5 besprochen.

Allerdings werden, selbst wenn Sie üblicherweise mehrere Monate auf Tage genau vorplanen können, immer wieder Ereignisse eintreten, die nicht geplant waren. In solchen Fällen können Sie die Regel über den Planungszeitpunkt voll „ausschöpfen", um die Regel über den Planungsumfang einzuhalten: Planen Sie Ihre Reaktion auf das unvorhergesehene Ereignis kurz nach Eintritt desselben, aber auf jeden Fall, bevor Sie reagieren.

Beide Regeln miteinander kombinieren

Ihrem Projekt werden trotzdem die meisten Vorteile einer Planung zugute kommen, die oben als Gründe für eine Planung angeführt wurden.

7.2.2
Kontinuierlicher Soll/Ist-Vergleich

Oft genug wird sogar am Anfang eines Projektes eine Planung erstellt. Leider bleibt diese dann für den Rest des Projektes unbeachtet – selbst, wenn sie in Form von Gantt-Diagrammen bei allen Projektbeteiligten an der Wand hängt.

Wie schon im vorangegangenen Abschnitt festgestellt, hat eine gute Planung schon in sich eine Reihe von Nutzen. Ihre eigentliche Existenzberechtigung erhält sie jedoch erst, wenn sie auch gelebt, also eingehalten und weitergepflegt wird. Dazu ist es nötig, die Planung, also den Sollzustand, mit dem Istzustand zu vergleichen.

Planung muß auch gelebt werden

7.2.2.1
Warum Soll und Ist vergleichen

Der Grund für einen Soll/Ist-Vergleich liegt auf der Hand:

```
Nur wenn die tatsächliche Leistung mit dem Plan
verglichen wird, können Abweichungen vom Plan er-
kannt und geeignete Gegenmaßnahmen ergriffen wer-
den.
```

Nur wenn *rechtzeitig* erkannt wird, daß die Arbeiten an einem bestimmten Modul schwieriger sind als erwartet und daher länger dauern als geplant, besteht überhaupt noch ein Handlungsspielraum, um beispielsweise andere Funktionalität dafür wegzulassen oder Termine zu verschieben.

Planung bedeutet nicht Projektvorhersage

Allzuoft wird eine Planung als *Vorhersage* des Projektablaufs verstanden – nichts liegt ferner von der Wahrheit: Die Tendenz von Plänen, am Tag nach der Erstellung schon nicht mehr völlig zuzutreffen, erinnert an das Bestreben physikalischer Systeme, den Zustand maximaler Entropie, salopp: Unordnung, anzunehmen. Verantwortliche Projektleiter und Mitarbeiter müssen täglich gegen diese Tendenz kämpfen, um das Projekt oder die Tätigkeit innerhalb des gesteckten Rahmens fertigzustellen.

Dabei hilft ihnen aber wieder ein psychologisches Phänomen, das an sich auch schon ein Grund ist, die Planung kontinuierlich zu kontrollieren:

```
Allein die Tatsache, daß die Einhaltung einer Pla-
nung regelmäßig kontrolliert wird, erhöht die
Wahrscheinlichkeit, daß die geplante Tätigkeit
planungskonform durchgeführt wird.
```

Damit ist nicht gemeint, daß jeder Mitarbeiter ständig einer vollständigen, orwellschen Kontrolle ausgesetzt werden muß, damit die Planung eingehalten wird. Vielmehr ist es einfach so, daß jeder einzelne und jede Gruppe sich anders verhält, wenn klar ist, daß die Konsequenzen ihres Handelns nicht unbeachtet bleiben. Es gilt folgende Regel:

Regel zum Planvergleich

Damit die Planung eingehalten werden kann, muß der Istzustand regelmäßig mit dem Sollzustand verglichen werden.

7.2.2.2
Wann vergleichen?

Werkzeugunterstützung durch APSIS SE

Wie ist dieses „regelmäßig" zu verstehen? Ideal wäre natürlich, wenn jeder Projektbeteiligte augenblicklich, jederzeit Auskunft über den Vergleich zwischen Soll und Ist erhalten könnte. Werkzeuge wie APSIS SE machen dies auch im Rahmen der Erfassungsgenauigkeit möglich.

Dennoch ist es nicht sinnvoll, unter Umständen täglich oder stündlich auf Abweichungen von der Planung zu reagieren. Zum einen kann es sein, daß die Abweichung durch Sondereffekte, die wieder ausgeglichen werden können, zustande gekommen ist, zum anderen nimmt auch der reine Vorgang des Planvergleichs eine gewisse Zeit in Anspruch und soll daher nicht zu oft durchgeführt werden. Für den Turnus des Soll/Ist-Vergleichs gilt daher folgende Regel:

Der Abstand zwischen sukzessiven Planvergleichen sollte so groß sein, daß Abweichungen, die über normale Schwankungen hinausgehen, erkannt werden können. Er sollte klein genug sein, daß noch ausreichend Zeit zum Handeln besteht, wenn Abweichungen auftreten.

Regel über den Turnus des Planvergleichs:

Natürlich richtet sich der Turnus ganz stark nach der Größe des Projekts. Die folgende Tabelle gibt Auskunft über einige typische Planvergleichsintervalle in Abhängigkeit von der Projektgröße:

LOC	Teamgröße	Dauer	Intervall
5.000	4	2 Wochen	1 Woche
20.000	10	6 Monate	1 Woche
100.000	40	2 Jahre	2 Wochen
1.000.000	150	4 Jahre	1 Monat

Tabelle 1: Typischer Planvergleichsintervall für unterschiedliche Projektgrößen

Wichtig ist natürlich auch, nicht nur Abweichungen vom Plan zu erkennen, sondern auch entsprechende Maßnahmen einzuleiten, damit der Plan wieder erfüllt werden kann.

7.2.3
Feedbackschleifen

Wenn mittels kontinuierlichem Planvergleich sichergestellt wird, daß die Planung auch eingehalten wird, ist schon sehr viel gewonnen und der Projekterfolg rückt in greifbare Nähe. Um wirklich reproduzierbar Projekte zum Erfolg zu führen, ist es nötig, auch aus den gemachten Erfahrungen zu lernen und diese Erkenntnisse in die nächste Planung einfließen zu lassen. Der Rational Unified Process bietet hier das optimale Framework: Die Ergebnisse jedes Closeouts[1] können zu genau diesem Zweck verwendet werden.

Aus Erfahrungen lernen

7.2.3.1
Warum Feedbackschleifen?

Der Mensch ist von der Evolution optimiert worden zu lernen. Wenn Sie sich ein paarmal die Hand an einer heißen Herdplatte verbrannt haben, werden Sie in Zukunft erst prüfen, ob die Platte eingeschaltet ist, bevor Sie Ihre Hand darauf legen. Organisationen, wie zum Beispiel ganze Unternehmen oder einzelne Projektteams, haben in der Regel keine solche automatischen Lernprozesse. Daher ist es nötig,

---

[1] Mehr dazu ist Kapitel 5 zu entnehmen.

das Lernen in solchen Gruppen mittels entsprechender Handlungsanweisungen zu institutionalisieren. Es gilt daher folgende Regel:

Regel über Feedbackschleifen

Zu geeigneten Meilensteinen sollen die wichtigen Differenzen zwischen Soll und Ist analysiert werden. Die Ergebnisse dieser Analyse sollen bei der nächsten Planung berücksichtigt werden.

Erst durch dieses institutionalisierte Lernen kommt die Gruppe aus einer Situation des *Reagierens* (zum Beispiel auf Planabweichungen) in eine Situation, in der die Fehler der Vergangenheit vermieden werden können und vorausschauend *agiert* werden kann.

Planüberschreitung wird durch Planunterschreitung kompensiert

So kann ein Team, das in der Vergangenheit im Durchschnitt immer seine Aufwandsschätzungen um 60% überschritten hat, aus der resultierenden permanenten Krisensituation ausbrechen, indem es diese Abweichung von Anfang an in seinen Schätzungen berücksichtigt. Wenn diese Feedbackschleife häufig genug durchlaufen wird, stellen sich die Prozesse des Teams automatisch so ein, daß es im Schnitt seine Aufwandsschätzungen einhält. Jede Planüberschreitung wird statistisch durch eine Planunterschreitung kompensiert.

7.2.3.2
Wann anwenden?

Der Rational Unified Process hilft weiter

Wie bereits erwähnt, bietet der Rational Unified Process die optimalen Voraussetzungen für die oben beschriebene Institutionalisierung des Lernens. Jede Iteration, jede Phase und jedes Projekt wird mit einem „Close-out" abgeschlossen. Die dabei gewonnenen Erkenntnisse sollten entsprechend dokumentiert werden und für die Planung der nächsten Iteration, der nächsten Phase und des nächsten Projektes herangezogen werden.

7.2.4
Sukzessive Verfeinerung

Wie weit können Sie in die Zukunft planen? Wenn Ihr Projektplan heute vorsieht, daß in 22 Monaten der Integrationstest für das erste von acht Modulen stattfinden soll, wie sicher sind Sie dann, daß zu diesem Zeitpunkt nicht noch an eben diesem Modul entwickelt werden wird? Werden es dann überhaupt noch acht Module sein, oder werden sich nicht die Anforderungen geändert haben, so daß es letztendlich zehn Module werden?

Die letzten dreißig Jahre Software-Engineering haben uns gelehrt, daß wir nur beschränkt genau und weit voraus planen können und eben dieses Manko wird vom Rational Unified Process adressiert. Das Wesen des Rational Unified Process ist die sukzessive Verfeinerung. Von Iteration zu Iteration wird die Planung schrittweise verfeinert. Das Vorgehen hierbei wird in Kapitel 5 genauer beschrieben. Wir beschränken uns hier darauf, die Grundregel des iterativen Vorgehens, der sukzessiven Verfeinerung zu beleuchten:

Die kurzfristige Planung soll so detailliert sein wie möglich. Die langfristige Planung kann grob bleiben. Zu festgelegten Meilensteinen muß der nächste Projektabschnitt im Detail geplant werden.

Regel über sukzessives Verfeinern

Wichtig ist, die Meilensteine, an denen die Planung überarbeitet und weiter detailliert wird, vorher genau festzulegen und allen Projektbeteiligten klar zu machen, daß sich an diesen Meilensteinen die Planung unter Umständen signifikant ändern kann.

Es hat sich bis jetzt noch in den meisten Fällen gerächt, Projektbeteiligten wie dem Endbenutzer oder dem oberen Management die Illusion zu lassen, die am Anfang des Projektes aufgestellten Pläne würden sich nicht mehr ändern. Es gibt viele Gründe, warum sich eine Planung ändern kann, die gar nicht zu Beginn des Projektes absehbar sind. So reichen zum Beispiel folgende Ereignisse aus:

- Der Kunde bekommt neue Vorstellungen von der gewünschten Funktionalität, nachdem er die ersten Prototypen gesehen hat.
- Im Laufe des Projekts stellt sich herausstellt, daß der Hersteller der verwendeten Middleware nicht in der Lage ist, die Software fehlerfrei zu liefern.
- Eine neue Klassenbibliothek kommt auf den Markt, die Ihnen signifikant Entwicklungszeit sparen wird.

Gründe für Änderungen in der Planung

Die Liste wäre beliebig fortzusetzen. Sicher haben Sie es schon bei dem einen oder anderen Projekt in der Vergangenheit erlebt, daß ein unvorhersehbares Ereignis eine Änderung der Planung notwendig gemacht hat.

Dadurch, daß wir von Anfang an diese Möglichkeit vorsehen und den Plan so flexibel gestalten, daß dann reagiert werden kann, erhöht sich deutlich die Aussicht, das Projekt erfolgreich abzuschließen.

7.2.5
Management by Commitment

Menschen sind das wichtigste Investitionsgut

Menschen sind das wichtigste Investitionsgut moderner, dienstleistungsorientierter Organisationen. Es ist daher nicht verwunderlich, daß die Art und Weise, wie das Projektmanagement mit den Mitarbeitern in einem Projekt interagiert, von entscheidender Bedeutung für den erfolgreichen Verlauf eines Projektes ist. Nicht wenige Projekte laufen suboptimal, weil die sog. Peopleware nicht ausreichend beachtet wird.

7.2.5.1
Was ist Management by Commitment?

Das Langescheidts Wörterbuch übersetzt Commitment mit

> com•mit v/t. 1. anvertrauen, übergeben; 2. (to) verpflichten (zu), binden (an acc.)

Bei Management by Commitment soll jeder Mitarbeiter selbst festlegen, welche Ziele er für erreichbar hält. Der Prozeß läuft dabei in der Regel wie folgt ab:

Wie funktioniert Management by Commitment?

1. Der Projektleiter benötigt eine Terminzusage von einem Mitarbeiter. Er stellt dazu alle nötigen Informationen bereit.
2. Der Mitarbeiter und der Projektleiter einigen sich auf einen Termin, bis zu dem der Mitarbeiter seine Aufwandsschätzung vorlegen wird. Dieser Termin kann bei kleinen Arbeitspaketen noch am selben Tag liegen, bei aufwendigeren Themen erst einige Tage später.
3. Zum vereinbarten Termin legt der Mitarbeiter seine Aufwandsschätzung vor und bespricht sie mit dem Projektleiter. Dieser prüft die gemachten Annahmen. Wenn sich Projektleiter und Mitarbeiter einig sind, daß die Aufwandsschätzung realistisch und einhaltbar ist, vereinbaren sie einen Termin, bis zu dem die Arbeit fertiggestellt werden soll.
4. Der Mitarbeiter erstattet wie oben beschrieben turnusmäßig Bericht über den Leistungsstand seines Arbeitspakets. Er hat auch die Verantwortung dafür, rechtzeitig darauf aufmerksam zu machen, wenn er (aus welchem Grund auch immer) die Vereinbarung zwischen ihm und dem Projektleiter nicht einhalten kann.

Vergleichen Sie dies mit folgendem Vorgehen, das häufig in Projekten zu finden ist, insbesondere wenn diese unter extremen Zeitdruck abgewickelt werden:

1. Der Projektleiter bekommt von seinem Manager ein Budget zur Verfügung gestellt, innerhalb dessen er das Projekt abwickeln muß. Sein Manager läßt außerdem durchblicken, daß das Projekt noch dieses Jahr abgeschlossen werden muß, da die aus diesem Projekt zu erwartenden Einnahmen noch dringend benötigt werden.
2. Der Projektleiter errechnet den Fertigstellungstermin, indem er des verfügbare Budget durch die Anzahl der verfügbaren Mitarbeiter teilt und stellt dabei fest, daß das Budget vermutlich nicht reichen wird, um alle gewünschte Funktionalität zu implementieren.
3. Der Projektleiter teilt den Projektmitarbeitern die errechneten Endtermine mit und macht klar, daß diese Termine auf jeden Fall einzuhalten sind. Notfalls müssen wegen der Bedeutung des Projektes für das Unternehmen die Wochenenden geopfert werden.
4. Erst im letzten Schritt wird den Mitarbeitern mitgeteilt, welche Funktionen sie bis zu diesem Termin zu implementieren haben.

Häufige Vorgehensweise in Projekten unter Zeitdruck

7.2.5.2
Warum Management by Commitment?

Eine Organisation profitiert auf vielfältige Weise, wenn sie bei der Zielvereinbarung mit ihren Mitarbeitern auf Management by Commitment setzt.

Daß die zweite oben beschriebene Vorgehensweise auf die Dauer zu einer starken Unzufriedenheit der Mitarbeiter führt und damit auch zu einer gesteigerten Kündigungsrate, dürfte klar sein.

Die Zufriedenheit der Mitarbeiter steigt

Darüber hinaus steigt aber auch die Qualität der Planung, wenn der ausführende Mitarbeiter an der Erstellung der Planung beteiligt wird. Nur in den seltensten Fällen wird der Projektleiter in der Lage sein, alle Details eines Arbeitspakets überblicken zu können und eine bessere Aufwandsschätzung zu erstellen als der zuständige Mitarbeiter.

Die Planung wird besser

Auch die Wahrscheinlichkeit steigt, daß Aufwandsschätzungen eingehalten werden. Dieser Tatsache liegt das Phänomen zugrunde, daß selbstgesteckte Ziele eher erreicht werden als fremd vorgegebene. Zum einen ist in der Regel das Ziel realistischer, zum anderen ist aber auch die Motivation, ein Ziel zu erreichen, zu dem man sich freiwillig selbst verpflichtet hat, größer, als wenn man bei der Festlegung des Ziels nicht gefragt wurde.

Regel über Management by Commitment
Das Management soll die Mitarbeiter in den Planungsprozess mindestens so weit einbeziehen, daß die Mitarbeiter selber festlegen, welche Ziele sie in gegebener Zeit erreichen können. Im Gegenzug verpflichtet sich der einzelne Mitarbeiter, diese selbst gesteckten Ziele auch einzuhalten.

Erst dadurch, daß der Mitarbeiter diese Verpflichtung (Commitment) freiwillig eingeht, wird sie für ihn bindend.

7.2.5.3
Firmenkultur

Die Firmenkultur ist entscheidend
Von allen in diesem Kapitel beschriebenen Prinzipien erfolgreichen Projektmanagements ist das Management by Commitment am stärksten abhängig von der Firmenkultur. Während vermutlich nur pathologische Organisationen das Erstellen von Projektplänen aus kulturellen Gründen ablehnen, gibt es durchaus Unternehmen, die so stark hierarchisch und autokratisch strukturiert sind, daß es unvorstellbar wäre, einen Mitarbeiter selbst entscheiden zu lassen, wie viel Zeit er für die Implementation einer Funktion benötigt.

Auch innerhalb einer solcher Organisation ist effektives Projektmanagement nach den o.g. Prinzipien möglich. Exzellente Ergebnisse werden solche Projekte aber nicht erzielen.

7.2.6
Werkzeugunterstützung

Toolverliebtheit ist verbreitet
Die IT-Branche ist seit je her verliebt in Werkzeuge. Man träumt davon, möglichst viel der täglichen Arbeit automatisieren zu können. Natürlich ist das beim Projektmanagement nicht anders. Es lohnt sich jedoch, genau zu betrachten, welche Aspekte des Projektmanagements sich für eine Automatisierung eignen:

- Dokumentation der Planung (geplanter Funktionsumfang, Budget, Projektstrukturplan, Mitarbeiterzuteilung, Meilensteine...)
- Erfassung der Istdaten in bezug auf die Planung (fertiggestellte Funktionen, entstandene Kosten, aufgewendete Zeiten...)
- Durchführung der Soll/Ist-Vergleiche

Demgegenüber gibt es eine Reihe von Arbeiten, die sich nicht automatisieren lassen:

- Inhaltliche Erstellung der Planung
- Anpassung der Planung auf geänderte Gegebenheiten
- Sicherstellung, daß gesetzte Ziele von den Mitarbeitern auch eingehalten werden

Nicht alles läßt sich automatisieren

Kurz gesagt: Kein Werkzeug kann dem Projektleiter Entscheidungen abnehmen. Gerade große Projekte sind aber inzwischen ohne Werkzeugunterstützung nicht mehr zu managen – die Datenmengen sind einfach zu groß.

Der folgende Abschnitt beschreibt, wie mit APSIS SE Projekte nach dem Rational Unified Process gemanagt werden können.

7.3 Anwendung

APSIS SE ist eine optimal auf die Rational Produktpalette abgestimmte Lösung für Projekt- und Kostenmanagement auf Basis des Rational Unified Process. In diesem Kapitel soll Ihnen ein Überblick gegeben werden, wie der Projektmanagement-Workflow mit diesem Werkzeug durchgeführt werden kann.

7.3.1 Der Phasenplan

Der Phasenplan gibt grob den geplanten Projektverlauf in allen relevanten Dimensionen (Kosten, Termine und Qualitäten) wieder. Er wird dann im Sinne einer sukzessiven Verfeinerung in den einzelnen Iterationsplänen konkretisiert und weiter detailliert. Mehr zum Phasenplan ist Kapitel 5 und Kapitel 6 zu entnehmen.

Dimensionen des Phasenplanes

7.3.1.1 Die Featureliste

In der Featureliste dokumentiert der Analytiker die geplante Funktionalität der Software. In der Regel wird er für die Analyse Rational Requisite Pro verwenden, um die Use-Cases zu erfassen. Die aus den Use-Cases extrahierten Produktfunktionen können dann mittels des APSIS SE Rational RequsitePro Link an APSIS SE übergeben werden.

Rational Requisite Pro für die Analyse

Um eine erste Aufwandsschätzung erstellen zu können, werden dann in APSIS SE geschätzte Aufwände für die einzelnen Funktionen hinterlegt. Im Phasenplan wird diese Gliederung noch sehr grob sein, so daß es sich häufig nur um eine Übersicht über die geplanten Module handeln wird.

Abbildung 1 zeigt einen Screenshot dieser Featureliste:

Abbildung 1:
Die Featureliste

7.3.1.2
Das Budget

Erster Entwurf des Projektbudgets

Bei der Erstellung des Phasenplanes wird auch der erste Entwurf des Projektbudgets aufgestellt. Hier hat es sich bewährt, das Budget gemäß den Iterationen zu gliedern. Wenn Sie später die Kosten für die einzelnen Iterationen, die dann natürlich wesentlich genauer geschätzt werden können, in diese Gliederung einordnen, können Sie sich schnell einen Überblick über die geplanten Kosten pro Iteration verschaffen.

Abbildung 2 zeigt den Screenshot für das Projektbudget.

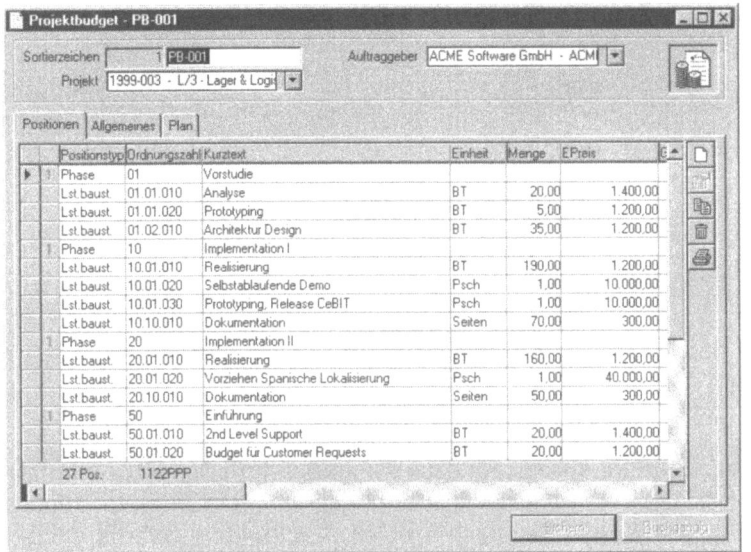

Abbildung 2: Das Projektbudget

7.3.1.3
Der Projektplan

Im Projektplan legen Sie die wesentlichen Meilensteine für das Projekt fest, geben an, wie viele Iterationen geplant sind und wie sich diese auf die Zeitachse verteilen.

Wenn Sie Ihre Featureliste entsprechend der Use-Case-Analyse gegliedert haben, können Sie den in Abbildung 3 dargestellten Projektplanassistenten benutzen, der Ihnen aus einer Featureliste einen Projektplan erstellt. Dabei haben Sie die Möglichkeit, die unter Umständen sehr detaillierte Information aus der Featureliste zu verdichten, um so den groben Phasenplan zu erhalten.

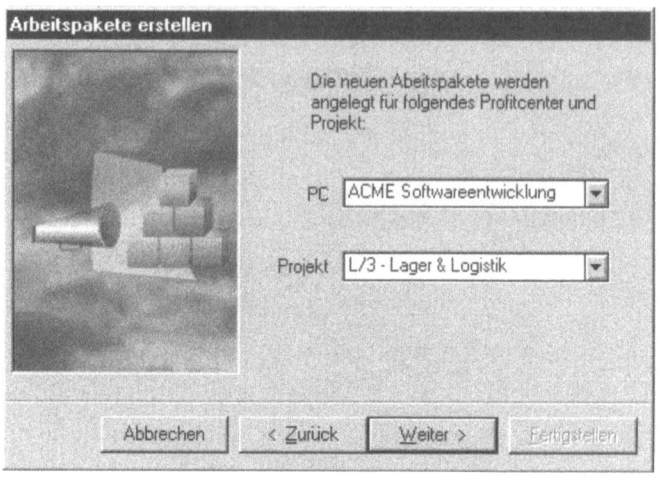

Abbildung 3:
Der Projektplanassistent zum Erstellen von Arbeitspaketen

In APSIS SE können Sie dann die voraussichtlichen Ressourcenzuordnungen vornehmen und auch festlegen, welche Budgetpositionen mit den Kosten für die jeweiligen Arbeitspakete belastet werden sollen.

Abbildung 4 zeigt, wie diese Zuordnung von Mitarbeitern zu den Arbeitspaketen vorgenommen werden kann.

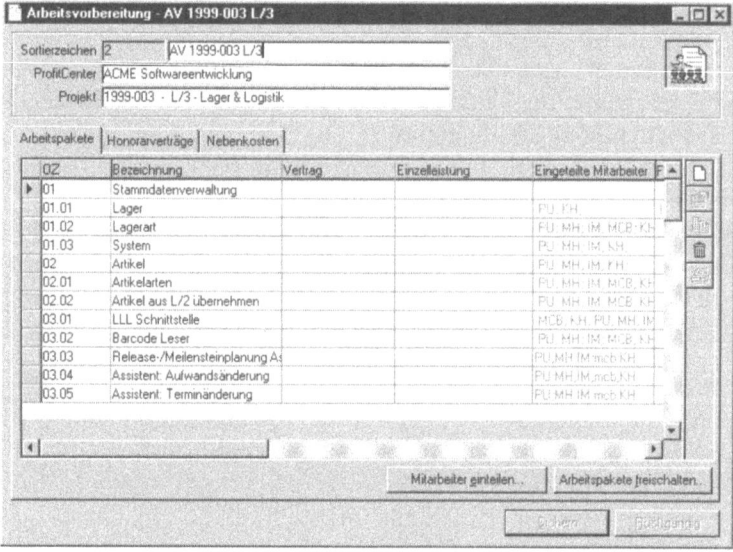

Abbildung 4:
Automatische Zuordnung von Mitarbeitern

Über die Schnittstelle zwischen APSIS SE und MS Project können Sie dann diese Information an Microsoft Project übergeben, um z.B. den Phasenplan für Präsentationen auszudrucken. Alle Änderungen, die Sie in MS Project vornehmen, können natürlich über die Schnittstelle wieder zurück in APSIS SE übernommen werden. Abbildung 5 zeigt die aus APSIS SE in MS Project übernommenen Informationen:

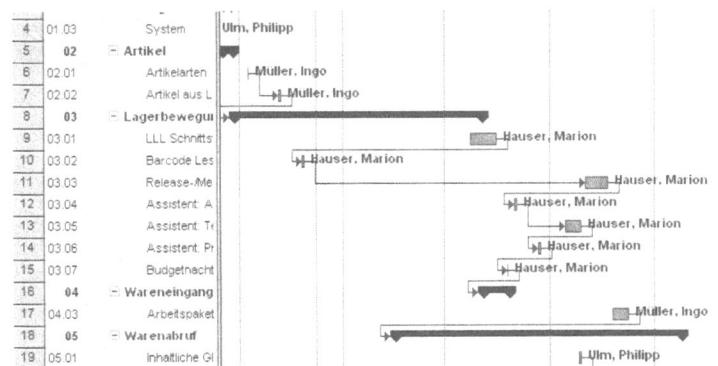

Abbildung 5: Ausschnitt aus MS Project, das mit einer Schnittstelle zu APSIS SE verbunden ist

7.3.2
Der Iterationsplan

Rechtzeitig vor Beginn der nächsten Iteration muß der Projektleiter den Iterationsplan für diese Iteration fertigstellen. In APSIS SE legen Sie dazu einen entsprechend detaillierten Projektplan an, der alle Tätigkeiten (Arbeitspakete) und Meilensteine für diese Iteration enthält.

Rechtzeitig an die nächste Iteration denken!

7.3.2.1
Der Arbeitsplan

Bevor die Arbeit an dieser Iteration beginnt, wird von jedem Entwickler ein Arbeitsplan erstellt, in dem er die notwendigen Arbeitsschritte zur Fertigstellung der ihm übertragenen Arbeitspakete festhält und deren Dauer schätzt.

Durch diesen Schritt erhält der Projektleiter zum einen ein sehr frühes Feedback, ob seine Aufwandsschätzungen für die Iterationsplanung korrekt waren. Zum anderen ist es für ein Management by Commitment (siehe auch Abschnitt 7.2.5) essentiell, daß der einzelne Mitarbeiter selbst einschätzt, wie lange er für eine Aufgabe benötigt.

In Abbildung 6 ist dargestellt, inwieweit er dabei durch APSIS SE unterstützt wird.

Abbildung 6:
Festlegen von
Arbeitspaketen

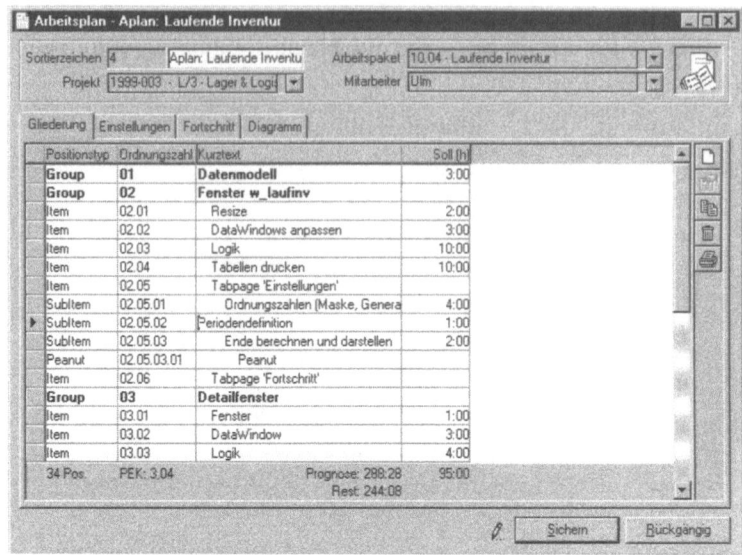

7.3.3
Die Istdaten

Jedem Planwert muß natürlich ein entsprechender Istwert gegenüber gestellt werden. Die Aufgaben stellen sich für jede Planungsebene wie folgt dar:

Aufgaben in den Planungsebenen

- *Arbeitsplan:* Jeder Entwickler erfaßt seine Istzeiten bezogen auf seine Arbeitspläne in der entsprechenden Maske (Abbildung 7) des Arbeitsplans oder alternativ dazu im Zeitnachweis.

Abbildung 7:
Maske zur Ist-
zeitenerfassung

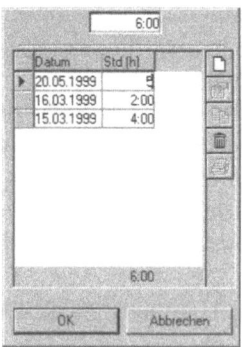

216 *7 Aspekte des Projektmanagements mit dem RUP*

- *Projektplan:* Der Projektleiter bewertet den Leistungsstand der einzelnen Arbeitspakete in der Arbeitsvorbereitung.
- *Budget:* Der kaufmännisch Verantwortliche bewertet den Leistungsstand der einzelnen Budgetposition.

Da die Arbeitspakete, die jeder Mitarbeiter mit seinen Zeiten bebucht mit Projektplanpositionen, Budgetpositionen und Features verknüpft sind, müssen diese Ist Daten nur einmal erfasst werden. Bei der Erstellung der entsprechenden Soll/Ist Vergleiche greift APSIS SE dann auf jeweiligen Informationen der Arbeitspakete zu.

Daten nur einmal erfassen

7.3.4
Der Soll/Ist-Vergleich

Wir bereits oben erläutert, sind die Auswertungen, die geplante Werte und tatsächliche Werte gegenüberstellen – die Soll/Ist-Vergleiche – das entscheidende Instrument für Projektleiter und Controller.

Auswertungen als Instrument für den Projektleiter

Dieser Abschnitt stellt einige der Auswertungen vor, die einem Projektleiter, der seine Projekte auf Basis des Rational Unified Process mit Hilfe von APSIS SE managt, zur Verfügung stehen.

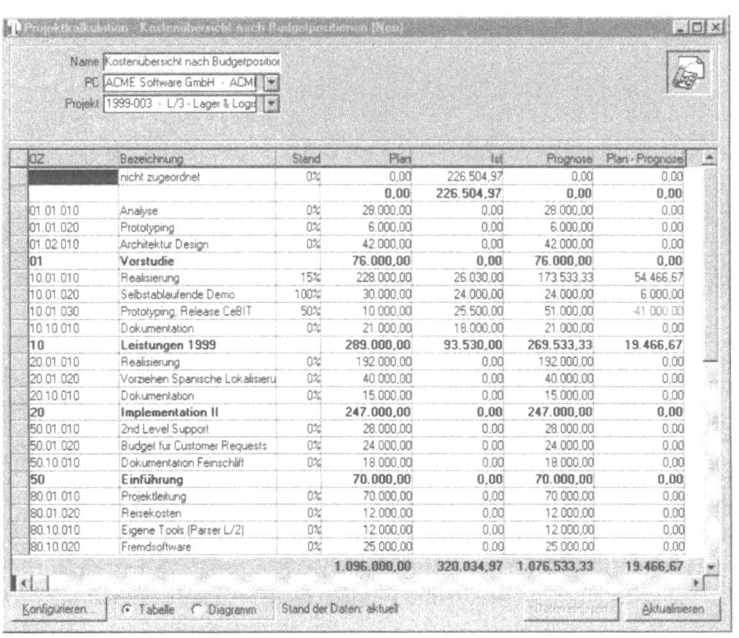

Abbildung 8: Kostenübersicht nach Budgetpositionen

7.3.4.1
Budget

Vergleich von budgetierten Kosten mit den tatsächlichen Kosten

Bei Budgetauswertung werden für jede Budgetposition die budgetierten Kosten mit den tatsächlichen Kosten verglichen. Wenn Ihr Budget nach Phasen gegliedert ist, können sie damit auf einen Blick die Kosten pro Phase erkennen.

Auf Basis der Bewertung des Leistungsstands der einzelnen Budgetpositionen kann dann sogar eine Kostenprognose erstellt werden, die schon zu einem frühen Stadium des Projektes Aussagen über die zu erwartenden Kosten erlaubt.

Abbildung 8 zeigt eine solche Budgetauswertung, wie sie durch das Werkzeug APSIS SE ermöglicht wird.

7.3.4.2
Featureliste

Mit Hilfe der Auswertung der Featureliste, dargestellt in Abbildung 9, können Sie die zu Anfang des Projektes gemachten Annahmen zu den Aufwänden für die einzelnen Funktionen und Module verifizieren. So erhalten Sie schnell einen Überblick über die tatsächlichen Kosten für einzelne Module.

Abbildung 9: Featureliste mit Zwischensummen

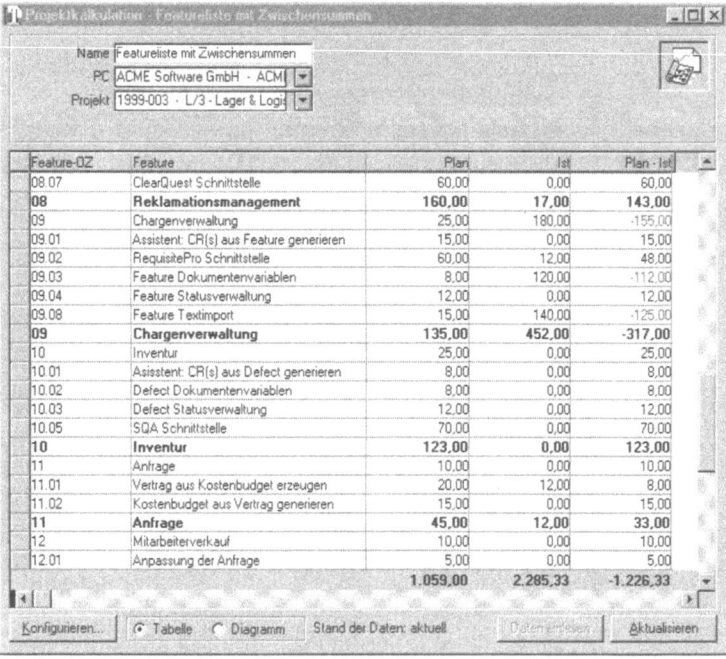

7 Aspekte des Projektmanagements mit dem RUP

7.3.4.3
Projektplan

Die Projektplanübersicht ist das alltägliche Werkzeug des Projektleiters. Aus den hier zusammengestellten Informationen können Sie sehr schnell Planabweichungen erkennen und schon innerhalb einer Iteration gegensteuern.

Besonders interessant für den Projektleiter ist die Möglichkeit, aus den Aufwandsprognosen der einzelnen Arbeitspläne eine Gesamtprognose für das ganze Projekt erstellen zu lassen. Nur so hat der Projektleiter nicht nur die einzelne Iteration im Griff, sondern auch das Gesamtprojekt.

Möglichkeit für Gesamtprognose

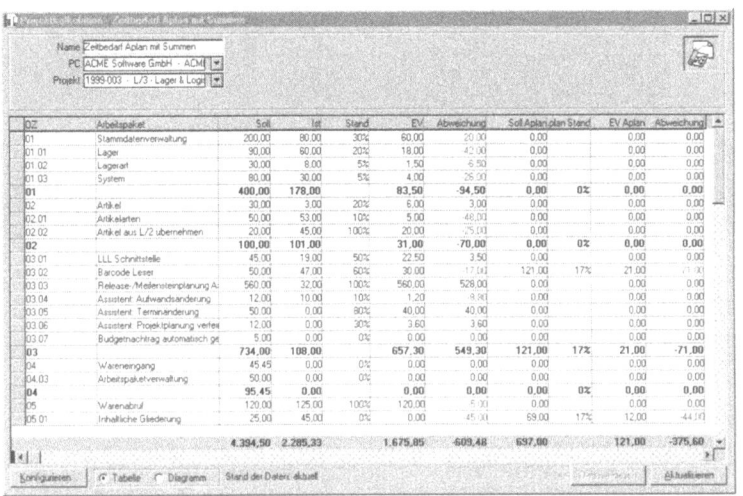

Abbildung 10: Projektplanübersicht

7.3.4.4
Arbeitsplan

Ganz besonders wichtig ist der kontinuierliche Soll/Ist-Vergleich für jeden einzelnen Mitarbeiter im Projekt. Mittels der Auswertungen des Arbeitsplans kann sich jeder Entwickler genau Einblick darüber verschaffen, wo er seine Aufwandsschätzungen falsch veranschlagt hat und in welchen Wochen er nicht die nötige Zeit für ein Arbeitspaket aufwenden konnte. Außerdem kann er dokumentieren, wodurch Aufwandsänderungen verursacht wurden.

Kontinuierliche Soll/Ist-Vergleich ist wichtig

Diese Auswertung kann sich jeder Mitarbeiter grafisch darstellen lassen, wie Abbildung 11 zeigt. Das wichtigste an dieser Darstellung ist nicht nur die Übersicht für den Projektleiter, sondern auch, daß der einzelne Mitarbeiter den Lerneffekt vermittelt bekommt.

Abbildung 11: Auswertung des Arbeitsplanes

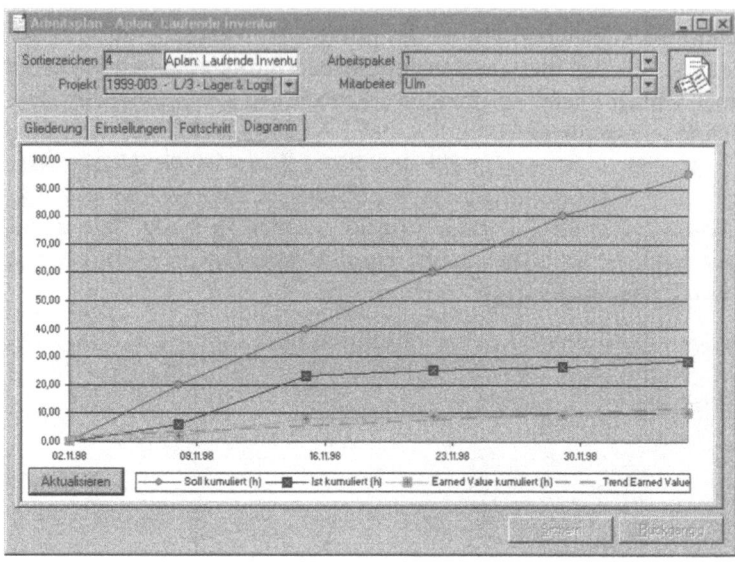

7.4 Zusammenfassung

Elemente erfolgreichen Projektmanagements

Der Rational Unified Process ist ein ausgereifter und praxiserprobter Prozeß zur Durchführung von Projekten jeder Größenordnung. Eine seiner besonderen Stärken ist die Betonung von iterativem Vorgehen, der sukzessiven Verfeinerung. Für den Erfolg eines Projektes ist es ganz wesentlich, daß die Elemente erfolgreichen Projektmanagements beachtet werden:

- Planung
- Kontinuierlicher Soll/Ist-Vergleich
- Feedbackschleifen
- Sukzessive Verfeinerung
- Management by Commitment
- Werkzeugunterstützung

APSIS SE ist die optimal auf den Rational Unified Process abgestimmte Lösung für Projekt- und Kostenmanagement von Softwareprojekten. Durch die Verwendung von APSIS SE hat nicht nur der

Projektleiter einen guten Überblick über den aktuellen Stand des Projektes, sondern seine Projektmitarbeiter werden zusätzlich trainiert, ihre Zeitschätzungen vorherzusagen. Dabei kommt dem Projektleiter zugute, daß durch Management by Commitment die erforderliche Motivation der Mitarbeiter gegeben ist. Voraussetzung für einen erfolgreichen Einsatz dieser Methode und damit auch von APSIS SE ist jedoch, daß eine gewisse Firmenkultur existiert.

8 Einführung des Rational Unified Process

„Die Angst vor dem Neuen ist der Feind des Erfolges – eine These, die jeder einsieht – solange er selber nicht von etwas Neuem betroffen ist. Mit etwas Neuem anzufangen bedeutet auch immer, mit etwas Altem abzuschließen – sei es ein Wohnort, ein Ehepartner oder auch nur ein neuer Software-Entwicklungsprozeß."

8.1 Motivation

Wenn Ihnen die vorherigen Kapitel wertvolle Anregungen zu Ihrem nächsten Projekt geben konnten, sollte Sie überlegen, den Rational Unified Process innerhalb Ihres Unternehmens einzuführen. Natürlich ist dies leichter gesagt als getan, da damit sowohl Aufwand als auch Kosten verbunden sind. Doch können Sie als Projektleiter einen entsprechenden Einfluß auf Ihre Unternehmensführung ausüben und Ihr nächstes Projekt als Pilotprojekt für dieses Vorhaben bereitstellen. Dazu sollten Sie allerdings einige Dinge vorbereiten, um sich die notwendige Argumentationsgrundlage gegenüber den Entscheidungsträgern zu beschaffen.

<small>Vorbereitende Maßnahmen</small>

Was am meisten zählt sind nachvollziehbare Kostenrechnungen bzw. Metriken, wobei die Betonung auf nachvollziehbar liegt. Argumentieren Sie also nicht mit Mondzahlen oder malen Sie keine Horrorszenarien auf. Im Idealfall arbeiten Sie mit nachweisbaren Zahlen aus dem Controlling bezüglich vergangener Projekte. Passen Sie aber auch hier auf, daß Sie nicht nur die schwarzen Schafe aus der Firmengeschichte aufführen, achten Sie auf einen gesunden Mix.

Suchen Sie sich einen oder mehrere „Verbündete" und bilden Sie eine Interessengruppe. Achten Sie dabei darauf, daß die Gruppe ebenfalls ausgewogen ist, und zwar sowohl was die Hierarchiestufe der einzelnen im Unternehmen betrifft als auch ihre jeweilige Rolle innerhalb und außerhalb von Projekten.

<small>Verbündete suchen</small>

8.2
Einführung des Rational Unified Process

Vorliegende Situation im Unternehmen ist von Bedeutung

Es stehen also jede Menge Vorarbeiten an, die auch als Überzeugungsarbeiten gewertet werden können. Sind diese jedoch erfolgreich durchgeführt und haben Sie von Ihrem Management das „Go" erhalten, können Sie den Rational Unified Process auf unterschiedliche Art und Weise einführen. Ausschlaggebend ist die jeweils vorliegende Situation im Unternehmen. Im Rational Unified Process selbst werden zwei verschiedene Modelle empfohlen – eins mit Hilfe eines Piloten und ein weiteres ohne Piloten.

Ferner ist zu beachten, wie vorgegangen wird, wenn der Rational Unified Process ein bereits bestehendes Prozeßmodell ablösen soll, sei es nun das Wasserfallmodell oder das V-Modell. Gerade bei letzterem Prozeßmodell ist ein Umstieg auf den Rational Unified Process relativ problemlos vorzunehmen, sofern das V-Modell zur objektorientierten Software-Entwicklung verwendet wurde.[1]

„Psychologische" Hindernisse beachten

Einige „psychologische" Hindernisse, auf die in Abschnitt 8.5 näher eingegangen wird, dürfen jedoch nicht außer acht gelassen werden, schließlich soll etwas abgelöst werden, was jemand einmal geschaffen hat und was auch diverse Mitarbeiter gar nicht ablösen wollen, da damit für sie ein Mehraufwand erforderlich wird.

8.2.1
Der Einführungsplan

Völlig unabhängig von welcher Ausgangssituation der Rational Unified Process eingeführt werden soll, allen Gegebenheiten gemeinsam ist, daß sie einen detaillierten Einführungsplan erfordern, um unangenehme Überraschungen von vornherein auszuschließen. Philippe Kruchten spricht hier von einem sechsstufigen Konzept, das wie folgt aussieht:

Aktuellen Zustand untersuchen

1. Im ersten Schritt muß der aktuelle Zustand der Software-Entwicklungsabteilung untersucht werden. Als Ergebnis werden dabei Antworten zu den folgenden Fragen formuliert und anschließend analysiert:

---

[1] Andernfalls, also bei der Verwendung der Methoden Strukturierte Analyse (SA) und Entity-Relationship-Modellierung (ERM), liegt ohnehin eine problematische Situation vor, da hier dann bei der Einführung des Rational Unified Process und damit inhärent der Objektorientierung ein Kulturwandel bevorsteht.

- Welche Software-Entwicklungswerkzeuge sind derzeit im Einsatz, werden sie auch tatsächlich genutzt oder handelt es sich nur um „Schrankware"?
- Welche Qualifikation haben die einzelnen Mitarbeiter, liegen eventuell schon Vorkenntnisse in objektorientierter Software-Entwicklung vor, hat vielleicht schon jemand Erfahrung mit dem Rational Unified Process in seiner vorherigen Firma sammeln können?

Mitarbeiter sind unterschiedlich qualifiziert

- Wie ist die Stimmung im Unternehmen, ist der aktuelle Software-Entwicklungsprozeß ohnehin schon in der Kritik oder sind alle glücklich und zufrieden mit dem alten Prozeß?[2]
- Wie funktioniert der existierende Software-Entwicklungsprozeß? Gibt es überhaupt ein unternehmensweites Prozeßmodell? Welche Worker und welche Artefakte[3] existieren und in wie weit lassen sich diese zum Rational Unified Process übertragen?
- Was sind die aktuellen Killerkriterien, die eine Verwendung des bisherigen Prozeßmodells für die Zukunft als kritisch erscheinen lassen? Was sind im Gegenzug die Killerkriterien, die eine Einführung des Rational Unified Process gefährden könnten?

Killerkriterien ausfindig machen

- In welchen Bereichen (Analyse, Design, Implementierung, Test) sind derzeit die größten Schwachstellen festzustellen? Wo existiert konkreter Handlungsbedarf?

2. Der zweite Schritt sieht vor, sowohl für den Prozeß und die Mitarbeiter als auch für die Werkzeuge Ziele zu definieren, um analysieren zu können, was man erreicht hat, wenn die Einführung des Rational Unified Process vollzogen ist. Dieser Schritt ist als Vorbereitung zu Schritt 6 zu sehen. Natürlich müssen diese Ziele meßbar formuliert werden, ansonsten kann der Zielerreichungsgrad nicht festgestellt werden.

3. Im dritten Schritt werden die Risiken analysiert, die durch die Einführung des Rational Unified Process eintreten können. Hierbei handelt es sich um einen sehr kritischen Prozeß bzw. Schritt, schließlich läßt sich mit Recht die folgende Frage stellen: Wel-

Risiken betrachten

---

[2] Wenn noch alle zufrieden sind, werden Sie sich schwer tun, einen neuen Prozeß einzuführen (auch wenn es sich dabei um den Rational Unified Process handelt).

[3] Es müssen nicht unbedingt die Begrifflichkeiten Artefakte und Worker in dem aktuellen Prozeß auftauchen, im V-Modell ist synonym zu diesen Begriffen von Rollen und Produkten die Rede.

ches Interesse sollten Sie als Projektleiter und Befürworter des Rational Unified Process daran haben, hier Risiken aufzuführen, die vielleicht die Einführung des Rational Unified Process verhindern könnten? Andererseits bedeutet dieser Schritt für Sie auch eine Rückversicherung, denn wenn die Einführung des Rational Unified Process schief gehen sollte, und Sie haben bei der Risikoanalyse entsprechend darauf hingewiesen – also die kritischen Punkte aufgelistet, wo potentielle Risiken anstehen, dann sieht das besser aus, als wenn Ihre Risikoliste nahezu leer ist.

4. Erst im vierten Schritt wird auf Basis der Ergebnisse der bisherigen Schritte die Art und Weise der Prozeßeinführung geplant. Dabei sollte ein taktischer Schachzug gewählt werden: Man nehme sich zuerst die Bereiche vor, die durch die folgenden Eigenschaften gekennzeichnet sind:

Eigenschaften des Bereiches sorgfältig analysieren

- Geringes Risiko
- Große Auswirkung der Neueinführung
- Möglichst wenige Widersprüche im Vorfeld bzw. großes Bedürfnis nach einer Verbesserung im entsprechenden Umfeld vorhanden

Auf diese Weise hat die Neueinführung des Rational Unified Process bereits gute Aussichten, erfolgreich einen ersten Meilenstein zu passieren. Wie anschließend bei der Einführung im einzelnen vorgegangen wird, ist in den beiden folgenden Abschnitten beschrieben (mit und ohne Pilot).

Eigentliche Einführung

5. Der fünfte Schritt sieht die eigentliche Einführung des Rational Unified Process vor. Dieser teilt sich auf in unterschiedliche Bereiche, die teilweise sequentiell, aber auch parallel zu einander durchzuführen sind, und damit miteinander harmonisiert und koordiniert werden müssen. So ist unter Umständen die Anschaffung einer neuen Werkzeugumgebung notwendig, diese macht jedoch erst Sinn, wenn die entsprechenden Mitarbeiter sowohl in der Methode als auch in der Handhabung geschult wurden. Zum Teil müssen die Werkzeuge auch angepaßt werden, bevor sie innerhalb eines konkreten Projektes zum Einsatz kommen. Dieser Aufwand kann parallel zu der Anpassung des Rational Unified Process vorgenommen werden.

6. Im sechsten Schritt wird in einer Art Evaluierung der Erfolg der Einführung des Rational Unified Process analysiert. Diese Evaluierung sollten Sie als Projektleiter[4] selbständig durchführen, da Sie so die Möglichkeit haben, den Erfolg (oder auch Mißerfolg) der Einführung direkt zu „beeinflussen". Das klingt in etwa wie „traue nie einer Statistik, die Du nicht selber gefälscht hast", gemeint ist hier jedoch eher eine präventive Maßnahme, um typischen Fallstricken, die bei einer derartigen Evaluierung immer wieder begangen werden, auszuweichen (mehr dazu ist Abschnitt 8.4.4. zu entnehmen).

Evaluierung ist kritisch

Diesem sechsstufigen Einführungskonzept gehen keinerlei Voraussetzungen voraus, das heißt, unabhängig davon, welche Art von Unternehmen – ob Behörde, Unternehmensberatung, Versicherung, Automobilhersteller, Softwarehaus oder ähnliches – den Rational Unified Process einführen möchte, mit marginalen Anpassungen verhilft dieser Einführungsplan zu einer erfolgreichen Neueinführung.

Keine Voraussetzungen notwendig

8.3
Einführung des Rational Unified Process mit Hilfe eines Piloten

In diesem Abschnitt soll zunächst die Einführung des Rational Unified Process durch einen Piloten besprochen werden, also die vorsichtige Variante. Im nächsten Abschnitt wird dann auf die sogenannte „schnelle" Variante ohne Piloten eingegangen.

---

[4] Sofern Sie auch für die Einführung des Rational Unified Process verantwortlich sind. Davon wurde bei der Beschreibung des Einführungsplanes ausgegangen.

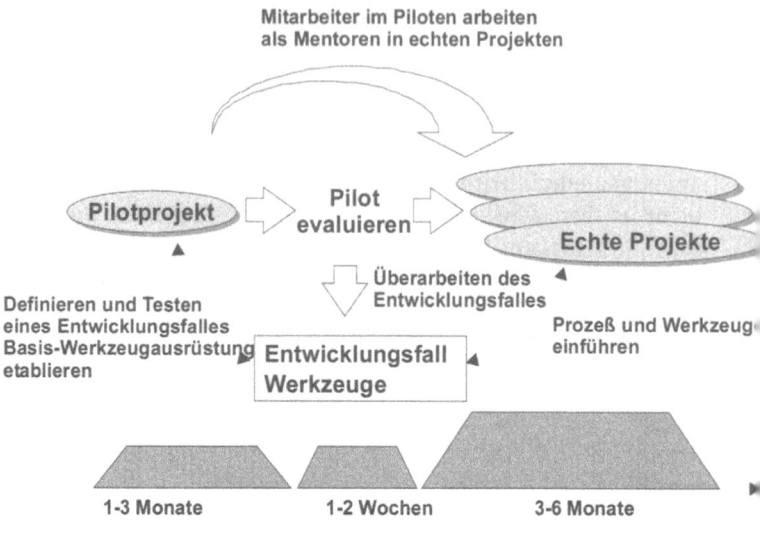

Abbildung 1:
Einführung des
Rational Unified
Process mit Hilfe
eines Piloten

Wie aus Abbildung 1 ersichtlich wird, handelt es sich bei der Einführung mit Hilfe eines Piloten einschließlich der Abwicklung des ersten Projektes um einen Zeitraum von vier bis neun Monaten. Zu unterscheiden sind dabei drei wesentliche Phasen:

Drei wesentliche Phasen

- Die Definition und das Testen eines Entwicklungsfalles sowie die Grundausrüstung des Teams mit den notwendigen Software-Entwicklungswerkzeugen und die eigentliche Durchführung des Piloten.
- Die Evaluierung des Piloten und gegebenenfalls die Überarbeitung des Entwicklungsfalles.
- Die letztendliche Einführung des Prozesses und der verwendeten Werkzeuge in einem ersten Projekt, dieses sollte jedoch eine maximale Länge von drei bis sechs Monaten haben.

Dabei ist zu beachten, daß die Personen bzw. Projektmitarbeiter, die in dem Pilotprojekt mitgearbeitet haben, im Anschluß in den „echten" Projekten als Mentoren für die restlichen Mitarbeiter eingesetzt werden, um auf diese Weise bereits die ersten eigenen Best Practices zum Einsatz zu bringen.

Schnelle Variante ohne Pilot

Bei der zweiten Variante, der schnellen Einführung des Rational Unified Process ohne einen Piloten, ist natürlich das Risiko erheblich höher. Auch das Fehlerpotential steigt. Doch können durchaus berechtigte Gründe existieren, diese Variante zu wählen. Entscheidend sind ebenfalls die äußeren Faktoren, die die Wahl der Variante beeinflussen. Sind zum Beispiel die den Rational Unified Process unterstützenden Werkzeuge bereits angeschafft und die Mitarbeiter sowohl mit der Methode als auch der Handhabung vertraut, wird das Risiko und das Fehlerpotential der schnellen Variante schon deutlich reduziert.

Eine dritte Alternative wäre eine Mischung dieser beiden Ansätze. So könnte man beispielsweise die erste Iteration eines aktuellen Projektes als Piloten heranziehen. Dabei muß jedoch sichergestellt sein, daß der Schwerpunkt dieser Iteration nicht in der Software-Entwicklung liegt.

Auch ein Mix beider Varianten ist denkbar

8.4 Worauf besonders zu achten ist

Der Rational Unified Process läßt sich, wie oben beschrieben, auf unterschiedliche Art und Weise einführen. Die Erfahrung hat gezeigt, daß bei einer Einführung eines neuen Prozeßmodells immer wieder dieselben Fehler gemacht werden und immer wieder dieselben Dinge vergessen werden. Daher soll in diesem Kapitel explizit darauf eingegangen werden, worauf bei der Einführung des Rational Unified Process besonders zu achten ist.

Es werden immer wieder dieselben Fehler gemacht

8.4.1 Wahl des Zeitpunktes

Es ist, als ob man versucht, mit dem Rauchen aufzuhören[5]. Es kommt nie der richtige Zeitpunkt, wo alle äußeren Umstände dazu geeignet sind, diesen Schritt durchzuführen. Also sollte hier erst gar nicht allzuviel Zeit investiert werden zu analysieren, wann es denn am besten passen würde, den Rational Unified Process einzuführen. Oder anders ausgedrückt, Gegner eines neuen Prozeßmodells werden immer eine Begründung finden, warum gerade jetzt ein schlechter Zeitpunkt vorliegt, um eine derartige Umstellung vorzunehmen.

Oft werden die folgenden Argumente aufgeführt:

- Wir stehen kurz vor Quartalsende/Geschäftsjahresende.
- Unser wichtigstes Projekt ist gerade in Schwierigkeiten oder auch umgekehrt: Es läuft gerade mal unkritisch und die Stimmung ist so gut, da können wir doch nicht schon wieder etwas Neues einführen.

Scheinargumente

---

[5] Kann ich sogar aus eigener Erfahrung bestätigen.

- Es laufen gerade so viele Projekte parallel, wo sollen wir denn da anfangen.
- Wir haben doch erst kürzlich das Werkzeug xy angeschafft, warum schon wieder investieren.
- Unsere Mitarbeiter sind jetzt gerade mal alle in der Methode xy geschult, die können wir doch jetzt nicht alle wieder umschulen.
- Warten wir doch ab, bis die neue Version des Prozeßmodells erschienen ist, die ist doch bestimmt konsolidierter.
- usw.

Von vornherein durchgreifen

Ihre Aufgabe als Projektleiter liegt nun darin, eine derartige Argumentationsrichtung von vornherein zu unterbinden. Kein Unternehmen der Welt wird jemals in eine Situation kommen, wo alles ruht und steht und mal eben so die Zeit übrig ist, ein neues Prozeßmodell einzuführen, weil sonst nichts zu tun ist.

8.4.2
Status laufender Projekte

Die Einführung des Rational Unified Process für ein bestimmtes Projekt kann generell nur zu *Projektanfang* durchgeführt werden. Laufende Projekte dürfen auf keinen Fall mit einem neuen Prozeßmodell fortgesetzt werden, will man nicht Gefahr laufen, völlig aus Zeitrahmen und Budget zu geraten.

Neue Projekte direkt mit dem Rational Unified Process beginnen

Hingegen sollten alle neuen Projekte sofort mit dem neuen Prozeß begonnen werden. Hier greift das Beispiel des Münchner Flughafens. Bereits in der Luft befindliche Flugzeuge wurden nicht nach Erding umgeleitet, hingegen alle anderen Flieger wurden ab einem bestimmten Zeitpunkt Richtung Erding gelotst.

Die einzige Ausnahme, bei der auch bei laufenden Projekten der Prozeß geändert werden sollte, ist, wenn das Projekt ohnehin schon „jenseits von Gut und Böse ist", aber aus politischen Gründen trotzdem zu Ende geführt werden soll. Davon gibt es mehr Projekte als man glaubt.

8.4.3
Zusammensetzung der Projektgruppe

Der Rational Unified Process wird weder von einer *einzelnen* Person eingeführt noch vom *gesamten* Unternehmen. Wie bereits beschrieben wird eine Projektgruppe damit beauftragt. Entscheidend für den

Erfolg der Einführung ist dabei die Zusammensetzung der Projektgruppe.

Die Projektgruppe darf auf keinen Fall nur aus Technikern bestehen, die sich mit Vorliebe auf jedes noch so kleine Detail stürzen und es bis zur absoluten Perfektion analysieren und anschließend unternehmensspezifisch konfigurieren. Ebenso „tödlich" ist es, wenn sich die Projektgruppe nur aus Führungskräften zusammensetzt, die bereits jenseits jeglicher Praxiserfahrungen sind.

Es kommt also wie so oft im Leben auf einen gesunden Mix zwischen Führungskräften und Technikern an, um ein gesundes Mittelmaß zu finden. Schließlich ist das oberste Ziel der Prozeßeinführung diese innerhalb des Zeitrahmens und Budgets durchzuziehen.

Auf den gesunden Mix kommt es an

8.4.4
Evaluierungsaspekte

Wie bereits zuvor angedeutet, ist die Evaluierung, ob ein neues Prozeßmodell erfolgreich eingeführt wurde, ein Thema, das häufig Zündstoff beinhaltet. Dafür gibt es mehrere Gründe, die im folgenden diskutiert werden sollen.

8.4.4.1
Der Zeitpunkt

Ein häufig begangener Fehler ist der *Zeitpunkt*, an dem die Untersuchung vorgenommen wird. So ist es ein Zeichen von gefährlichem Übereifer, dies bereits nach dem ersten Projekt vorzunehmen. Wie zuvor bereits kurz angesprochen, entstehen bei der Einführung eines neuen Prozeßmodells (völlig egal welches) zum Teil erhebliche Aufwendungen für:

- Schulung des neuen Prozeßmodells
- Anpassung des Modells an die individuellen Gegebenheiten im Unternehmen
- Auswahl (siehe auch Kapitel 9) und Schulung einer eventuell neu zu beschaffenden Werkzeugumgebung
- „Erste Gehversuche" mit dem neuen Prozeßmodell

Evaluierung nicht zu früh vornehmen

Wird also direkt nach dem ersten Projekt eine derartige Evaluierung vorgenommen und dabei die Kosten für obige Aufwendungen mit einbezogen, gehört nicht viel Vorstellungsvermögen dazu, daß hier ein negativer Return on Investment herauskommt.

Zeitpunkt bereits im Vorfeld festlegen

Es liegt in der Aufgabe des mit der Einführung betrauten Projektleiters, bereits im Vorfeld der Einführung festzulegen, wann diese einer kritischen Evaluierung unterzogen wird. Ein geschickter Schachzug bei solchen Gesprächen ist es, sich als Projektleiter dabei erst einmal zurückhalten und zuzuhören, was für Vorschläge unterbreitet werden. Denn dadurch bekommt man einen guten Überblick darüber, wer das Projekt sabotieren oder unterstützen will. Merken Sie sich genau, wer welchen Zeitrahmen zur Evaluierung vorschlägt, es gibt kaum ein besseres Kriterium Gegner und Befürworter ausfindig zu machen. Wie bereits mehrfach erwähnt – diese typischen Verhaltensmuster haben nichts mit dem Rational Unified Process zu tun, sie beziehen sich hauptsächlich auf „das Neue" im Unternehmen!

8.4.4.2
Werkzeuge

Toolwechsel berücksichtigen

Ein weiterer kritischer Punkt bei der Evaluierung des Prozeßerfolges ist die Tatsache, daß mit einer Prozeß*neu*einführung häufig auch ein Wechsel der existierenden Werkzeugumgebung vorliegt[6]. Allzu gerne werden die dabei entstehenden Kosten dem neuen Prozeß angerechnet. Doch dabei wird häufig vergessen, daß selbst bei der Beibehaltung des alten Prozeßmodells unweigerlich Kosten für Werkzeuge anfallen[7].

Ein klassisches Beispiel ist das Thema *Testen*, auf das bereits mehrfach in diesem Buch eingegangen wurde. Im Zeitalter des E-Developments kann es sich mittlerweile kein Unternehmen mehr leisten, eine Internetanwendung zu erstellen, ohne daß diese einem Performance-Test, Last- bzw. Streßtest unterworfen wurde. Allerdings sind Werkzeuge, um diese Tests erfolgreich durchführen zu können, noch nicht allzu lange auf dem Markt. Eine Anschaffung ist also unumgänglich – diese jetzt der Einführung eines neuen Prozeßmodells kalkulatorisch anzulasten ist schlichtweg falsch.

Werkzeuge müssen ständig neu beschafft werden

Ihre Aufgabe als Projektleiter ist es somit, solche Kosten von vornherein aus der Kalkulation herauszunehmen, da sie durchaus als unseriös zu bezeichnen sind. Generell gilt, daß Werkzeuge ständig neu beschafft werden müssen, es gibt heutzutage kaum ein Unternehmen, das auf einen über mehrere Jahre erfolgreichen Einsatz ein

---

[6] So macht es zum Beispiel absolut keinen Sinn den Rational Unified Process einzuführen und weiterhin ein CASE-Werkzeug zu benutzen, das nur strukturierte Methoden unterstützt.

[7] Seien es nun Wartungskosten für existierende Werkzeuge oder Anschaffungskosten für neue Werkzeuge.

und desselben Werkzeuges zurückblicken kann. Dies liegt weniger an der Qualität des jeweils aktuell angeschafften Werkzeuges, sondern vielmehr an der Schnellebigkeit der IT-Branche, auf die auch im nächsten Abschnitt noch einmal eingegangen wird.

8.4.4.3
Trainings und Schulungen

Dasselbe, was im vorherigen Abschnitt zur Einführung neuer Werkzeuge angemerkt wurde, gilt auch für die Fortbildung der Mitarbeiter. Die Kosten dafür haben nicht im geringsten etwas damit zu tun, ob ein neuer Prozeß eingeführt wird – es liegt an der Branche. Die Informationstechnologie ist die Branche, wo:

- die schnellsten Veränderungen am Markt stattfinden,
- ständig neue Technologien emporkommen,
- nichts schneller veraltet als das, was gestern noch modern und *up to date* war, und
- die Ausbildung von gestern heute bereits überholt ist.

Eigenschaften der IT-Branche

Das heißt im Klartext: Wenn ein Projektteam erfolgreich ein Projekt abwickeln soll, muß es auch dementsprechend darauf vorbereitet werden, also trainiert, geschult und fortgebildet werden. Unternehmen, die aus Kostengründen auf solche Investitionen verzichten, laufen Gefahr, daß eine der folgenden Situationen eintritt:

- Ein neues Projekt mit fortschrittlicher Technologie soll abgewickelt werden, doch der Kenntnisstand der Projektmitarbeiter ist derart rückständig, daß innerhalb kürzester Zeit ein Scheitern des Projektes erkennbar wird.
- Viele Mitarbeiter, die genau wissen, daß eine kontinuierliche Aus- und Weiterbildung unerläßlich für die eigene Karriere ist, verlassen das Unternehmen, da sie keinerlei Perspektiven mehr erkennen können.
- Potentielle Auftraggeber sehen den technologischen Fortschritt der Wettbewerber und wenden sich vom bisherigen Auftragnehmer ab.
- Der Rational Unified Process unterstützt die Wiederverwendung von Software bzw. von Komponenten in erheblichem Maße – Unternehmen, die hier immer wieder das Rad von vorne erfinden, können auf Dauer dem kontinuierlich wachsenden Preisdruck auf dem Markt nicht mehr standhalten und laufen Gefahr, bei einer Auftragsvergabe nicht mehr berücksichtigt zu werden.

Gefährliche Situationen

Schulungen sind das tägliche Brot

Sicherlich läßt sich diese Liste noch beliebig ergänzen – Sinn und Zweck sollte sein aufzuzeigen, daß eine Schulungs- bzw. Fortbildungsmaßnahme nicht an einem neu einzuführenden Prozeßmodell festzumachen ist, sondern vielmehr zum täglichen Brot eines Unternehmens gehört. Damit haben die dadurch entstehenden Kosten nichts in einer Return-on-Investment Rechnung für die Einführung eines neuen Prozeßmodells zu suchen.

8.4.4.4
Der Kunde

Es gibt innerhalb von gestandenen Projektleitern einen alten Spruch: „Das Leben könnte so angenehm sein, wenn es keine Kunden gäbe." Doch leider – oder auch zum Glück – sind es unsere Kunden, die unser Gehalt finanzieren und nicht der Spaß am Experimentieren mit der neuesten Software und den neuesten Technologien.

Der Kunde fordert ein bestimmtes Modell

Es kommt immer häufiger vor, daß Kunden den Einsatz eines bestimmten Prozeßmodells fordern. Besonders offensichtlich ist dies der Fall im militärischen und auch öffentlichen Bereich, wo der Einsatz des V-Modells Pflicht geworden ist. Doch läßt sich nahezu jedes Prozeßmodell auf das V-Modell anpassen, da es sich um ein generisches Prozeßmodell handelt. So natürlich auch der Rational Unified Process.

Zunehmend verbreitet sich auch die Forderung nach dem Einsatz des Rational Unified Process, lag also vor der Einführung eine derartige Anforderung vor, erübrigt sich schon fast eine Evaluierung, ob der Prozeß innerhalb des Zeitrahmens und Budgets eingeführt wurde, da ohne die Einführung einige Aufträge gar nicht erst erteilt worden wären.

8.5
Die politische Bedeutung eines neuen Prozesses

Häufig wird bei der Einführung eines neuen Prozesses immer wieder ein wichtiger Punkt vergessen. Wenn man etwas *Neues* einführt, wird im Gegenzug immer etwas *Altes* abgelöst. Und wo etwas Altes abgelöst wird, ist auch eine (oder sogar mehrere) Person (en) davon betroffen. Nämlich die, die das Alte:

- konzipiert,
- im Unternehmen durchgesetzt,
- im Unternehmen geschult und weiterentwickelt

haben. Diese Personen sind mit der Einführung eines neuen Prozesses bzw. Prozeßmodells nahezu ihrer Daseinsberechtigung enthoben. Hier sind also potentielle Gegner eines neuen Prozeßmodells zu identifizieren. Entscheidend ist, wie sich diese Gegnerschaft im alltäglichen Geschäft ausdrückt. Die folgenden Alternativen können dabei vorkommen:

Wenn man etwas Neues einführt wird im Gegenzug immer etwas Altes abgelöst

- **Stille Ablehnung**: Hier halten sich die „ehemaligen" Prozeßgurus aus einem Pilotprojekt bewußt zurück. Sie blockieren es zwar nicht direkt, doch durch die Zurückhaltung entstehen erhebliche Akzeptanzbarrieren im gesamten Unternehmen.
- **Offene Ablehnung**: Hier „bekämpfen" obige Personen direkt den Prozeß. Sie versuchen in jeder erdenklichen Weise die Neueinführung zu verhindern.
- **Thematische Auseinandersetzung**: In diesem Fall liegt zumindest ein scheinbares Interesse an dem neuen Prozeß vor. Ihre Aufgabe liegt nun darin, sauber zu differenzieren, ob es nur darum geht, einen gewohnten Prozeß beizubehalten, oder ob echte inhaltliche Bedenken existieren.

Drei gefährliche Alternativen

Ihre Aufgabe als Projektleiter, der mit der Einführung des Rational Unified Process betraut ist, liegt darin, die obigen drei Alternativen frühzeitig zu erkennen und ihnen entgegenzuwirken. Besonders im Fall einer offenen Ablehnung müssen Sie mit zum Teil drastischen Maßnahmen arbeiten, die auch vor einer Abmahnung nicht Halt machen dürfen. Einziger Vorteil gegenüber der stillen Ablehnung ist, daß Ihre Gegner Ihnen bekannt sind.

Zum Teil herrscht in Unternehmen auch ein Mix aus allen drei Alternativen vor, was die Einführung des Rational Unified Process erschwert. Es wird also offensichtlich, daß die Prozeßeinführung von einem erfahrenen Projektmanager vorgenommen werden muß, der vor allem über ein ausreichendes Maß an Durchsetzungsvermögen verfügt.

8.6
Anpassung des Rational Unified Process

Der Rational Unified Process wird nicht einfach so, wie er existiert, eingeführt. Je nach Unternehmenstyp sind natürlich Anpassungen an die individuellen Gegebenheiten notwendig. Dabei können die folgenden Maßnahmen erforderlich sein, die durchaus einen erheblichen Zeitaufwand benötigen können:

Erforderliche Anpassungsmaßnahmen

- Einfügen, Löschen oder Ändern von einzelnen Aktivitäten eines Workflows.
- Löschen oder Hinzufügen von Workern.
- Ändern von Tätigkeitsbeschreibungen und Verantwortungsbereichen von Workern.
- Anpassen aller oder zumindest der meisten im Rational Unified Process vordefinierten Templates.
- Hinzufügen von Toolmentoren für Werkzeuge, die im Rational Unified Process nicht vorgesehen sind.
- Ergänzen von eigenen Richtlinien.
- Anpassung der Prozeßterminologie zum Beispiel an Vorgaben des Kunden.[8]

8.7
Zusammenfassung

Die Einführung des Rational Unified Process ist ein Vorhaben, das genau geplant werden muß, um den gewünschten Effekt zu erreichen. Dabei sind zwei verschiedene Vorgehensweisen zu unterscheiden, direkte Einführung des Rational Unified Process oder Erprobung des Prozesses anhand eines Piloten. Welche Variante gewählt wird, hängt von den Gegebenheiten im Unternehmen ab.

Von großer Bedeutung ist dabei die Konzeption eines Einführungsplanes, der Grundlage der Einführung des Rational Unified Process ist. Dieser besteht aus den folgenden sechs Schritten:

Das sechsstufige Einführungskonzept

1. Im ersten Schritt muß der aktuelle Zustand der Software-Entwicklungsabteilung untersucht werden.

---

[8] Diese Anpassung wird besonders dann erforderlich, wenn der Kunde den Einsatz des V-Modells vorschreibt oder zumindest die dort festgelegten Begrifflichkeiten wiederfinden möchte.

2. Der zweite Schritt sieht vor, sowohl für den Prozeß, die Mitarbeiter als auch für die Werkzeuge Ziele zu definieren, um feststellen zu können, was man erreicht hat, wenn die Einführung des Rational Unified Process vollzogen ist.
3. Im dritten Schritt werden die Risiken analysiert, die durch die Einführung des Rational Unified Process eintreten können.
4. Erst im vierten Schritt wird auf Basis der Ergebnisse der bisherigen Schritte die Art und Weise der Prozeßeinführung geplant.
5. Der fünfte Schritt sieht die eigentliche Einführung des Rational Unified Process vor.
6. Im sechsten Schritt wird in einer Art Evaluierung der Erfolg der Einführung des Rational Unified Process analysiert.

9 Die Rolle des Projektleiters bei der Auswahl einer passenden Werkzeugunterstützung für den Rational Unified Process

„An undisciplined software engineer with a tool becomes a dangerous undisciplined software engineer."

Walker Royce, 1998

9.1 Vorbemerkung

Der Einsatz von Werkzeugen innerhalb des Software-Entwicklungsprozesses ist heutzutage unabdingbar geworden. Schließlich werden nahezu alle automatisierbaren Arbeiten innerhalb eines Projektes durch Werkzeuge abgedeckt, so daß sich die Projektmitarbeiter zunehmend den schöpferischen Tätigkeiten widmen können.

Automatisierbaren Arbeiten durch Werkzeuge abdecken

Doch Vorsicht: Nichts ist gefährlicher, als eine übertriebene Toolverliebtheit, die bereits in Kapitel 7 erwähnt wurde. Des weiteren bedeutet es nicht, daß nur durch den Einsatz eines Software-Engineering-Werkzeuges (CASE-Tool) plötzlich fehlerfreie Software entsteht. Hier ist noch wesentlich mehr erforderlich, auf das in den nächsten Abschnitten eingegangen werden soll. So abgedroschen der Spruch auch sein mag, er bewahrheitet sich immer wieder: „A fool with a tool still remains a fool".

A fool with a tool still remains a fool

Der gewünschte Effekt des Einsatzes von Werkzeugen wird nur dann erreicht, wenn die Mitarbeiter, die damit arbeiten sollen, im Vorfeld nicht nur im Handling dieser Werkzeuge ausgebildet werden, sondern zusätzlich auch in der Methodik fortgebildet werden.

Der Rational Unified Process umfaßt den *gesamten* Software-Lifecycle. Das bedeutet, daß eine Vielzahl von Werkzeugen hier zum Einsatz kommen können, die die Abwicklung des Projektes eine Vielzahl von Werkzeugen kommen zum Einsatz

nach dem Rational Unified Process eventuell erheblich vereinfachen können. Ihre Aufgabe als Projektleiters besteht darin, die passende Werkzeugumgebung zusammenzustellen.

9.2 Häufige Fehler bei einer Toolauswahl

Bei einer Toolauswahl werden oft eine Reihe von Fehlern begangen, die nach einiger Zeit bitter bereut werden. Dieser Abschnitt beschreibt die klassischsten Fehler und wie sie vermieden werden können.

Generell verantwortlich für die Toolauswahl für ein Projekt ist der Projektleiter[1]. Er verfügt über ein Projektbudget und er muß das Einsparungspotential, das durch den Tooleinsatz erzielt wird, genauso kalkulieren wie den Qualitätsgewinn. Generell sind drei verschiedene Situationen bei der Toolauswahl zu beachten:

Drei verschiedene Situationen bei der Toolauswahl

- Fall 1: Das Unternehmen setzt ein bestimmtes Werkzeug als Standard innerhalb jeden Projektes ein.
- Fall 2: Der Auftraggeber schreibt den Einsatz eines bestimmten Werkzeuges vor, weil dieser selbst das Werkzeug im eigenen Unternehmen im Einsatz hat.
- Fall 3: Für das Projekt soll ein eigenes Werkzeug angeschafft werden, entweder, weil sich das existierende Werkzeug nicht etablieren konnte oder weil noch gar keine vollständige und integrierte Werkzeugumgebung vorliegt. Diese Idealsituation für jeden Projektleiter ist auch als grüne Wiese bekannt.

Liegt eine der ersten beiden Situationen vor, so hat es der Projektleiter schwer, wenn er ein anderes Werkzeug innerhalb seines Projektes integrieren möchte, da er auf eine Reihe von internen bzw. externen Widerständen stoßen wird.

Generell hat der Projektleiter hier nur die Möglichkeit, über den monetären Umfang seines eigenen Projektes zu argumentieren, also für den ersten Fall:

Wichtige Argumentationsketten für den Projektleiter

- „Wenn ich aber Tool x verwende, bin ich wesentlicher schneller fertig." oder für den zweiten Fall:
- „Wir kennen Ihr Werkzeug nicht, die Anschaffungs- und Einarbeitungskosten verteuern das Projekt um den Betrag y".

---

[1] Dies setzt jedoch voraus, daß er die **alleinige** Entscheidungsbefugnis hat.

Auf diese beiden ersten Fälle wird im weiteren Verlauf des Kapitels noch separat eingegangen, der dritte Fall – also die grüne Wiese – soll zunächst näher betrachtet werden. Was sind die wesentlichen Kenngrößen, anhand derer sich der Projektleiter orientiert? Sicherlich die Anzahl der Projektmitarbeiter, aufgeteilt in die folgenden Worker:

- Manager,
- Analytiker,
- Entwickler und
- Tester

Klassifizierung der Projektmitarbeiter

Bei der Werkzeugauswahl muß also berücksichtigt werden, daß jede dieser Rollen im Projekt mit dem entsprechenden Werkzeug ausgestattet wird. Was jedoch dabei häufig vergessen wird, ist, daß sich innerhalb der Projektlaufzeit über die vier Phasen des Rational Unified Process:

- Konzeptualisierung,
- Entwurf,
- Konstruktion und
- Übergang

die Ressourcen anders verteilen. Im Rational Unified Process wird diese Entwicklung wie folgt dargestellt:

Während in der Konzeptualisierungsphase der Schwerpunkt auf dem Software-Management liegt, wandert dieser in der Entwurfsphase zur Erstellung der Software-Architektur. In der Konstruktionsphase liegt der Schwerpunkt naturgemäß in der Software-Entwicklung und in der Übergangsphase im Software-Testen.

Demzufolge ist dann auch der Toolbedarf innerhalb eines Software-Entwicklungsprojektes unterschiedlich gelagert. Somit sollte sich der Projektleiter zunächst Gedanken machen, wie sein konkreter Bedarf an den einzelnen Werkzeugen für das Projekt über den gesamten Projektverlauf gelagert ist, bevor er mit der konkreten Toolauswahl beginnt.

Doch gerade bei der Toolauswahl werden immer wieder Fehler gemacht, die dann im Laufe des Projektes bitter bereut werden. In den folgenden Abschnitten wird darauf eingegangen, wo diese Fehler begangen werden und wie Sie als Projektleiter diese Fehler in Zukunft vermeiden können.

Fehler bei der Toolauswahl werden später bereut

9.2 Häufige Fehler bei einer Toolauswahl

9.2.1
Der Kriterienkatalog

Als Projektleiter sind Sie dafür verantwortlich, daß Sie mit Ihrer Auswahl das richtige Werkzeug finden. Viele Projektleiter gehen daher den Weg, daß sie erst einmal einen Kriterienkatalog erstellen, indem die einzelnen Anforderungen, die das Werkzeug erfüllen soll, aufgelistet werden. Dieser Kriterienkatalog wird dann bei der abschließenden Evaluierung der einzelnen Werkzeuge als Checkliste herangezogen.

Doch viele Projektleiter machen bei der Konzeption dieses Kriterienkataloges bereits entscheidende Fehler:

Fehler bei der Erstellung des Kriterienkataloges

- Es werden Anforderungen an ein Werkzeug definiert, die jede einzelne Funktionalität abdecken, letztendlich jedoch von keinem Werkzeug in ihrer Gesamtheit erfüllt werden können. Somit ist man von Anfang an zu Kompromissen gezwungen.
- Es werden die einzelnen Anforderungen bis ins Detail spezifiziert, hier wird viel zu viel Zeit investiert, die nachher bei der Projektabwicklung fehlt.
- Bei der hohen Detaillierung bleibt meist die Gesamtsicht – also der Integrationsaspekt – auf der Strecke.

Hier besteht eine große Anforderung an den Projektleiter, abstrahieren zu können, was wichtig ist, was nötig ist, was nur Toolverliebtheit ist und dabei immer noch die Gesamtsicht (Integration aller Werkzeuge) im Auge zu behalten.

Der Kriterienkatalog ist unerläßlich

Trotzdem ist es unerläßlich, einen Kriterienkatalog aufzustellen, da sonst keine Kriterien zur Beurteilung der Produkte exitieren. Doch es sollten bei der Aufstellung dieses Kataloges die folgenden Richtlinien beachtet werden:

Richtlinien zur Erstellung eines Kriterienkataloges

- Im Idealfall kann der Projektleiter soweit abstrahieren, daß nicht für jedes Produkt ein Kriterienkatalog erstellt wird, sondern nur ein einziger Kriterienkatalog, der die gesamte Werkzeugunterstützung beurteilt.
- Der Hersteller spielt eine bedeutende Rolle, wenn es sich um eine strategische Auswahl einer Produktumgebung handelt. Daher sollte ein separates Kapitel innerhalb des Kriterienkataloges diesen untersuchen. Ein Schwerpunkt sollte dabei die Größe des Herstellers sein, so schön es auch hierzulande sein mag, ein Werkzeug mit deutscher Oberfläche zu haben, wenn der in Deutschland ansässige Toolanbieter jedoch nur über einige we-

nige Mitarbeiter verfügt, so besteht hier ein latentes Risiko, daß der Hersteller sich nicht lange auf dem Markt halten kann.
- Um zu vermeiden, daß der bereits angesprochene Integrationsaspekt auf der Strecke bleibt, wird ein separates Kapitel im Kriterienkatalog angelegt, wo das Zusammenspiel der einzelnen Produkte analysiert wird.[2]
- Funktionalitäten werden erst zum Schluß betrachtet und top-down heruntergebrochen. Das heißt, daß zunächst festgelegt wird, was unbedingt erfüllt sein muß. So ist es zum Beispiel unerläßlich, daß ein Werkzeug, mit dem der Rational Unified Process unterstützt werden soll, die Erstellung von Use-Case-Diagramme im Funktionsumfang haben muß. Erst im zweiten Schritt wird dann zum Beispiel auf die Möglichkeit eingegangen, wie Use-Cases spezifiziert werden können.

Dabei sollte beachtet werden, daß gerade der letzte Punkt die Betrachtung der einzelnen Funktionalitäten, nicht in eine interne „Featureschlacht" ausartet. Generell gilt für eine Toolauswahl die folgende Regel:

Funktioanlitäten sind wichtig, doch sie nützen nichts, wenn dabei die Integration mit anderen Werkzeugen auf der Strecke bleibt. Generell läßt sich eine zusätzliche Funktionalität immer schneller in ein Werkzeug integriere, als eine bidirektionale Schnittstelle zu einem anderen Werkzeug.

Funktionalitäten nicht überbewerten

Regel zur Toolauswahl

9.2.2
Zeitraum der Toolauswahl

Jedes Projekt kommt irgendwann einmal unter Zeitdruck. Das ist keine Behauptung, sondern ein Fakt. Jeder Projektleiter wird dies bestätigen können. Je früher also in einem Projekt Zeit verschwendet wird, desto früher tritt dieser Zeitdruck im Projekt ein – eine logische Schlußfolgerung.

Daher ist insbesondere am Anfang eines Projektes – genau da, wo die Toolauswahl stattfindet – der Faktor Zeit zu berücksichtigen. Das psychologische Problem hierbei ist, daß viele Projektleiter geneigt sind zu sagen: „Ach, ich stehe ja noch ganz am Anfang meines Projektes, wenn die Toolauswahl ein paar Tage länger dauert, das bringt mich schon nicht um." Doch genau hier wird bereits wertvolle

Immer und überall droht der Zeitdruck

---

[2] Diese Aktivität ist nur dann notwendig, wenn es dem Projektleiter nicht gelingt, einen einzigen Katalog für alle Werkzeuge zu erstellen.

Zeit verschwendet, die nachher am Ende des Projektes schmerzlich vermißt wird.

So gibt es Unternehmen, die mehr als ein Jahr benötigen, um eine Werkzeugauswahl vorzunehmen – wobei da noch nicht einmal die gesamte Werkzeugumgebung, sondern lediglich eine Single Point Solution ausgewählt wurde. Derartige Evaluierungszeiträume sind nicht nur zeitlich extrem überzogen, sondern auch äußerst gefährlich für den produktiven Fortschritt des Projektes und auch des gesamten Unternehmens.

Normalerweise sollte der Zeitraum der Toolauswahl nicht länger als ein bis zwei Monate in Anspruch nehmen. Das hat die folgenden Gründe:

Wie lange darf eine Toolauswahl dauern?

- Eine Toolauswahl, die sich über einen längeren Zeitraum erstreckt, vergleicht zum Teil veraltete Versionen. Manche Hersteller bringen zwei bis drei Versionen jährlich auf den Markt, so daß hier Überschneidungen vorprogrammiert sind.
- Eine Toolauswahl kostet Zeit und somit Geld, selbst wenn die Teststellung des Werkzeuges meist kostenlos ist, die Zeit, die das evaluierende Unternehmen mit der Auswahl verbringt ist teuer und geht auch noch von der Projektlaufzeit ab.
- Je länger getestet wird, desto weniger Zeit verbleibt dem Projektteam für das eigentliche Projekt. Hier gehört es zu den Aufgaben des Projektleiters, nicht nur eine Deadline zu setzen, sondern auch energisch Verzettelungen in kleineren Details entgegenzuwirken.[3]

Toolauswahl wird schnell kontraproduktiv

Daher sollte die Toolauswahl oben genannten Zeitraum von ein bis zwei Monaten nicht überschreiten, da sie ansonsten kontraproduktiv verläuft.

Erstaunlich ist, daß die oben aufgeführten Gründe eigentlich jedem klar denkenden Projektleiter bzw. Manager einleuchtend sind. Noch erstaunlicher ist, daß nach wie vor wesentlich mehr Zeit für eine Toolauswahl vergeudet wird, als die erwähnten ein bis zwei Monate. Es gibt drei Ursachen, warum eine Toolauswahl aus dem zeitlichen Rahmen fällt bzw. fallen könnte:

Gründe für Zeitverzug bei der Produktauswahl

- Mangelnde Entscheidungsbefugnis des Projektleiters oder auch mangelnde Entscheidungsfähigkeit des Projektleiters.

---

[3] Besonders zu erwähnen sind hier Verzettelungen in funktionale oder gar optische Details.

- Überzogene Kriterienkataloge, die ein wochenlanges Testen von Werkzeugen bewirken und letztendlich doch kein brauchbares Ergebnis liefern.
- Politische Machtspiele innerhalb des Unternehmens.

Allen drei Punkten gemeinsam ist, daß Sie als Projektleiter einen erheblichen Einfluß darauf haben. Das soll im folgenden näher dargestellt werden.

9.2.2.1
Mangelnde Entscheidungsbefugnis oder mangelnde Entscheidungsfähigkeit des Projektleiters

Hier ist von zwei unterschiedlichen Dingen die Rede. Wenn es sich um mangelnde Entscheidungsbefugnis handelt, ist es Ihre Aufgabe, sich diese vom Management zu holen – andernfalls sind Sie langfristig gesehen als Projektmanager in der falschen Position. Wie der Name Projektmanager schon zum Ausdruck bringt – es handelt sich um eine Managementposition. Und Management zeichnet sich in erster Linie durch Durchsetzungsvermögen aus – besonders nach oben, denn nach unten ist es keine besondere Kunst.

Management zeichnet sich durch Durchsetzungsvermögen aus

Im zweiten Fall müssen Sie sich den Schuh noch mehr anziehen als im ersten. Wenn Sie Manager sein wollen, müssen Sie auch Entscheidungen treffen können. Und dabei sollten Sie sich stets vor Augen halten, daß die folgenden Eigenschaften, die Sie womöglich noch als Gründe für Ihr Zögern darlegen, nur eins sind – ein Zeichen von Schwäche:

- Sich nach allen Seiten absichern
- Angst davor haben, vielleicht eine falsche Entscheidung zu treffen
- Niemanden Ihre Entscheidung aufzwingen zu wollen

Zeichen von Schwächen

Ihre Aufgabe ist es, ein Projekt zu managen, nicht zu verzögern und Ihr Team durch diese Verzögerung auch noch zusätzlich zu verunsichern.

Um es deutlich zum Ausdruck zu bringen: Wenn Sie hier Schwierigkeiten haben – tun Sie sich bitte selbst einen Gefallen und legen Sie unverzüglich die Rolle des Projektleiters ab. Entscheidungen für andere zu treffen ist eine der wesentlichsten Pflichten, die Sie als Projektleiter innehaben. Sie wollen Manager sein und wollen gleichzeitig niemanden Ihre Entscheidung aufzwingen? Vergessen Sie es –

Sind Sie wirklich geeignet für die Position eines Projektleiters?

vielleicht sind Sie ein hervorragender Analytiker, Architekt, Entwickler oder Tester – aber bestimmt kein guter Projektleiter!

Das qualifiziert Sie keineswegs ab – Sie machen sich nur in der Position als Projektleiter unglücklich, denn da, wo jeder andere Projektleiter ein Erfolgserlebnis hat – nämlich eine eigene Entscheidung durchgesetzt zu haben – genau da haben Sie ein schlechtes Gewissen. Es ist nur eine Frage der Zeit, was zuerst eintritt: Ihr Magengeschwür oder das Scheitern des Projektes. Wollen Sie es soweit kommen lassen?

Unterstützung braucht jeder!

Die andere Alternative besteht darin, daß Sie Ihrem Projektteam zeigen, daß Sie in diesem Projekt die Entscheidungen treffen – und niemand sonst. Wenn Sie das wollen und auch können, sind Sie in der richtigen Position. Treffen Sie eine Entscheidung und stehen Sie hinter dieser Entscheidung, holen Sie sich notfalls technische Unterstützung direkt aus Ihrem Team – nicht von extern, diese wird niemals so akzeptiert werden wie eine interne Unterstützung.

9.2.2.2
Überzogene Kriterienkataloge

Diese Thema wurde bereits in Abschnitt 9.2.1 ausführlich behandelt. Ihre Aufgabe als Projektleiter ist es, den Kriterienkatalog maßgeblich zu gestalten. Sicherlich sind Sie dabei auf Zuarbeit Ihrer jeweiligen Spezialisten aus den einzelnen Fachgebieten angewiesen. Doch Sie haben die Aufgabe, hier jede Verspieltheit, jede überzogene Professionalität und jeden überzogenen Perfektionismus zu unterbinden. In diesem Zusammenhang möchte ich nochmals auf den in Kapitel 6 von Philippe Kruchten geprägten Satz hinweisen, der nicht nur für die Projektabwicklung gilt, sondern auch für die Auswahl eines Werkzeuges: „Perfect is the enemy of good"

Solange Sie dies bei der Werkzeugauswahl beherzigen, können Sie eigentlich nichts falsch machen, besonders wenn Ihr Kriterienkatalog eine Form annimmt, die Voraussetzung für eine professionelle Toolauswahl ist: Er ist schlank, kurz, aber prägnant und zielorientiert![4]

---

[4] Diese Beschränkung auf das Wesentliche zeichnet Sie als Projektleiter nicht nur bei der Toolauswahl, sondern bei der gesamten Projektabwicklung aus.

9.2.2.3
Politische Machtspiele innerhalb des Unternehmens

Wie bereits mehrfach erwähnt – als Projektleiter sind Sie Manager, und als Manager dürften politische Machtspiele für Sie Ihr täglich Brot sein. Ihre Herausforderung besteht nun darin, daß Sie sich nicht nur in diese Machtspiele mit einschalten, sondern vielmehr daß Sie diese Machtspiele gewinnen!

Politische Machtspiele sind Ihr tägliches Brot

Zu beachten ist dabei allerdings, daß Sie je nach Unternehmenskultur oder Unternehmensform unterschiedliche Mitstreiter bzw. Gegner haben. Die folgenden Machtspiele sind sorgfältig[5] voneinander zu unterscheiden:

- Innerhalb Ihres Unternehmens existiert ein Entscheidungsträger ungefähr auf der gleichen Managementebene, auf der Sie sich befinden, der sehr enge Beziehungen zu einem bisherigen Lieferanten hat. Je enger diese Beziehungen sind – insbesondere wenn nachweislich ein Geldfluß stattfindet –, desto größer sind Ihre Chancen, Ihre persönlichen Vorstellungen durchzuboxen. Allerdings müssen Sie sich im Klaren sein, daß Sie sich bei einer derartigen Situation unmittelbar vor einer Schlammschlacht befinden. Ihr Gegner wird im Gegenzug versuchen, ebenfalls „Belastungsmaterial" ausfindig zu machen.

Auf eventuellen Geldfluß achten!

- In der nächsten Fallstudie soll eine vergleichbare Situation betrachtet werden, nur daß diesmal der Entscheidungsträger im Topmanagement sitzt. Jetzt wird es für Sie ungleich schwieriger. Solange Sie nicht die Möglichkeit haben, eine Parteilichkeit hieb- und stichfest nachzuweisen, sollten Sie eine andere Strategie einschlagen. Versuchen Sie eine *technische* Revolution von unten herauf zu beschwören. Das bedeutet folgendes: Sie haben keinerlei Chance auf Managementebene sich diesem Gegner gegenüber durchzusetzen, Sie haben aber einen entscheidenden Vorteil: Sie sind noch sehr nahe an der eigentlichen „Arbeit", die das bzw. Ihr Unternehmen finanziert – Sie können also auf einer technischen Ebene diskutieren und argumentieren, von der sich Ihr Gegner schon längst entfernt hat und wo er eindeutige Schwächen bzw. Nachteile Ihnen gegenüber hat.

Manchmal macht auch eine technische Argumentation Sinn

- Ein wesentlich unangenehmeres Problem haben Sie zu bewältigen, wenn eigentlich sowohl technisch als auch wirtschaftlich

---

[5] Sorgfältig bedeutet in diesem Kontext, daß wenn Sie hier einen Fehler machen, das unangenehme Folgen für Ihr Projekt hat. Hier ist in erster Linie Fingerspitzengefühl für die Bedürfnisse der jeweiligen Entscheidungsträger gefordert.

alle Entscheidungen gefallen sind, das Produkt Ihren Ansprüchen gemäß ausgewählt wurde und plötzlich eine völlig unerwartete Barriere auftritt: der Einkauf![6] Ein völlig anderes Machtspiel setzt sich plötzlich in Gange das im nächsten Kapitel näher beschrieben werden soll.

9.2.2.4
Wenn sich der Einkauf einmischt

Bei größeren Unternehmen oder bei Konzernen ist es üblich, daß Werkzeuge oder andere Anschaffungen nicht mehr von der Abteilung beschafft werden, die diese benötigt, sondern daß hier eine separate Abteilung eingeschaltet wird: der Einkauf.

Den Einkauf nicht vergessen!

Diese Vorgehensweise birgt für das Unternehmen eine Reihe von Vorteilen in sich, kann sich aber unter Umständen auch negativ auswirken. Dies ist besonders dann der Fall, wenn es sich um eine zeitkritische Anschaffung handelt. Betrachten wir das Ganze vom Ende der Entscheidungskette. Die Situation sieht dann wie folgt aus:

Die fachliche und wirtschaftliche Entscheidung für ein bestimmtes Produkt ist gefallen. In entsprechenden Beschaffungsanträgen wandert nun die Bestellung nicht zum Toolhersteller, sondern zum Einkauf. Würde die Bestellung direkt zum Toolhersteller gehen, könnte die Abteilung bereits am nächsten Tag anfangen produktiv zu arbeiten. Doch durch den Einkauf kann es zu einem Verzug kommen. Dabei liegt die Betonung auf kann, es muß nicht zu einem Verzug kommen. Mehr dazu weiter unten in diesem Abschnitt. Betrachten wir zunächst weiter den Fall, daß es eine Verzögerung gibt und welche Möglichkeiten Sie als Projektleiter nun haben.

Existiert ein Rahmenvertrag mit einem anderen Hersteller?

Üblicherweise achtet ein Einkäufer nicht auf den technischen Teil der Beschaffung, er prüft allenfalls nach, ob es vielleicht einen Rahmenvertrag mit einem anderen Hersteller gibt, der ein vergleichbares Produkt zu einem wesentlich günstigeren Preis anbietet. Bei Software sind solche Rahmenverträge eher selten, sie treffen meist auf Hardware zu. Falls es jedoch einen solchen Rahmenvertrag gibt, so müssen Sie als Projektleiter damit rechnen, daß Sie den Beschaffungsantrag wieder zurückgeschickt bekommen (und Ihre Projektuhr tickt unbarmherzig weiter). Solche Rahmenverträge werden in der Regel im Unternehmen kommuniziert, wenn Sie also davon wußten und trotzdem nur einen „normalen" Beschaffungsantrag beim Einkauf eingereicht haben, liegt der Fehler bei Ihnen.

---

[6] Diese Situation tritt nur bei größeren Unternehmen bzw. bei Konzernen auf.

Daher gilt: Wenn Sie bereits im Vorfeld Kenntnis von einem Rahmenvertrag mit einem anderen Hersteller haben, sich jedoch für ein anderes Produkt entschieden, dann sollten Sie eine stichhaltige Begründung liefern, warum Sie das Projekt mit dem anderen Werkzeug nicht abwickeln können. Lassen Sie dabei die Technik beiseite, den Einkäufer interessieren Zahlen und keine Details.[7]

Zahlen sind wichtig – keine Technik!

Sollten Sie im Vorfeld nicht von einem derartigen Rahmenabkommen gewußt haben, gilt nun das gleiche. Sie müssen eine entsprechende Begründung nachliefern. Auch wenn diese jetzt unter Zeitdruck entsteht, sollte sie sehr sorgfältig verfaßt werden.

Größere Probleme können auftauchen, wenn der Einkauf in erneute Preisverhandlungen mit Ihrem Hersteller eintritt. Oft ist es der Fall, daß Einkaufsabteilungen Ihre Daseinsberechtigung damit untermauern, daß sie immer noch versuchen ein paar Prozentpunkte bei der Bestellung herauszuholen. Dies ist an sich nichts Negatives, schließlich sparen Sie dadurch zusätzliches Geld ein, das Sie an anderer Stelle wieder investieren können. Haben jedoch bereits Sie schon den Hersteller bis zur Schmerzgrenze heruntergehandelt, so könnte jetzt ein Patt eintreten – der Hersteller kann nicht mehr mit dem Preis nach unten gehen, und der Einkauf will den vorgegebenen Preis nicht zahlen. Jetzt beginnt die ganze Angelegenheit sehr politisch zu werden, denn nun helfen kaum noch Argumente. Jetzt benötigen Sie eine Anweisung von oben, die dem Einkauf mitteilt, daß unverzüglich zu bestellen ist. In dieser Situation kann jetzt sehr viel Zeit verloren gehen. Oft ist es so, daß Sie vom Hersteller eine Teststellung erhalten haben, mit der Sie Ihr Projekt bereits begonnen haben. Doch diese Teststellung wurde zeitlich so begrenzt, daß sie zu einem bestimmten Termin ausläuft. Ist dieser Termin erreicht, ist Ihr gesamtes Projekt blockiert.

Wenn der Einkauf mit dem Hersteller erneut in Preisverhandlungen tritt...

Damit haben Sie zwar eine gute Argumentation nach oben, warum diese Weisung sehr schnell erfolgen muß, doch Ihr Team sitzt vorerst tatenlos herum und – was noch viel schlimmer ist – die Motivation innerhalb des Teams läßt spürbar nach. Hier zeigt sich wiederum Ihr Geschick, mit Herstellern zu verhandeln. Ihr einziger Weg, eine solche Situation zu vermeiden, ist, den Hersteller zu bitten, die Teststellung zu verlängern. Das ist zugegebener Maßen sehr schwierig, da der Hersteller ohnehin schon ziemlich genervt ist wegen der stockenden Verhandlungen mit dem Einkauf. Doch es bleibt

Das Projekt ist blockiert

---

[7] Es sei denn, Sie können nachweisen, daß zum Beispiel das Tool nicht auf dem Betriebssystem läuft, auf dem Ihr Projekt abgewickelt werden soll. Solche *Killerkriterien* sind für den Einkauf einleuchtend!

Ihnen nahezu nichts anderes übrig, um den Fortschritt in Ihrem Projekt zu gewährleisten.[8]

Manche Einkaufsabteilungen haben auch die Eigenart, daß Sie bei amerikanischen Herstellern mit der Bestellung so lange warten, bis sich das Quartal zum Ende neigt. Das hat folgenden Hintergrund: Hat der Vertriebsmitarbeiter seine Quote bis dahin noch nicht erreicht und ist somit auf diesen Auftrag angewiesen, so könnte er hinsichtlich der Rabattierung vielleicht noch einige Prozentpunkte nachgeben.

Der Hersteller darf bei den Verhandlungen nicht überstrapaziert werden

Diese Vorgehensweise ist für Ihr Projekt tödlich, abgesehen davon, daß wie oben beschrieben ein Stillstand eintreten könnte, wird Ihnen der Hersteller wegen des Verhaltens des Einkaufs nicht mehr so gewogen sein, wie er es zu Anfang war. Das heißt: Sie als Projektleiter sparen durch ein solches Verhalten zwar Geld, Ihr Einkauf kann sich rühmen taktisch besonders clever verhandelt zu haben, doch den Zeitverlust und die Trübung des Verhältnisses zum Hersteller müssen Sie alleine ausbaden. Üblicherweise geht der monetäre Gewinn, der bei der langwierigen Preisverhandlung erzielt wurde, bereits innerhalb der nächsten Wochen für zusätzliche Manpower drauf, die notfalls extern beschafft werden muß, um mit dem Projekt möglichst schnell wieder im Zeitplan aufzuholen. So wird dann ziemlich schnell aus einem vermuteten Gewinn ein herber Verlust.

Doch nicht alle Entscheidungswege, bei denen eine Einkaufsabteilung involviert ist, müssen so verlaufen, wie eingangs bereits geschildert. Meist sind Einkäufer wertvolle Berater, die Sie in kaufmännischen Angelegenheit unterstützen.

Den Einkauf zum wertvollen Partner gewinnen

Machen Sie also nicht den Fehler, erst mit der fertigen Bestellung bei Ihrem Einkäufer an die Tür zu klopfen. Involvieren Sie ihn bereits zu einem frühen Zeitpunkt der Toolauswahl. Wenn Sie merken, daß er eine Unterstützung für Sie darstellt, nehmen Sie ihn zu den Preisverhandlungen mit an den Tisch. Dadurch können Sie sich jede Menge Zeit und Ärger ersparen. Auch für den Einkäufer wirkt sich ein solches Verhalten positiv aus. Schließlich weiß er von Anfang an um was es geht, und wenn dann letztendlich die Bestellung vorliegt, muß er nur noch unterschreiben und der Zeitverzug ist gleich Null.

9.2.3
Herstellerversprechen versus Realität

Häufig kommt es bei der Toolauswahl zu einer Situation, wo sich das evaluierende Unternehmen eine zusätzliche Funktionalität

---

[8] Am Ende des Projektes fragt niemand mehr nach den Gründen für einen Terminverzug.

wünscht – oder auch wirklich benötigt – die im evaluierten Werkzeug nicht enthalten ist. Hier gibt es nun unterschiedliche Möglichkeiten:

- Der Projektleiter prüft, ob diese Funktionalität nur *nice to have* ist oder wirklich unabdingbar für den Projekterfolg. Im ersten Fall sollte der Projektleiter die weitere Vorgehensweise bezüglich dieser Funktionalität erst einmal hinten anstellen.
- Der Projektleiter fragt beim Hersteller nach, ob diese Funktionalität in der nächsten Version des Produktes unterstützt wird. Auf diese Frage kann es nun drei unterschiedliche Antworten geben, die in den folgenden Abschnitten näher untersucht werden sollen:
- Der Hersteller versichert, daß die Funktionalität in der nächsten Version enthalten sein wird.
- Der Hersteller sichert zu, daß die gewünschte Funktionalität außerhalb der nächsten Produktversion zur Verfügung gestellt wird.
- Der Hersteller lehnt die Umsetzung dieser Funktionalität kategorisch ab.
- Der Projektleiter stoppt die Evaluierung des Werkzeuges und geht über zur nächsten Produktevaluierung.[9]

Den Wunsch nach zusätzlichen Funktionalitäten genau prüfen

Drei Antworten sind möglich

In den folgenden Abschnitten wird untersucht, welche Auswirkungen die jeweilige Vorgehensweise des Projektleiters hat

9.2.3.1
Funktionalität in einer neuen Version

Sichert Ihnen der Hersteller des evaluierten Werkzeuges zu, daß die gewünschte Funktionalität in der nächsten Version enthalten ist, können Sie ihm dies glauben oder nicht. Sie müssen es auf alle Fälle kontrollieren. Denn selbst wenn er es schriftlich zusichert, was wollen Sie unternehmen, wenn die neue Version auf dem Markt erscheint und die Funktionalität ist *nicht* enthalten?

---

[9] Dieser Fall tritt nur dann ein, wenn es sich bei dieser Funktionalität um ein Ausschlußkriterium des Kriterienkataloges handelt, also eine Funktionalität, deren Vorhandensein Pflicht ist.

Wenn der Hersteller nicht integriert, sieht es für das Projekt schlecht aus

Im besten Fall bekommen Sie die Kosten erstattet, die Sie für die Lizenzen bezahlt haben. Doch was nutzt das Ihrem Projekt? Je nach Projektlaufzeit befinden Sie sich bereits in einer Phase, wo Ihnen das recht wenig hilft. Sie sind gezwungen, mit dem Werkzeug weiterzuarbeiten, weil sich schon viel zu viele Daten und Informationen in Form von Modellen, Diagrammen, Skripten oder ähnlichem erarbeitet haben. Eine Übernahme dieser Daten in ein anderes Werkzeug ist entweder gar nicht oder nur mit erheblichen Aufwendungen möglich.

Doch diese Zeit haben Sie nicht und Ihnen bleibt nichts anderes übrig, als mit dem Werkzeug weiterzuarbeiten. Der Vertriebsmitarbeiter reibt sich die Hände und Sie können zusehen, wie Sie das restliche Projekt ohne die dringend benötigte Funktionalität abwickeln.

Doch wie können Sie nachprüfen, ob die Funktionalität vom Hersteller in die nächste Version integriert wird? Nun hier gibt es sicherlich keine 100% ige Garantie, aber die folgende Vorgehensweise sollten Sie auf alle Fälle berücksichtigen:

Die Entwicklungsdokumente des Herstellers prüfen

Wie in Kapitel 5 schon kurz angerissen, muß die Vorgehensweise bei der Entwicklung eines Standardproduktes – und um das handelt es sich bei einem Software-Entwicklungswerkzeug zweifelsohne – noch genauer geplant werden als die einer Individualsoftware. Das gilt auch, wenn der Hersteller sein Produkt nicht nach dem Rational Unified Process erstellt.

Lassen Sie sich also vom Entwicklungsleiter des Herstellers die entsprechenden Dokumente, Diagramme oder Modelle zeigen, wo die Funktionalität bereits aufgeführt sein muß. Ist sie dies nicht, können Sie davon ausgehen, daß die Funktionalität auch nicht im nächsten Release enthalten sein wird.

Diese Vorgehensweise hat noch einen weiteren Vorteil. Gerade wenn es sich um einen Hersteller für Software-Entwicklungswerkzeuge handelt, muß dieser nach einem Prozeßmodell seine Software entwickeln. Liegen also die entsprechenden Pläne nicht vor, sollten Sie als Projektleiter mit sofortiger Wirkung sämtliche Evaluierungsarbeiten an diesem Produkt einstellen.

9.2.3.2
Funktionalität in einer individuellen Anpassung

Wenn Ihnen der Hersteller anbietet, daß er die gewünschte Funktionalität individuell für Sie entwickelt, ist das zwar sehr nett von ihm, doch für Sie ist höchste Vorsicht geboten. Sicherlich wird Ihnen die gewünschte Funktionalität schnell zur Verfügung gestellt und Sie können vorerst damit arbeiten. Dabei liegt die Betonung auf *vorerst*, denn das ganze könnte sich zu einem sehr kurzen Vergnügen entpuppen. Die folgenden beiden Fälle könnten eintreten:

- Der Hersteller entwickelt Ihre individuelle Anpassung und kommt einige Zeit später mit seiner neuen Version auf den Markt. Darin ist die individuelle Anpassung natürlich nicht enthalten. Sie wurde also nicht dem Produktzyklus unterworfen. Eventuelle Fehler in Ihrer Anpassung unterliegen somit auch nicht der Produktwartung. In diesem Fall haben Sie aber noch Glück gehabt, denn Sie können noch mit Ihrem Produkt weiterarbeiten. Im zweiten Fall sieht das anders aus:

Die individuelle Anpassung unterliegt nicht dem Produktzyklus

- Auch hier kommt der Hersteller mit einer neuen Version auf den Markt, doch Ihre individuelle Anpassung ist nicht nur nicht weiter gepflegt, sie paßt auch nicht mehr zur neuen Version. Dem Hersteller können Sie hier keinen Vorwurf machen, Sie können ihn allenfalls darum bitten, die individuelle Funktionalität erneut anzupassen, und zwar an die neue Version des Werkzeuges. Doch dieses Vergnügen wird sich der Hersteller fürstlich entlohnen lassen. Sollte Ihr Projekt über mehrere Jahre verlaufen, können Sie sich hier schon einmal für die nächsten Jahre im Verhandeln üben.

Die Anpassung paßt nicht mehr zur neuen Version

Sollte die zweite Variante eintreten, so sollten Sie als Projektleiter nicht noch schlechtem Geld gutes Geld hinterherwerfen – hier müssen Sie in den sauren Apfel beißen und entweder auf die Funktionalität in Zukunft verzichten oder unverzüglich ein neues Werkzeug beschaffen, das die gewünschte Funktionalität beinhaltet.

Eventuell neues Werkzeug notwendig

Eine Reihe von Projekten sind bereits gescheitert, weil hier dem Projektleiter der erforderliche Mut fehlte. Hinzu kommt die Angst vor dem Gesichtsverlust, zu Projektbeginn doch das falsche Werkzeug ausgewählt zu haben. Doch der Fehler lag nicht in der falschen Auswahl des Werkzeuges, sondern in der falschen Strategie bei der Verhandlung bezüglich der individuellen Anpassung der geforderten Funktionalität.

Eine richtige Strategie wäre gewesen, sich die individuelle Anpassung zwar außerhalb des Produktzyklus des Herstellers implementieren zu lassen, jedoch gleichzeitig darauf zu bestehen, daß diese Anpassung im Wartungsvertrag mit dem Gesamtprodukt weitergepflegt wird und anschließend in den Funktionsumfang des Produktes integriert wird. Hier zeigt sich dann, ob der Hersteller Sie wirklich als Kunden möchte oder ob er jetzt einen Rückzieher macht.

Anpassung im Wartungsvertrag integrieren

Doch die Erfahrung hat gezeigt, daß nur sehr wenige Projektleiter so auftreten, da hierzu sowohl ein gehöriges Maß an Selbstsicherheit

9.2 Häufige Fehler bei einer Toolauswahl ▪ 253

gehört, als auch Erfahrung im Umgang mit Lieferanten erforderlich ist, beides Eigenschaften, die einen guten und vorausschauenden Projektleiter auszeichnen.

9.2.3.3
Hersteller weigert sich die Funktionalität zu implementieren

Wenn Sie eine derartige Aussage erhalten, sind zwei Fälle zugleich eingetreten:

Ist die Anpassung wirklich notwendig?

- Sie verhandeln mit einem ehrlichen und aufrechten Vertriebsmitarbeiter.
- Sie sollten sich die Notwendigkeit dieser Funktionalität noch einmal gründlich überlegen, denn wenn sich ein Hersteller weigert, diese Funktionalität in sein Produkt zu übernehmen, wird er seine Gründe haben. Vielleicht ist der Grund auch dort anzusiedeln, daß diese Funktionalität wirklich nur ein *nice-to-have*-Feature ist, das sonst noch kein Kunde des Herstellers gefordert hat. Oder der Grund liegt darin, daß bei dem Werkzeug schon so viele zusätzliche Funktioanlitäten integriert wurden, daß der Entwicklungsleiter des Herstellers für jede zusätzliche Erweiterung die rote Karte gezeigt hat. In diesem Fall sollten Sie generelle Überlegungen anstellen, ob das Werkzeug nicht schon ohnehin sehr instabil auf Grund der vielen Erweiterungen ist. Zugegebener Maßen ist eine Differenzierung zwischen diesen beiden Alternativen sehr schwierig.

9.2.4
Externe Toolauswahl

Viele Unternehmen möchten die Auswahl einer Werkzeugumgebung nicht selbst vornehmen. Sie vertrauen sich oft einer Unternehmungsberatung an, die dies schon in verschiedenen Unternehmen durchgeführt hat. Die folgenden Gründe sprechen dafür, eine solche Toolauswahl extern an Unternehmensberatungen zu vergeben:

- Die eigene Projektgruppe wird nicht von ihrer eigentlichen Aufgabe, der Projektabwicklung, abgehalten.
- Eine externe Unternehmensberatung kennt oft bereits eine Vielzahl von Werkzeugen, so daß hier ein kürzer Entscheidungsweg zu erwarten wäre.[10]
- Der Projektleiter kann sich auf seine eigentliche Arbeit konzentrieren und wird nicht ständig von Vertriebsmitarbeitern der Tool-Anbieterfirmen belästigt.

Gründe für das Einschalten einer externen Unternehmensberatung

Doch es sprechen auch eine Reihe von Gründen *dagegen*, die Toolauswahl nach außen zu verlagern. Im einzelnen wären hierbei aufzuführen:

- Viele Unternehmensberatungen zögern eine Toolauswahl unnötig in die Länge. Dies liegt daran, daß das Unternehmensziel einer Unternehmensberatung eindeutig darin liegt, die eigenen Berater kontinuierlich und langfristig in derartigen Beratungsprojekten auszulasten. Je länger also eine Toolauswahl dauert, desto höher ist das Entgeld für die Unternehmensberatung.[11]
- Durch dieses Unternehmensziel versuchen sich Unternehmensberatungen meist auch noch nach der Toolauswahl bei der Einführung des Werkzeuges im Projekt unentbehrlich zu machen. Damit erhalten diese auch einen direkten Einfluß auf das Projekt, was Sie als Projektleiter in deutliche Nervosität versetzen sollte.
- Nicht jede Unternehmensberatung ist wirklich *neutral*. Damit soll nicht gesagt werden, daß Unternehmensberatungen von Toolherstellern Provisionen abkassieren[12] bei erfolgreicher Vermittlung eines Geschäftes. Vielmehr liegt hier eine indirekte Parteilichkeit vor. Diese wird dadurch verursacht, daß die Berater zum Teil schon langjährige Erfahrung mit einem bestimmten Werkzeug haben und dadurch dieses Werkzeug bereits im Unterbewußtsein bevorzugen. Alternativen – also andere Werkzeuge – werden dann nur als zusätzliche Arbeit angesehen, und es findet sich ziemlich schnell ein „Ausschlußkriterium" für ein Werkzeug, dessen Untersuchung der beauftragten Unternehmensberatung viel Arbeit bescheren würde.

Gründe gegen das Einschalten einer externen Unternehmensberatung

---

[10] Will man sich diesen Vorteil zunutze machen, ist die Referenzliste der Unternehmensberatung von großer Bedeutung.
[11] Dieser Situation kann durch einen Festpreis mit entsprechendem Ablieferungstermin erfolgreich entgegengewirkt werden.
[12] Aber auch hier gibt es durchaus schwarze Schafe

Auch ein Mittel- Es sind für Sie als Projektleiter also genau die Vor- und Nachteile
weg ist möglich gegenüber abzuwägen, bevor Sie eine externe Unternehmensberatung einschalten. Oft bietet sich auch Mittelweg an, suchen Sie sich ein befreundetes Unternehmen oder einen Partner, der kürzlich eine Toolauswahl vorgenommen hat. Vergleichen Sie Ihr Projekt mit dem des Partners – vielleicht existieren eine Reihe von Analogien, so daß Sie von der zuvor vorgenommenen Auswahl profitieren können.

Wenn Sie bei der Suche nach einem solchen Unternehmen nicht erfolgreich sind, können Sie sich auch die Referenzliste der einzelnen Hersteller unter die Lupe nehmen. Vielleicht werden Sie ja hier fündig.

9.2.5
Wechsel einer Werkzeugumgebung

9.2.5.1
Rückblick

In diesem Abschnitt soll nochmals auf die zu Beginn dieses Kapitels beschriebene Ausgangssituation für Projektleiter eingegangen werden. Zur Erinnerung, es lagen drei Alternativen vor:

Drei Alternativen
1. Im Unternehmen existiert bereits ein Produkt (oder auch mehrere), die in allen Projekten einzusetzen sind.
2. Der Auftraggeber schreibt den Einsatz eines bestimmten Produktes vor, das er selbst im Einsatz hat.
3. Der Projektleiter kann sich für sein Projekt eine eigenes Werkzeug aussuchen.

Die dritte Alternative wurde bereits behandelt, daher sollen jetzt in den folgenden Unterabschnitten die ersten beiden Varianten untersucht werden.

9.2.5.2
Toolwechsel im laufenden Projekt

Es kommt oft genug in Projekten vor, daß der Gedanke aufkommt, vielleicht doch das Tool zu wechseln. Dafür kann es unterschiedliche Gründe geben, die zum Teil auch zusammen auftreten können. Im folgenden werden Situationen vorgestellt, die keine Ausnahmefälle darstellen, sondern das tagtägliche Projektgeschäft widerspiegeln:

1. Die Werkzeugumgebung funktioniert am Anfang reibungslos. Doch mit zunehmender Benutzeranzahl und zunehmender Projektgröße versagt das Werkzeug – extrem langes Antwortzeitverhalten verzögert die Projektlaufzeit und sorgt für ein schlechtes Klima im Projektteam.[13]

Unterschiedliche Gründe für einen Toolwechsel

2. Der Hersteller des Produktes wird von einem anderen Unternehmen übernommen, die Produktweiterentwicklung wird von diesem entweder ganz eingestellt oder auf ein Minimum heruntergefahren. Die Konsequenz:

- Neue Features,
- versprochene zusätzliche Funktionalitäten,
- Behebungen von existierenden Fehlern

Konsequenzen einer Übernahme

werden nicht mehr umgesetzt. Zudem verlassen Ihre gewohnten Ansprechpartner meist ziemlich schnell das neue Unternehmen. Spätestens nach einem Jahr arbeitet Ihre Entwicklungsabteilung mit einer veralteten Umgebung und macht massive technologische Rückschritte.

3. Die neue Version des Werkzeuges hat erhebliche Qualitätsmängel. Sie wurde unter extremen Zeitdruck entwickelt und verursacht Systemzusammenbrüche und Datenverlust[14]. Auch hier verzögert sich die Projektlaufzeit und das Klima in der Software-Entwicklungsabteilung wird immer schlechter.

4. Die neue Version des Werkzeuges unterstützt existierende Schnittstellen oder existierende Plattformen nicht mehr. Damit ist ein Zusammenspiel mit anderen Werkzeugen nicht mehr möglich. Das gesamte Projekt gerät ins Wanken.

Schnittstellenprobleme sind zu beachten

5. Es kommt ein neuer Anbieter auf den Markt, dessen Werkzeug technologisch wesentlich ausgereifter ist als das Produkt, das bisher im Einsatz war. Mit diesem Werkzeug wären erhebliche Zeiteinsparungen sowie Qualitätssteigerungen möglich.

---

[13] Eine solche Situation tritt recht häufig ein, da bei der Produktevaluierung meist nicht ein Lasttest des Werkzeuges vorgenommen wird.
[14] Häufig zeichnet sich eine derartige Situation bereits im Vorfeld ab, wenn beim Hersteller eine verstärkte Personalfluktuation festzustellen ist.

Es kann durchaus noch mehr Gründe geben, warum ein Tool nicht mehr im Projekt für tauglich empfunden wird, doch allein die obige Aufzählung sollte für die folgenden Ausführungen ausreichend sein.

Warum ist das Team unzufrieden?

Für Sie als Projektleiter liegt hier ein schmaler Grad. Wenn Ihr Team unzufrieden ist, gilt es, genau herauszufiltern, ob mit einer neuen Werkzeugumgebung diese Unzufriedenheit weg ist, oder ob nur für einen gewissen Zeitraum „Ruhe" herrscht. Sie müssen Ihre Qualität als Projektleiter dadurch beweisen, daß Sie unterscheiden können zwischen:

- unzumutbaren Arbeitsbedingungen oder
- „immer nur das Beste" haben zu wollen.

In beiden Fällen sind Sie als Projektleiter gefordert. Im ersten Fall wird eine sofortige Entscheidung von Ihnen verlangt, die nur lauten kann:

Entscheidung muß sofort getroffen werden

`Auswahl eines neuen Werkzeuges und sofortige Ablösung der bisherigen Umgebung.`

Im zweiten Fall liegt die Problematik eher im psychologischen Bereich. Hier müssen Sie notfalls ziemlich deutlich zum Ausdruck bringen, daß das oberste Ziel ist, das Projekt erfolgreich abzuschließen und nicht die neuesten Techniken auszuprobieren.

Doch auch der erste Fall ist keine leichte Aufgabe, es handelt sich eindeutig um eine Krise – und Krisenmanagement gehört sicherlich zu den schwierigeren Aufgaben des Projektmanagements. Ferner wird hier von Ihnen als Projektleiter eine eindeutige und weitreichende Entscheidung verlangt – Sie müssen eine zuvor getroffene Entscheidung revidieren.

Projektleiter als Prügelknabe

Damit geben Sie nach dem ersten Anschein einen Fehler zu – unabhängig davon, ob vielleicht ein externes Ereignis Auslöser Ihrer Entscheidung ist. Als Projektleiter ist man auch gleichzeitig Prügelknabe – Sie hätten ja voraussehen können, daß der Hersteller aufgekauft wird oder sich in Schwierigkeiten befindet![15]

Als Projektleiter sollten Sie sich ebenfalls bewußt darüber sein, daß Sie Projektleiter sind – und nicht Geschäftsführer! Das heißt, wenn Sie einen Werkzeugwechsel im laufenden Projekt anstreben, zählt nur eins – Zahlen. Diese Zahlen müssen klar herausstellen, daß der Werkzeugwechsel ein Gewinn für das Projekt bedeutet. Genauer

---

[15] Das klingt zwar ziemlich absurd, aber jeder erfahrene Projektleiter wird diese Vorwürfe zumindest in ähnlicher Form schon einmal gehört haben.

gesagt haben Sie zwei verschiedene Möglichkeiten, Ihr Management von Ihrer Entscheidung zu überzeugen:

- Sie legen eine nachvollziehbare Return-on-Investment-Rechnung vor, die glaubhaft belegt, daß durch Verwendung eines neuen Werkzeuges das Projekt kostengünstiger abgewickelt werden kann. Versuchen Sie dabei nicht über höhere Qualität zu argumentieren, Qualität ist ein monetär nicht meßbarer Faktor und damit für Ihr Management kein Kriterium, eine solche Entscheidung zu befürworten. Das einzige, was hier zählt, sind Zahlen.
- Sie belegen eindeutig, daß das Projekt scheitern wird, wenn der Toolwechsel nicht vorgenommen wird. Dabei begeben Sie sich auf gefährliches Eis und Sie benötigen sicherlich schlagkräftige Argumente.

Zwei Möglichkeiten das Management zu überzeugen

Bei beiden Möglichkeiten sollten Sie eine Argumentationskette aufbauen, in der das Klima oder die Motivation in Ihrem Projektteam nicht angesprochen wird. Jede auch nur noch so geringe Erwähnung dieser Situation bringt Ihnen unweigerlich nur eine Antwort: „Es ist Ihr Job als Projektleiter Ihr Team bei Laune zuhalten". Mehr nicht und Sie sind nicht mehr in der Argumentationsposition, sondern in der Rechtfertigungsposition.

Motivation außen vor lassen

Und das ist eine Position, wo die Gefahr auf die Verliererstraße zu geraten, immer größer wird. Also bereiten Sie sich gut auf eine derartige Besprechung vor, es reicht nicht aus, daß *Sie* davon überzeugt sind, daß die Entwicklungsumgebung gewechselt werden muß, Sie müssen Ihr *Management* davon überzeugen!

Parallel zu Ihrer „Auseinandersetzung" mit Ihrem Management kommt die immer bedrohlicher werdende Situation in Ihrem Team auf Sie zu. Sie befinden sich jetzt sozusagen zwischen zwei Mühlsteinen und das ist genau die Situation, wo die meisten Projektleiter aufgeben.

Zwei Mühlsteine

Generell stellt sich die Frage, in welcher kritischen Lage muß Ihr Projekt bereits sein, bis Sie sich einer solchen Situation aussetzen? Auch hier herrscht für Sie als Projektleiter wieder ein dünner Grad, auf dem Sie wandeln. Auf der einen Seite haben Sie ein Projekt, für das Sie vom Budget her verantwortlich sind, und auf der anderen Seite ein Team, das Sie „bei Laune halten" müssen.

Die wahre Kunst liegt darin, einen Problemfall hochkochen zu lassen, ihn jedoch kurz vor der Eskalation zu lösen. Dazu gehört natürlich viel Fingerspitzengefühl und Erfahrung – doch mit den notwendigen Selbstbewußtsein werden Sie das in kurzer Zeit schaffen. Der Rational Unified Process hilft Ihnen dabei.

Fingerspitzengefühl ist gefragt

9.2 Häufige Fehler bei einer Toolauswahl

9.2.5.3
Einsatz eines vom Auftraggeber vorgeschriebenes Werkzeuges

Immer häufiger kommt es vor, daß Sie bei der Projektabwicklung nicht mehr die freie Wahl haben, die Werkzeuge einzusetzen, die Sie für geeignet halten, sondern Sie müssen auf Werkzeuge zurückgreifen, die Ihr Kunde im Einsatz hat.

Dies ist jedoch keine Boshaftigkeit Ihres Kunden, sondern es können durchaus berechtigte Gründe für so ein Verhalten vorliegen, die im folgenden dargestellt werden:

Gründe für die Vorgabe eines Werkzeuges

- Ihr Projekt setzt auf bereits bestehenden Use-Case-Modellen auf. Diese wurden mit einem bestimmten Werkzeug erstellt und somit bietet es sich an, daß auch Sie dieses Werkzeug einsetzen (solange es sich dabei nicht um ein reines *Zeichentool* handelte).
- Der Auftraggeber will zum Teil Ihre Ergebnisse nach jeder Iteration selbst testen. Auch hier ist es sinnvoll, wenn in beiden Unternehmen die gleichen Entwicklungsumgebungen installiert sind.
- Ihr Auftraggeber hat in einem anderen Projekt positive Erfahrungen mit einer bestimmten Werkzeugumgebung gesammelt. Dies ist sicherlich der „schwächste" Grund für den Einsatz einer Entwicklungsumgebung. Hier haben Sie die aussichtsreichsten Chancen, den Auftraggeber eventuell davon zu überzeugen, daß dadurch bei Ihnen erheblicher Mehraufwand entsteht, der das Projekt verteuert etc.

Wechsel kann trotzdem sinnvoll sein

Wie bereits im vorherigen Kapitel beschrieben, können auch hier genau die gleichen Gründe eintreten, warum ein Toolwechsel im laufenden Projekt sinnvoll sein kann. Nur müssen Sie diesmal nicht Ihr eigenes Management von dem Wechsel überzeugen, sondern das Management Ihres Auftraggebers.

Ob dies nun ein Vorteil oder ein Nachteil ist, läßt sich nicht so einfach festlegen. Dies hängt in erster Linie von den jeweiligen Unternehmen ab. Allgemein gilt jedoch, daß Sie von einem Manager als externer Projektleiter eher akzeptiert werden als Sie von Ihrem eigenen Management als Mitarbeiter.

In den vorherigen Kapiteln wurde bereits mehrfach auf die Bedeutung der Integration der einzelnen Werkzeuge innerhalb des Software-Entwicklungsprozesses eingegangen. Im folgenden soll ein Lösungsansatz vorgestellt werden, der besonders auf die Integration von Werkzeugen Wert legt.

9.3
Die Rational Suite

9.3.1
Ausgangssituation

In Kapitel 3 wurde bereits erwähnt, daß Rational Software in den vergangenen Jahren unterschiedliche Unternehmen mit ergänzenden Produkten aufgekauft hatte. Als Ergebnis stand damit zwar eine Werkzeugfamilie zur Verfügung, die den gesamten Entwicklungsprozeß unterstützt, jedoch stellten die Werkzeuge untereinander abgetrennte Einheiten dar.

Somit bestand die nächste Aufgabe darin, diese Single Point Solutions zu einem durchgängigen Werkzeug zu integrieren. Das bedeutete nichts anderes, als daß sich die Entwicklungsabteilungen von Rational Software, die in sogenannte *Business Units* unterteilt sind, mit den existierenden Schnittstellen beschäftigten. Herausgekommen ist ein vollständiges Produkt, das den gesamten Software-Entwicklungsprozeß begleitet.

Single Point Solutions zu einem durchgängigen Werkzeug integriert

Dabei wurde beachtet, daß die in Abschnitt 0 erwähnte Verteilung des Bedarfs an Werkzeugen auf

- Analytiker,
- Entwickler und
- Tester

eingehalten wird. Somit entstand ein Produkt, das unter dem Sammelbegriff Rational Suite Anfang 1999, also kurz nach dem Rational Unified Process auf den Markt kam. Diese Suite besteht aus drei Studios:

- Rational Suite Analyst Studio
- Rational Suite Development Studio
- Rational Suite Test Studio

Drei Studios der Rational Suite

Ferner hat man sich Gedanken darüber gemacht, welche Aufgaben teamübergreifend durchgeführt werden. Allen voran kam dabei das Änderungsmanagement in Betracht, da jedes Teammitglied von Änderungen betroffen ist, wie in Abbildung 1 dargestellt ist:

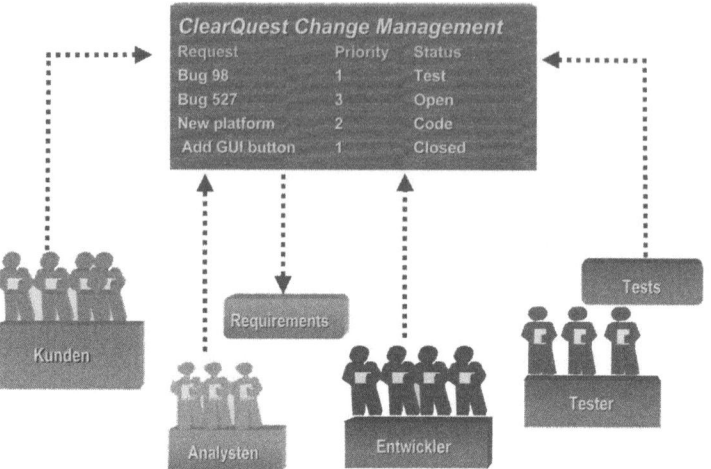

Abbildung 1:
Das Managen von Änderungen in einem gesamten Team

Als weitere Ergebnisse dieser Überlegungen wurden zusätzlich die folgenden Tätigkeiten identifiziert:

- Jedes Teammitglied muß den Rational Unified Process kennen und während seiner Arbeit auf ihn zurückgreifen können.
- Jedes Teammitglied muß die Anforderungen kennen, die das zu erstellende System erfüllen muß. Der Schwerpunkt liegt dabei natürlich auf den Anforderungen, die er innerhalb des Entwicklungsprozesses umsetzen muß.
- Jedes Teammitglied muß die zugehörige Dokumentation seiner Arbeit auf einheitliche Weise, wie im Software-Development-Plan festgelegt, erstellen.

Gemeinsame Basisausstattung für alle drei Studios

Somit wurden alle drei Studios mit einer gemeinsamen Basisausstattung an Werkzeugen ausgerüstet, die jedes Teammitglied für die alltäglichen Arbeiten im Projekt benötigt. Im einzelnen wurden dafür die folgenden Produkte integriert:

- Der Rational Unified Process als zugrundeliegendes Prozeßmodell.

Teamübergreifende Werkzeuge

- Rational RequisitePro als teamübergreifendes Werkzeug für das Anforderungsmanagement.
- Rational ClearQuest als teamübergreifendes Werkzeug für das Änderungsmanagement, dargestellt in Abbildung 2.

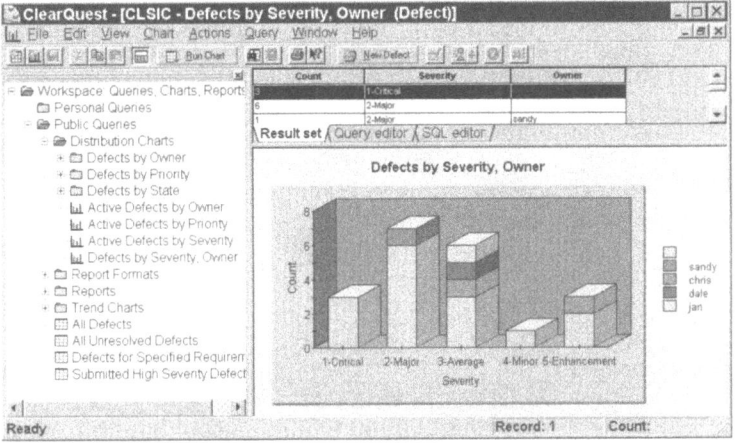

Abbildung 2: Screenshot von ClearQuest

- Rational SoDA als teamübergreifendes Werkzeug für die Erstellung der Dokumentation.

Auf diese Weise hat jedes Teammitglied eine Grundausstattung, je nachdem, welchen Worker er im Laufe des Projektes zugeteilt bekommt, steht ihm dann ein entsprechendes Studio zur Verfügung. Die einzelnen Studios sollen in den nächsten Abschnitten kurz dargestellt werden.

9.3.2 Rational Suite Analyst Studio

Das Analyst Studio ist das „kleinste" Studio der Suite. Hier wurde zusätzlich zu der Basisausstattung lediglich eine abgespeckte Version von Rational Rose hinzugefügt – die sogenannte *Modeler Edition*. Die Version reicht jedoch völlig aus für die Belange der Analytiker, da sie die gesamte visuelle Modellierung auf Basis der Unified Modeling Language erlaubt.

Abgespeckte Version für Analytiker

9.3.3 Rational Suite Development Studio

Das Development Studio ist für den Entwickler vorgesehen, dieser benötigt die *Enterprise Edition* von Rational Rose, die nicht nur die visuelle Modellierung ermöglicht, sondern auch die Codegenerierung erlaubt. Damit kann der Entwickler direkt auf den Ergebnissen der Analytiker aufbauen und die von diesen erstellten Modelle in Code umsetzen.

Abbildung 3: Screenshot von Rational Rose

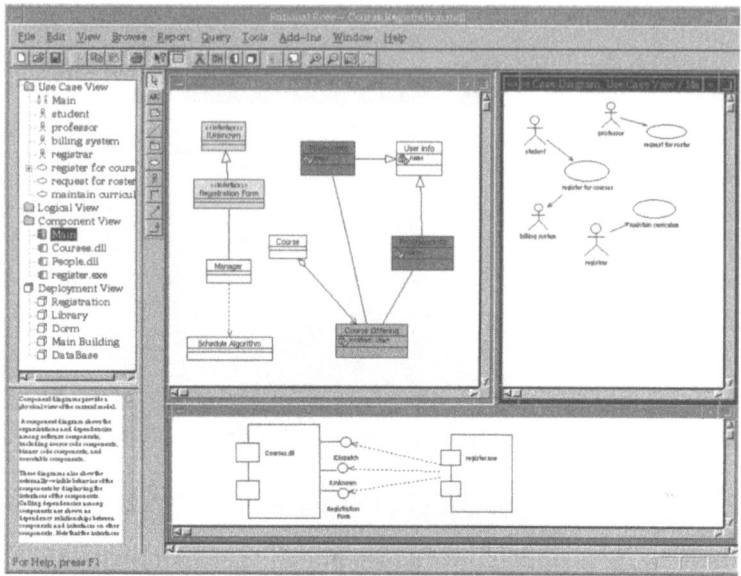

Weitere Werkzeuge im Developer Studio

Doch der Entwickler benötigt noch weitere Werkzeuge. Für die Vollständigkeitsdiagnose erhält der Entwickler das Produkt Rational Purify zur Verfügung. Ebenso wichtig wie eine Vollständigkeitsdiagnose ist natürlich auch eine Performancediagnose, dazu wurde in der Developer Suite das Produkt Rational Quantify integriert.

Als letztes Teilprodukt des Developments Studios ist Rational PureCoverage enthalten, daß die Codeabdeckung überprüft. Herzstück des Development Studios ist natürlich die integrierte Software-Entwicklungsumgebung Rational Rose, dargestellt in Abbildung 3.

9.3.4 Rational Suite Test Studio

Dieses Studio beinhaltet die einzelnen Testprodukte, die im Angebotsportfolio von Rational Software sind. Im einzelnen wären hier aufzuführen:

Umfangreiche Ausstattung zum Testen

- Rational Robot für das funktionale Testen
- Rational TestFactory für die automatisierte Testgenerierung
- Rational Purify für die Vollständigkeitsdiagnose und zum Erkennen von schwer auffindbaren Fehlern
- Rational Quantify für die Performanceanalyse zum Erkennen von Bottlenecks

- Rational PureCoverage für die Codeabdeckung und zum Identifizieren von bisher ungetestetem Code

9.3.5 Rational Enterprise Suite

Wie der Name es schon zum Ausdruck bringt, enthält die Enterprise Suite alle drei Studios in einem einzelnen Paket. Diese Suite eignet sich besonders für Projekte, wo vielleicht nur drei oder vier Mitarbeiter involviert sind, die jedoch alle durch den gesamten Lifecycle über mit den unterschiedlichsten Aufgaben im Projekt betraut sind.

Alles zusammen in der Enterprise Suite

9.3.6 Rational Suite PerformanceStudio

Dieses erst seit kurzem verfügbare Studio stellt eine Erweiterung des zuvor beschriebenen Test Studios dar und ist für erweiterte Tests vorgesehen. Hier existieren zusätzliche Funktionalitäten für das Messen und Simulieren von Webapplikationen. Ferner können auch Software-Architekturen durch einen Streßtest auf ihre Tauglichkeit untersucht werden.

Insgesamt sind die folgenden Produkte im Rational Suite PerformanceStudio enthalten:

- Rational LoadTest zum Performancetesten
- Rational PerformanceArchitekt für Architekturentscheidungen
- die Enterprise-Version von Rational Rose
- Rational Robot für das funktionale Testen
- Rational TestFactory für die automatisierte Testgenerierung
- Rational Purify für die Vollständigkeitsdiagnose und zum Erkennen von schwer auffindbaren Fehlern
- Rational Quantify für die Performanceanalyse zum Erkennen von Bottlenecks
- Rational PureCovergae für die Codeabdeckung und zum Identifizieren von bisher ungetestetem Code

Elf Produkte in einem Studio

Die üblichen Produkte der Grundausstattung jeder Suite sind natürlich auch im PerformanceStudio enthalten.

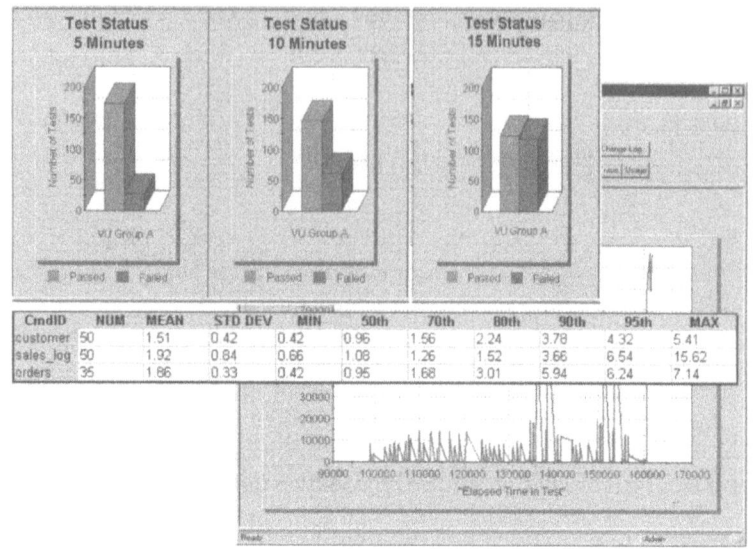

Abbildung 4:
Grafische
Auswertungen
mit dem Per-
formanceStudio

Abbildung 4 zeigt eine grafische Auswertung, die mit dem PerformanceStudio erstellt wurde Damit steht dem Anwender ein Werkzeug zur Verfügung, mit dem er E-Commerce Anwendungen erst testen und zum Beispiel einige tausend Benutzer simulieren kann, bevor diese Internetanwendung in den Betrieb genommen wird.

Besonders für E-Commerce Anwendungen geeignet

Dabei ist das PerformanceStudio das einzige Werkzeug, das in der Lage ist, nicht nur statische URLs beim Recording zu erfassen, sondern ebenfalls dynamische URLs.

9.3.7
Die Architektur der Suite

Kernpunkt der Rational Suite ist natürlich die Architektur, die hinter diesem Produkt steht. Die folgenden Features kennzeichnen die sogenannte *Team Integration Architecture*, die in der Rational Suite zum Einsatz kommt. Dazu gehören:

Team Integration Architecture

- **Das Rational Domain Server Interface (RDSI).** Dabei handelt es sich um ein gemeinsames Programmierinterface für die verschiedenen Arten (Domänen) der Information, die von den Werkzeugen der Rational Suite abgelegt werden. Das Rational Domain Server Interface erlaubt es allen Tools von Rational auf die Daten anderer Tools zuzugreifen und so die integrierte Information den Anwendern zu präsentieren. Damit eliminiert das Rational Domain Server Interface Redundanzen zwischen den verschiedenen Rational-Produkten und bietet so alle Vorteile einer vollständig integrierten Umgebung.

- **Der Rational Synchronizer.** Dieser unterstützt die Arbeit der einzelnen Gruppen (Analytiker, Entwickler und Tester) innerhalb eines Projektes. Dazu erstellt der Rational Synchronizer Objekte innerhalb eines Rational Tools, die auf der Existenz von anderen Objekten in anderen Rational Tools basieren. Zudem ist es die Aufgabe des Rational Synchronizer, die Beziehungen zwischen den einzelnen Objekten zu verwalten, so daß Änderungen an einem Objekt auch automatisch am darauf basierenden Objekt durchgeführt werden.

    Beziehungen zwischen einzelnen Objekten verwalten

- **Tool Mentor und Extended Help.** Diese beiden Funktionalitäten stellen eine bidirektionale Integration zwischen den Rational Tools und dem Rational Unified Process sicher. Ein Toolmentor basiert auf HTML und bietet Schritt für Schritt die notwendigen Instruktionen, mit denen spezielle Aufgaben erledigt werden können, die im Rahmen des Rational Unified Process erklärt sind. Die Extended-Help-Funktionalität stellt kontextsensitive Verweise von Rationals Tools zum Rational Unified Process zur Verfügung. Ein Entwicklungsteam kann seine eigene Extended Help aufbauen und so auf spezifische Informationen zurückgreifen – sei es auf einer Website oder im Rahmen eines Intranets.

Die Rational Suite arbeitet mit dem in Kapitel 5 erwähnten Rational ClearCase zusammen. Bei diesem Produkt handelt es sich um ein Konfigurationsmanagement-Werkzeug. Kombiniert man die beiden Werkzeuge, so lassen sich Änderungen an Softwarekonstrukten erstellen, verwalten und kontrollieren.

Zusammenspiel mit ClearCase

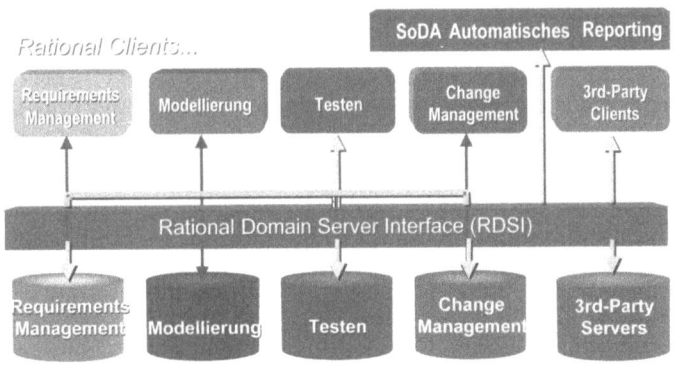

Abbildung 5: Die Teamarchitektur der Rational Suite

9.3 Die Rational Suite ■ 267

Alle Stufen innerhalb des Lebenszyklus eines Softwareprojektes, als da wären

Stufen innerhalb des Lebenszyklus

- Änderungen,
- visuelle Modelle,
- Testumgebungen,
- Änderungsanforderungen und
- Quellcodes,

werden dabei abgedeckt. Durch die Automatisierung von Änderungsprozessen wird die Qualität einer Software garantiert, ehe es zur Auslieferung und zum Einsatz kommt.

9.4 Die Simplizität der 1

Henne/Ei-Problem

Berechtigterweise wird sich jetzt dem Leser die Frage nach dem Henne/Ei-Problem stellen. Was war zuerst da – die Suite oder der Rational Unified Process? Nun – in Kapitel 3 wurde bereits die Entwicklung des Rational Unified Process über die letzten Jahre hinweg aufgezeigt – damit dürfte auch das Henne/Ei-Problem gelöst sein: Die Suite ist das Ergebnis, das aus dem Rational Unified Process resultierte. Doch was sind eigentlich die wesentlichen Vorteile der Suite? Hierauf soll in den folgenden Abschnitten eingegangen werden.

9.4.1 Hohe Integration

Keine Schnittstellenprobleme mehr

Wie bereits im vorherigen Kapitel beschrieben, sind die einzelnen Produkte der Suite in einem hohen Maße integriert. Das bedeutet, daß hier der Projektleiter weitgehend von den bereits zuvor besprochenen Schnittstellenproblemen zwischen den einzelnen Produkten entlastet bzw. befreit wird.

Besonders zu erwähnen ist hierbei natürlich die Integration der Suite mit dem in Kapitel 5 näher beschriebenen Konfigurationsmanagement-Werkzeug ClearCase, dargestellt in Abbildung 6.

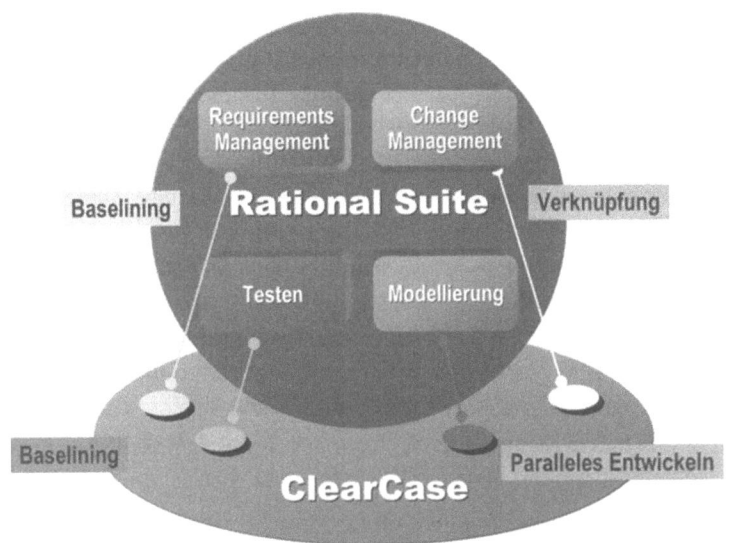

Abbildung 6:
Die Integration der Rational Suite mit ClearCase

Durch diese Integration kann der Projektleiter sicherstellen, daß er jederzeit auf einen bestimmten Entwicklungszustand seines Projektes zurückgreifen kann.

9.4.2
Ein Hersteller – ein Ansprechpartner

Durch die Verwendung der Suite hat der Projektleiter nur noch einen Ansprechpartner – nämlich Rational Software. Werden hingegen für unterschiedliche Bereiche des Projektes auch unterschiedliche Werkzeuge eingesetzt, so erschwert dies die Arbeit (und damit auch den Aufwand) des Projektleiters. Besonders in den folgenden Situationen kommt dies zum tragen:

- **Hotline**: Unter Umständen sitzen die Hersteller unterschiedlicher Werkzeuge in unterschiedlichen Zeitzonen (USA Westküste, USA Ostküste, Europa, Australien). Liegt dann das Projektproblem auch noch im Bereich einer Schnittstelle zwischen zwei Werkzeugen, so wird eine Hotline das Problem einfach an den anderen Hersteller versuchen abzuschieben und umgekehrt. Dieses Verhalten ist auch ganz natürlich, schließlich kennt jede Hotline immer nur ihr eigenes Produkt und nicht zufällig auch noch das Werkzeug, das Sie angebunden haben. Der Leidtragende jedenfalls dabei ist meist der Projektleiter bzw. der Anfragende.

Die Hotline kann in verschiedenen Zeitzonen sitzen

- **Updates**: Jedes Produkt wird mindestens einmal im Jahr mit einem Update versehen. Jetzt kommen für den Projektleiter die bangen Minuten und Stunden nach der Installation des Updates. Fragen müssen beantwortet werden, wie zum Beispiel:

Viele offene Fragen bei Updates

- Funktionieren noch alle Schnittstellen so, wie das vorher der Fall war?
- Werden überhaupt noch alle Schnittstellen unterstützt, die bisher unterstützt wurden?
- Wie lange habe ich in meinem Projekt einen Produktivitätsausfall, bis alle Werkzeuge wieder harmonisiert sind – also alle Werkzeuge auf das neue Update abgestimmt sind?
- Wann haben meine anderen Hersteller Ihre Schnittstellen soweit angepaßt, daß das neue Update unterstützt wird?[16]
- usw.

Völlige Abhängigkeit von allen Lieferanten

- **Interner Technologiewechsel**: Angenommen, Sie entscheiden sich, einen internen Technologiewechsel vorzunehmen, und wollen zum Beispiel eine neue Datenbank einsetzen. Funktionieren alle Werkzeuge weiterhin – also unterstützen alle Werkzeuge die neue Datenbank? Entscheidend ist dann also nicht mehr, welche neue Technologie Sie gerne einführen möchten, sondern welche neue Technologie alle Ihre Lieferanten unterstützen. Das ist jedoch eine Abhängigkeit, die kein Unternehmen gerne eingeht.

9.5 Zusammenfassung

Der Rational Unified Process wird von einer Vielzahl von Werkzeugen unterstützt. Oder anders ausgedrückt – will man den Rational Unified Process professionell anwenden, so ist der Einsatz von diversen Werkzeugen erforderlich.

Dem Projektleiter kommt dabei die Aufgabe zu, die entsprechende Toolauswahl vorzunehmen. Diese birgt eine Reihe von Fallen in sich. Einer der größten Fehler, der hier oft gemacht wird, ist, daß

---

[16] Besonders diese Situation ist sehr kritisch, da Sie erst dann wieder produktiv weiterarbeiten können, wenn der letzte Hersteller sein Produkt auf das neue Update umgestellt hat. Wenn Sie dann noch überlegen, wie viele verschiedene Updates Sie im Jahr von den einzelnen Herstellern erhalten, wird Ihre 100% ige Projektproduktivität unter voller Nutzung der Werkzeugfunktionalität immer geringer!

diese Toolauswahl viel zu lange dauert – zwei Monate sollte das Optimum sein.

Ebenfalls kritisch zu betrachten ist die Toolauswahl durch ein externes Unternehmen, die oft nicht so neutral und zügig vorgenommen wird, wie sich der Projektleiter das vorstellt. Abschließend wurde noch auf die Problematik von Herstellerversprechen und zusätzlichen Funktionalitäten eingegangen.

Weiterhin wurden in diesem Kapitel diejenigen Werkzeuge vorgestellt, die auch vom Rational Unified Process vorgeschlagen werden und durch die entsprechenden Toolassistenten unterstützt werden. Besonders hervorzuheben ist dabei der Vorteil, daß aus diesen Werkzeugen direkt über eine erweiterte Hilfefunktion auf den Prozeß zugegriffen werden kann.

Schwerpunkt bildet dabei die Rational Suite, die parallel zum Rational Unified Process entstanden ist. Die Vorteile des Einsatzes dieses Werkzeuges lassen sich wie folgt zusammenfassen:

- Nur noch ein Ansprechpartner
- Nur noch ein Releasewechsel
- Hohe Integration
- Keine Schnittstellenprobleme bei Releasewechseln
- Nur noch eine Hotline

10 Erwartungsmanagement

von Barry Boehm, in Erinnerung an Tom Bauer

10.1 Einführung

Immer wenn ich in der Abteilung für Software Cost Estimation vorbeischaute, war mein Ziel Tom Bauer. Dieser war maßgeblich für die Erstellung des Constructive Cost Model (COCOMO) verantwortlich, das in allen Projekten und Angebotskalkulationen verwendet wurde.

Tom war zunächst Projektmanager, dann Abteilungsleiter, doch nach seiner Herzattacke kehrte er zurück zu seiner ersten Liebe: der Software-Entwicklung. Er verfügte über umfangreiches Wissen und Erfahrungen und hatte für jeden ein Lächeln parat.

<small>Constructive Cost Model</small>

Eines Tages ging ich zu Tom und fragte ihn: „Wir brauchen ein neues Modul für COCOMO für ein neu zu erstellendes Angebot. Es könnte eine Erweiterung unseres Algorithmus sein und wir brauchen es bereits nächste Woche, kriegst Du das hin?" Tom antwortete: „Nun, mal sehen. Zusätzlich zu den Änderungen am Algorithmus müssen die Datenstrukturen geändert werden, ebenso auch die Dateiformate und die Benutzerschnittstelle. Regressionstests müssen durchgeführt werden und das Benutzerhandbuch muß auch angepaßt werden. Das sieht für mich nach einem Aufwand von ca. sechs Wochen aus. Ich kann jedoch auch eine Art Zwischenlösung erstellen, indem ich ein Modul herausnehme und durch das andere ersetze. Das läßt sich in ein paar Tagen bewerkstelligen. Wäre das ok?"

<small>Vernünftige Zwischenlösung</small>

Das war zwar nicht das, was ich erwartet hatte, doch es klang vernünftig und ich ließ mich darauf ein. Mit der Zwischenlösung war dann Tom bereits nach drei Tagen fertig und zu meiner größten Überraschung lieferte er mir bereits nach drei Wochen – also nach der Hälfte der versprochenen Zeit – die komplette fertige Lösung.

Hätte Tom meiner damaligen Forderung nach einer Woche zugestimmt und wäre dann erst nach drei Wochen fertig gewesen, wäre ich ziemlich enttäuscht gewesen und vor allem das Team, das das neue Angebot zu erstellen hatte, wäre frustriert gewesen.

Doch was hatte sich geändert? Bestimmt nicht das technische Problem oder die Auslieferung innerhalb der drei Wochen. Was sich geändert hat, war, daß Tom meine Erwartungen erfolgreich gemanagt hatte. So hatte er vor allem innerhalb von drei Tagen eine Art Notlösung geschaffen, mit der das Angebotsteam schon einmal arbeiten konnte und mit der sowohl ich als auch das Team die längere Implementierungszeit der Vollversion verkraften konnten.

Win/Win-Lösung und Erwartungsmanagement

Erwartungsmanagement ist eine der wertvollsten Eigenschaften, die sich ein Software-Entwickler aneignen kann. Doch erstaunlicherweise ist das nur sehr wenig bekannt und wird noch weniger durchgeführt. Ich war bereits in über 100 Verhandlungen mit Stakeholdern in Bezug auf Anforderungen involviert; die größten Schwierigkeiten zu einer Win/Win-Lösung zu kommen, bestanden darin, daß die Stakeholder überzogene Erwartungen hinsichtlich der Simplizität der Problemstellung oder der Einfachheit, eine Lösung zu finden, suggeriert bekamen.

10.2 Ursachen von Problemen in Erwartungen an Software

Es gibt im wesentlichen drei Gründe, warum Softwareprojekte wegen falscher Erwartungen Probleme bereiten können:

Vermeidung von Schwierigkeiten

1. Viele Menschen haben ein starkes Bedürfnis, Konflikten mit Managern, Kunden oder Endanwendern aus dem Weg zu gehen. Die meisten Menschen versuchen derartige Konflikte zu vermeiden. Das führt natürlich zu Situationen, wo oft mehr versprochen wird, als man wirklich halten kann.

Vertriebsgedanken

2. Oft werden Software-Entwickler zu euphorisch, was den Einsatz und die Möglichkeiten ihrer Methoden und Werkzeuge betrifft, um die Probleme eines Kunden zu lösen. Verstärkt wird dieses Problem zusätzlich noch dadurch, wenn Kunden Vertriebsprospekte bezüglich dieser Lösung zu Gesicht bekommen oder eine Demo sehen, wie gut die Lösung funktioniert, wobei jedoch das der Demo zugrundeliegende Ausgangsproblem viel zu simpel ist.

3. „Two Cultures" ist der offizielle Titel eines Buches von C.P. Snow [Snow59], in dem er beschreibt, wie unterschiedlich die Geschäftspolitik von Wissenschaft und Technologie zu einander sind, zumal wenn eine kombinierten Expertise von beiden Seiten notwendig ist, da diese nur wenig voneinander wissen. Software-Entwickler und ihre Kunden im Bereich Medizin, Finanzdienstleistung, Automobilherstellung etc. haben ähnliche Zwei-Kulturen-Probleme. So hat die eine Seite wenig Ahnung, was auf der anderen Seite leicht oder schwer zu bewerkstelligen ist.

Zwei Kulturen

10.3 Einige Techniken des Erwartungsmanagements

10.3.1 Klärung, was der Kunde wirklich will und warum

Im obigen Beispiel wollten weder das Angebotsteam noch ich eine vollständige Lösung innerhalb einer Woche, sondern vielmehr schnellen Zugriff auf ein Modul, mit dem das Angebot erstellt werden konnte. Das vollständige Programm hatte mehr Zeit. Dies hatte Tom Bauer herausgefunden, indem er einen seiner Ansicht nach passenden Ansatz vorgeschlagen hatte, um zu sehen, wie die Reaktion auf diesen ist.

Braucht der Kunde wirklich alles sofort?

Naomi Karten beschreibt in ihrem Buch „Managing Expectations" [Kart94] einen guten Ansatz zur Technik der Sammlung von Kundenanforderungen, die mit dem Erwartungsmanagement kombiniert werden können:

- Prototypen
- Szenarien
- Meinungsbildende Fragen
- Brainstorming
- Fragen nach dem *Was* und *Warum*

Ansätze zur Sammlung von Kundenanforderungen

Weitere Details und Techniken zur Priorisierung von Anforderungen und zum Beschränken von Erwartungen sind dem Buch von Gause und Weinberg [GauWe89]: „Exploring Requirements" zu entnehmen, hier sei besonders auf die Kapitel „Preferences" und „Expectations" hingewiesen.

10.3.2
Ausarbeiten der Details und anschließende Erläuterung

Spitze des Eisberges

Tom Bauers 6-Wochen-Ansatz war wesentlich realistischer als die 1-Woche-Schätzung, da hier die wesentlichen durchzuführenden Details festgehalten wurden. Kunden konzentrieren sich hauptsächlich auf die Spitze des Eisberges (also die Software, die sie sehen) und vergessen dabei, was eigentlich alles an wesentlicher Software darunterliegt.

10.3.3
Anwenden von Techniken des Risikomanagements

Durch die genaue Adressierung von Softwarerisiken und die Identifizierung der besonders riskanten Items durch Techniken wie Prototyping, Benchmarking und Vergleichsanalysen können besonders risikoreiche Erwartungen hervorgehoben werden. Ferner können dadurch Techniken zur Reduzierung dieser Erwartungen genutzt werden, so daß eine noch akzeptable, aber mit wesentlich weniger Risiken angereicherte Lösung gefunden wird.

Ein Beispiel

Ein Beispiel: In einem Großprojekt wurde ein Antwortzeitverhalten vom System verlangt, daß nicht länger als eine Sekunde sein durfte. Dabei war man von der Erwartung ausgegangen, daß ein längeres Antwortzeitverhalten eine erhebliche Verschlechterung der Produktivität ergeben würde. Die Architektur für diese Erwartungen, hätte 100 Millionen Dollar gekostet und hätte einige sehr risikoreiche Items beinhaltet.

Mit dieser Situation konfrontiert, wurde zunächst in Zusammenarbeit mit dem Kunden ein Prototyp entwickelt, der ein Antwortzeitverhalten von vier Sekunden hatte. Das Ergebnis war, daß dieser Prototyp zu 90% die gleichen Auswirkungen hatte, wie es bei einem Antwortzeitverhalten von einer Sekunde gewesen wäre.

Somit wurde das Projekt umstrukturiert und eine 30-Millionen-Dollar-Lösung mit einem Antwortzeitverhalten von vier Sekunden entwickelt. Wäre dieser Prototyp zwei Jahre früher entwickelt worden, hätte man erhebliche Kosten bei der Planung einsparen und gleichzeitig die Erwartungen auf ein vernünftiges Maß reduzieren können.

10.3.4
Ermöglichen einer eindeutigen Kommunikation mit dem Kunden

Um eine eindeutige Kommunikation mit dem Kunden aufzubauen, sollten die beiden folgenden Regeln beherzigt werden:

- Ein Bild sagt mehr als tausend Worte.
- Ein Prototyp sagt mehr als tausend Bilder.

Kommunikationsregeln

Ferner muß der Inhalt der Kommunikation klar festgelegt sein. Bedeutet zum Beispiel „interoperable" nur CORBA-Kompatibilität oder soll eine vollständige „Plug and Play"-Funktionalität garantiert werden?

Was denkt zum Beispiel Ihr Kunde, wenn Sie ihm sagen, daß Sie „advanced information hiding techniques" benutzen? Denkt er vielleicht, daß Sie ihm nicht erzählen wollen, was das System macht? Das zuvor erwähnte Buch von Karten beinhaltet einige Vorschläge und Beispiele, wie eine eindeutige Kommunikation ermöglicht und gleichzeitig Mißverständnisse vermieden werden können[1].

10.3.5
Benutzen von ausgefeilten Metriken für ausgefeilte Erwartungen

Ein weiterer Aspekt der oben erwähnten zwei Kulturen ist, daß Kunden und Endanwender nur ein unbestimmtes Gefühl dafür haben, wie schwierig es ist, eine bestimmte Menge an Software in einer vorgegebenen Zeit mit einem vorgegebenen Budget zu entwickeln. Das führt ebenfalls zu unrealistischen Erwartungen von Kunden oder Endbenutzern, die noch zusätzlich erschwert werden durch die mangelnde Konfrontationsfähigkeiten der Entwickler und die übertriebenen Vertriebsaktivitäten (siehe auch Abschnitt 10.2). Dies alles führt dann zu den oft in der Literatur erwähnten Budget- und Zeitüberschreitungen von Software-Entwicklungsprojekten (siehe auch Kapitel 1).

Was dauert wie lange?

---

[1] Einschließlich der Körpersprache!

Ausgefeilte Kostenmodelle

Ausgefeilte Kostenmodelle für Software und ausgefeilte Zeitplanungsmetriken haben schon vielen Kunden und Endanwendern geholfen, ihre Erwartungshaltung zu reduzieren und sich auf realistische Zielvorgaben hinzubewegen. Ausgefeilte Performancemodelle und Zuverlässigkeitsmodelle führen ebenfalls zu solchen Ergebnissen.

10.3.6
Akzeptieren höchstens einer Variablen

Eine klare Aussage von Software-Kostenmodellen und Zeitplanungsmodellen ist, daß umfangreichere Softwareprojekte auch umfangreichere Budgets und Zeitpläne benötigen. Doch immer noch gibt es Software-Entwickler, die feste Vorgaben an zu entwickelnder Software in festen Zeiträumen und festen Budgets mit einander vereinbaren müssen, ohne daß eine vorherige Anaylse belegt hat, daß ein derartiges Vorhaben auch realistisch durchführbar ist.

Entweder feste Vorgaben oder einen festen Zeitplan

Wenn dies nämlich durch eine entsprechende Analyse nicht nachweisbar ist, ist es sinnvoller, dem Kunden mitzuteilen, daß man entweder feste Vorgaben an die zu entwickelnde Software bereit ist zu akzeptieren oder einen festen Zeitplan und ein festes Budget – aber auf keinen Fall beides zusammen!

Die letztere Variante wird auch „Cost (or Schedule) as Independent Variable" CAIV oder SAIV genannt. Sie beinhaltet, daß Kunden in der Lage sind, ihre Anforderungen zu priorisieren und die Software-Entwickler eine Mindestmenge an wichtigen Funktionalitäten implementieren. Wenn dann noch Zeit und Budget vorhanden sind, können die weniger wichtigen Funktionalitäten hinzugefügt werden.

Ähnliche Strategien können auch für weitere imkompatible Kombinationen von unbekannten Variablen entwickelt werden.

10.3.7
Anwenden eines Win/Win-Ansatzes für Stakeholder

Ein optimales Erwartungsmanagement ermöglicht Win/Win-Situationen. Die Auslieferung der Software von Tom Bauer nach drei Wochen war ein Win, wenn man den 6-Wochen-Ansatz berücksichtigt, es war ein Loose, wenn man von der 1-Woche-Schätzung ausgeht.

Basierend auf den Aussagen einer Vielzahl von Software-Entwicklern, Kunden und Endanwendern, die verschiedene Techniken zum Erreichen einer Win/Win-Situation eingesetzt haben, können sich folgende Vorteile für das Erwartungsmanagement und das Projektergebnis ergeben:

- Wenn Bedürfnisse als verhandelbare „Win-Bedingungen" ausgedrückt werden anstatt als nichtverhandelbare „Anforderungen", wird eine wesentlich flexiblere Voraussetzung zur Erreichung der Erwartungen erzielt.
- Die Integration von „Win-Bedingungen" anderer Stakeholder vermittelt ein wesentlich besseres Verständnis, inwieweit die Zwänge, denen die Stakeholder ausgesetzt sind, die Projektergebnisse beeinflussen.
- Das Zusammenwirken und der Versuch des gegenseitigen Verständnisses der „Win-Bedingungen" ist ein erster Ansatz, um die zwei Kulturen zu vereinen. Ferner werden die Stakeholder in die Lage versetzt, künftig passende „Win-Bedingungen" zu finden, die von beiden Seiten akzeptiert werden können.

Vorteile für das Erwartungsmanagement

In der Zukunft wird es eine Herausforderung für alle Beteiligten sein, sich zunehmend mit dem Thema Erwartungsmanagement und dem Auffinden von Win/Win-Situationen zu beschäftigen. Da sich Win/Loose-Situationen erfahrungsgemäß immer zu Loose/Loose-Situationen entwickeln, besteht sonst im neuen Jahrtausend eine Menge von Frustrationen und Chaos bevor.

Herausforderung für alle Beteiligten

10.4 Zusammenfassung

Erwartungsmanagement ist eine Disziplin, die hierzulande nahezu unbekannt ist und nur sehr selten durchgeführt wird. Sie zielt in erster Linie darauf ab, auf beiden Seiten eine Win/Win-Situation herzustellen.

Mit Hilfe der folgenden Techniken können hier deutliche Erfolge im Projektmanagement erzielt werden:

- Klärung, was der Kunde wirklich will und warum
- Ausarbeiten der Details und anschließende Erläuterung
- Anwenden von Techniken des Risikomanagements
- Ermöglichen einer eindeutigen Kommunikation mit dem Kunden
- Benutzen von ausgefeilten Metriken für ausgefeilte Erwartungen

Techniken zum Erfolg

- Akzeptieren höchstens einer unbekannten Variablen
- Anwenden eines Win/Win-Ansatzes für Stakeholder

Anhang A

Glossar, Regeln und Definitionen

Im folgenden sollen wesentliche Begriffe, aufgeführte Regeln und Definitionen dieses Buches nochmals erwähnt und kurz erläutert werden. Regeln sind dabei als Empfehlungen zu sehen und sind im folgenden *kursiv* dargestellt.

Actor	Ein Actor (Akteur) ist eine außerhalb eines Systems liegende Klasse, die an einer in einem Use-Case beschriebenen Interaktion mit dem System beteiligt ist.
Analyse- und Design Workflow	Der Zweck des Analyse- und Design-Workflows besteht darin, die Anforderungen in Spezifikationen zu übersetzen, die beschreiben, wie das System zu entwickeln ist. Um diese Transformation vorzunehmen, müssen die Anforderungen verstanden und in ein System-Design überführt werden. Dabei muß die optimale Implementierungsstrategie zum Einsatz kommen. Bereits zu einem sehr frühen Zeitpunkt innerhalb des Projektes sollte eine robuste Architektur existieren, so daß man ein System entwerfen kann, das einfach zu verstehen, zu entwickeln und auszubauen ist. Anschließend muß das Design an die Implementierungsumgebung angepaßt werden, um der geforderten Performance, Robustheit, Skalierbarkeit, Testbarkeit und anderen Qualitätseigenschaften zu entsprechen.

Anforderung	Eine Anforderung wird von einem Auftraggeber oder einem Endbenutzer gestellt; sie beschreibt, wie sich das zu implementierende System verhalten soll.
Aktivität	Eine Aktivität ist eine in sich abgeschlossene Folge von Tätigkeiten, deren Unterbrechung kein sinnvolles Ergebnis liefern würde.
Artefakt	Ein Teil an Information, das produziert, modifiziert oder vom Prozeß genutzt wird und dem Versionsmanagement unterliegt. Ein Artefakt kann ein Modell, ein Modellelement oder ein Dokument sein.
Feedback-schleife	*Zu geeigneten Meilensteinen sollen die wichtigen Differenzen zwischen Soll und Ist analysiert werden. Die Ergebnisse dieser Analyse sollten bei der nächsten Planung berücksichtigt werden.*
Management by Commitment	*Das Management soll die Mitarbeiter in den Planungsprozeß mindestens so weit einbeziehen, daß die Mitarbeiter selbst festlegen, welche Ziele sie in gegebener Zeit erreichen können. Im Gegenzug verpflichtet sich der einzelne Mitarbeiter, diese selbst gesteckten Ziele auch einzuhalten.*
Methode	Eine Methode ist eine Entwicklungssprache und ein Entwicklungsprozeß.
Modellierungssprache	Eine Modellierungssprache ist eine Notation und eine Semantik.
Planungsumfang	*Es darf keine Aktivität in einem Projekt geben, - deren Durchführung nicht zuvor geplant wurde.*
Planvergleich	*Damit die Planung eingehalten werden kann, muß der Istzustand regelmäßig mit dem Sollzustand verglichen werden.*

Planungs-zeitpunkt	*Der Abstand zwischen der Planung und der Durchführung der Aktivität soll den Erfordernissen angepaßt werden.*
Projektplan	Der Projektplan dient dem Projektleiter zur zeitlichen Planung und zur personellen Besetzung seines Projektes. Ferner stellt er ein wesentliches Hilfsmittel während des Projektverlaufes zum kontinuierlichen Abgleich des Projektfortschrittes gegenüber dem zuvor aufgestellten Projektplan dar.
Prozeßmodell	Ein Prozeßmodell ist eine Beschreibung einer koordinierten Vorgehensweise bei der Abwicklung eines Vorhabens. Es definiert sowohl den Input, der zur Abwicklung der Aktivität notwendig ist, als auch den Output, der als Ergebnis der Aktivität produziert wird. Dabei wird eine feste Zuordnung von Workern vorgenommen, die die jeweilige Aktivität ausüben.
Release	Ein Release ist ein Teil eines Endproduktes, das Gegenstand der Prüfung an einem wichtigen Meilenstein ist.
Risiko	Ein Risiko ist ein Ereignis, dessen Eintreten den geplanten Projektverlauf entscheidend behindern kann.
Software-Development-Plan	Der Software-Development-Plan dient dem Projektleiter zur gesamtheitlichen Planung seines Projektes. Ferner stellt er ein wesentliches Hilfsmittel während des Projektverlaufes zum kontinuierlichen Abgleich des Projektfortschrittes gegenüber dem zuvor aufgestellten Plan dar.
Stakeholder	Ein Stakeholder wird durch eine beliebige Person eines Unternehmens repräsentiert, die ein berechtigtes Interesse am Ergebnis des Projektes hat. Ein Stakeholder kann ein Endbenutzer, ein Entwickler, ein Projektmanager usw. sein.

sukzessives Verfeinern	Die kurzfristige Planung soll so detailliert sein wie möglich. Die langfristige Planung kann grob bleiben. Zu festgelegten Meilensteinen muß der nächste Projektabschnitt im Detail geplant werden.
Testen	Testen ist die Methode, mit der Qualität nachgewiesen wird. Testen sollte weder als einmalige Aktivität noch als individuelle Testfolge gewertet bzw. betrachtet werden. Testen ist ein umfassender Workflow, der eine Serie von Einzeltests innerhalb des gesamten Entwicklungszyklus umfaßt. Diese Tests konzentrieren sich auf die Identifizierung und Beseitigung von Fehlern und dem kontinuierlichen Erreichen der Produktqualität zum frühestmöglichen Zeitpunkt.
Toolauswahl	*Funktionalitäten sind wichtig, doch sie nützen nichts, wenn dabei die Integration mit anderen Werkzeugen auf der Strecke bleibt. Generell läßt sich eine zusätzliche Funktionalität immer schneller in ein Werkzeug integrieren als eine bidirektionale Schnittstelle zu einem anderen Werkzeug.*
Turnus des Planvergleichs	*Der Abstand zwischen sukzessiven Planvergleichen sollte so groß sein, daß Abweichungen, die über normale Schwankungen hinausgehen, erkannt werden können. Er sollte klein genug sein, daß noch ausreichend Zeit zum Handeln besteht, wenn Abweichungen auftreten.*
Use-Case	Ein Use-Case ist eine Beschreibung einer Menge von Aktionsfolgen, inklusive deren Varianten, die ein System ausführen kann und die ein erkennbares, nützliches Ergebnis für einen Actor bringt.

Akronyme

CASE	Computer Aided Software Engineering
CAIV	Cost as Independent Variable
COM	Component Object Model
COCOMO	Constructive Cost Model
CORBA	Common Object Request Broker Architecture
ERM	Entity Relationship Model
LOC	Lines of Code
OMG	Object Management Group
OMT	Object Modeling Technique
OO	Objektorientierung
OOAD	Objektorientierte Analyse und Design
OOSE	Object Oriented Software Engineering
RDSI	Rational Domain Server Interface
RoI	Return on Investment
SA	Strukturierte Analyse
SAIV	Schedule as Independent Variable
SDP	Software-Development-Plan
UML	Unified Modeling Language

Literatur

[Boehm87]   Barry Boehm: „Industrial Software Metrics Top 10 List", IEEE Software, Ausgabe 4, Nummer 5 (September 1987), Seite 84-85.

[Boehm88]   Barry Boehm: „A Spiral Model of Software Development and Enhancement", Computer, Ausgabe 21, Nummer 5 (Mai 1988), Seite 61-72.

[Booch99]   Grady Booch et al.: „The Unified Modeling Language User Guide", Addison-Wesley, 1999.

[EiNi99]   Stefan Eicker, Michael Nietsch: „Standards zum objektorientierten Paradigma". Wirtschaftsinformatik Heft 4 1999, Vieweg Verlag.

[GauWe89]   D.C. Gause und G.M. Weinberg: „Exploring Requirements: Quality before Design". Dorset House, 1989.

[Jacob99]   Ivar Jacobson et al.: „The Unified Software Development Software". Addison-Wesley, 1999.

[Jones96]   Capers Jones: „Patterns of Software Systems Failure and Success". International Thomson Computer Press, Boston, 1996.

[Kart94]   N. Karten: „Managing Expectations". Dorset House, New York, 1994.

[Kruch98] Philippe Kruchten: „The Rational Unified Process" (An Introduction). Addison-Wesley, 1999.

[Kruch99] Philippe Kruchten: „Der Rational Unified Process – eine Einführung" deutsche Übersetzung von Cornelia Versteegen, Addison.Wesley, 1999.

[MEtt99] Günther Müller-Ettrich: „Objektorientierte Prozeßmodelle", Addison-Wesley, 1999.

[Rumb99] Jim Rumbaugh: „The Unified Modeling Language Reference Manual". Addison-Wesley, 1999.

[Royce98] Walker Royce: „Software Project Management – A Unified Framework". Addison-Wesley, 1998.

[ReVeVe98] Markus Reinhold, Cornelia Versteegen, Gerhard Versteegen: „CASE und OO-Methoden". IT-Research, 1998.

[Snow59] S. N. Snow: „The Two Cultures and the Scientific Revolution". Cambridge University Press, 1959.

[Stan95] The Standish Group: „Chaos". 1995.

[Verst99] Gerhard Versteegen: „Das V-Modell in der Praxis". Dpunkt-Verlag, 1999.

Index

6-plus/minus-3-Regel 133
80:20 Regel 17
9–5 Mentalität 4

A

Ablaufkontrolle 156
Actor 112
ADA 46
„ad-hoc"-Manier 23
Aktivität 78
Akzeptanzbarrieren 235
Akzeptanztest 16
Altdatenübernahme 153
Analyse- und Design-
    Workflow 57
Analyst Studio 261
analytische Maßnahmen 36
Änderungsantrag 97
Anforderungen 85
Anforderungsdetaillierung 89
Anforderungsgutachter 101
Anforderungsmanagement-
    Workflow 56
Anpassungsmaßnahmen 236
Anwenderfreundlichkeit 90
APSIS SE 204
Arbeitsplan 215
Arbeitsschnitt 37
Architekt 74, 195
ARIS 24
Artefakt 77
Asynchrones Ereignis 100
Aufwandsprognose 219
Aufwandsschätzungen 206
Ausschlußkriterium 255

B

Baubranche 199
Best Practices 24
Big Bang 160
Big Bang Integration 9
Black-Box-Testen 16
BMVg 32
Bottlenecks 264
Branch 157
Budgettierung 125
Build Management 156
Business Case 125

C

CAIV 278
Change Control Manager 97
Change Request 97
Checkpoints 94
ClearQuest 65, 262
coarse-grained plan 132
COCOMO 273
Codeabdeckung 265
Code-Reorganisationen 157
Constructive Cost Model 273
Controller 122
Core Workflows 53

D

Datenbankdesigner 74
Defect Tracking Tool 129
Designer 75
Designspezifikationen 191
Development Studio 261
direkte Risiken 118
Distributoren 153

Dokumentenorientierung 10
Domänen 6
Dominoeffekt 14
Durchsetzungsvermögen 245

E

Einführungsplan 224
Einkauf 248
Einzelinterview 98
Einzeltest 16
Entropie 204
Entscheidungsbefugnis 244
Entscheidungsfähigkeit 244
Entwurfsphase 39
Erpreßbarkeit 177
Erwartungsmanagement 274
Eskalation 259
evolutionärer Prototyp 60
extend-Beziehungen 112
extension points 112
externes Release 149

F

Featureliste 211
Featureschlacht 8, 243
Feedback-Erfahrungen 195
Feedbackschleifen 205
fehlende Kommunikation 6
Fehlerpotential 229
Festpreisangebot 190
Folgefehler 183
Fragebogenaktion 98
Funktionale Anforderungen 90
Fuzzy-Entwicklung 185

G

GANTT-Diagramm 193
Generalisierung 112
Generalunternehmer 168
generisches Prozeßmodell 234
Gesamtprognose 219
Geschäftsprozeßanalytiker 75
Geschäftsprozeßmodellierung 24
Geschäftsprozeßmodellierungs-
  Workflow 54
Grundregel für iterative
  Projekte 193

H

Handbuchsammlung 33
Hauptmeilensteine 149
HTML 71

I

IABG 32
IDC 154
IKIWISI-Effekt 88
Implementierer 75, 76
Implementierungs-Workflow 60
include-Beziehungen 112
indirekte Risiken 118
Initial Operational
  Capability 149
Integrationstest 16
internes Release 149
Internet 14
IOC-Meilenstein 149
ISO 9000 15
ISO12207 35
iterativer Ansatz 70

J

Jobhopping 15

K

Killerkriterien 225, 249
Konfigurations- und Change
  Management Workflow 67
Konfigurationsmanager 75
Konstruktionsphase 39
Kontrollinstrument 105
Konzeptualisierungsphase 39
Kostenprognose 218
Kostenrechnungen 223
Krisenmanagement 174
Krisenmanager 102, 174
Kriterienkatalog 242

L

Late Design Breakage 9
LCA-Meilenstein 149
LCO-Meilenstein 149
Life Cycle Objective 149

Life-Cycle Architecture 149
LoadTest 265
Loose/Loose-Situationen 279

M

Mangement by Commitment 200
Marktführer 19
Mentor 176
Metriken 17, 223
Minor Milestones 149
MS Project Schnittstelle 214

N

Nacharbeiten 183
Nichtfunktionale
    Anforderungen 90
Nichtkriterien 174

O

Object Modeling Technique 47
Objectory AB 49
OMT 47
OOAD 46
OOSE 48
OVUM 154

P

Parallelbetrieb 153
Performance 90
Performanceanalyse 264
PerformanceArchitekt 265
PerformanceStudio 265
Personalbeschaffungs-
    maßnahme 13
Phasenplan 132
Phasenteams 137
Piloten 224
Planungsabschnitt 37
Planungsebene 216
Politische Machtspiele 245
präventive Maßnahmen 37
Preisverhandlungen 249
Problemlösungsplan 129
Produkt Release 149
Produktakzeptanzplan 130
Produktfunktionen 211

Produktprobleme 129
Projektabbruchkriterium 143
Projektfortschritt 191
Projektglossar 148
Projektgruppe 231
Projekthandbuch 41
Projektlenkungsausschuß 167
Projektplanassistent 213
Projektprobleme 129
Projektreviewer 142
Projektsteuerer 199
Projekttagebuch 172
projektübergreifend 28
Prototyp der Benutzer-
    schnittstelle 110
Prozeßentwickler 75
Prozeßmodelle 21
Prozeßprobleme 129
Puffer 189
Pure-Atria 49
PureCovergae 265
Purify 264

Q

Qualitätssicherung 15
Qualitätsverbesserung 160
Quantify 264
Quote 250

R

Rahmenvertrag 248
Rational PerformanceStudio 65
Rational PureCoverage 65
Rational Purify 64
Rational Quantify 65
Rational Software 46
Rational Suite 261
Rational Unified Process 46
    Ziele 225, 237
Referenzliste 171
Regressionstests 17
Releasewechsel 8
Requisite, Inc. 49
RequisitePro 90, 262
Ressourcenbedarf 137
Ressourcenknappheit 12
Return on Investment 126
Reviewer 101
Richtlinien 81

Risikoakzeptierung 121
Risikoklassen 122
Risikoliste 118
Risikomanagementplan 128
Risikomanager 122
Risikomatrix 117
Risikostrategie 118
Risikotypen 124
Risikoübertragung 121
Risikovermeidung 121
Risikowahrscheinlichkeits-
  klassen 123
Robot 264

S

SA 47
SAIV 278
Schätzungen 206
schlechte Prozeßmodelle 11
Schlüsselkonzepte 72
Schnelllebigkeit 233
Schönwetterpiloten 174
Schrankware 225
schriftliche Befragung 98
Segment-Ebene 34
Single Point Solution 244
SoDa 82, 263
Software-Development-Plan 126
Software-Kostenmodelle 278
Software-Krise 1
Software-Spezifikationen 186
Spiralmodell 30
Spiralwindung 31
Spitzengehälter 176
SQA, Inc. 49
Stakeholder 96
Standardsoftware 153
Standish Group 2
Strukturierten Analyse 47
Strukturprototyp 60
Submodelle 33
synchrones Ereignis 100
Systemadministrator 75
Systemanalyst 92
Systemebene 34
Systemtest 16
Systemtester 76

T

Tailoring 40
Team Integration
  Architecture 266
Teamqualifizierung 166
technischer Autor 76
Technologiewechsel 5
Teilmeilensteine 149
Templates 81
Test Studio 261
Testdesigner 76, 142
Testdurchlauf 17
Testen 16
TestFactory 264
Testgenerierung 264
Testmodell 17
Testprototyp 60
Test-Workflow 63
Toolanbieter 242
Toolauswahl 240
Toolmentoren 28
Toolverliebtheit 239
Tracking-Punkte 191
Two Cultures 275

U

Übergangsphase 39
Überschneidungen 189
Überzeugungsarbeiten 224
Umgebungs-Workflow 69
UML 47
Unabhängigkeit 18
Unified Modeling Language 47
Unifying Software Teams 7
Unterauftragnehmer 168
Unternehmensberatungen 254
Unternehmenskultur 172
Use-Case 111
Use-Case-gesteuert 94
Use-Case-Spezifizierer 109
User-Interface-Designer 109

V

Verhaltensprototyp 60
Versionsbaum 157
Versionskontrolle 155
Verteilungsmanager 76
Verteilungs-Workflow 66
Vertriebsteams 153
Views 156
Visionsdokument 94
V-Modell 32
Vollständigkeitsdiagnose 264
Vorfeldanalyse 163
Vorgängeriteration 135
Vorgehensmodelle 21
Vorgehensweise 23

W

Wartbarkeit 90
Wartungsvertrag 253
Wasserfallmodell 28
Wegwerf-Code 189
Werkzeuganpasser 76
Westmount OMT 47
White-Box-Testen 16
Wiederverwendung 165
Win/Loose-Situationen 279
Win/Win-Lösung 274
Win-Bedingungen 279
Windung 30
Worker 73
Workflows 53
Workshop 98
Workspace Management 156

Z

Zeitoptimierungsmöglichkeit 190
Zeitskala 164
Zielerreichungsgrad 225
Zuverlässigkeit 90
Zyklus 30

MIX
Papier aus verantwortungsvollen Quellen
Paper from responsible sources
FSC® C105338

If you have any concerns about our products,
you can contact us on
ProductSafety@springernature.com

In case Publisher is established outside the EU,
the EU authorized representative is:
**Springer Nature Customer Service Center GmbH
Europaplatz 3, 69115 Heidelberg, Germany**

Printed by Libri Plureos GmbH
in Hamburg, Germany